电子商务名师名校
新形态精品教材

电子商务
理论、方法与案例
附微课

彭丽芳 / 主编

严青 方辉 武胜良 / 副主编

人民邮电出版社

北 京

图书在版编目（CIP）数据

电子商务：理论、方法与案例 / 彭丽芳主编. --
北京：人民邮电出版社，2022.5（2022.12重印）
电子商务名帅名校新形态精品教材
ISBN 978-7-115-58545-5

Ⅰ. ①电… Ⅱ. ①彭… Ⅲ. ①电子商务—教材 Ⅳ.
①F713.36

中国版本图书馆CIP数据核字(2022)第015665号

内 容 提 要

本书以帮助学生树立正确的电商思维和掌握电商的实际应用技能为编写目标，注重知识的前沿性、系统性和实用性。全书分为12章，内容包括电子商务概述、电子商务运作模式、电子商务技术、电子支付、电子商务订单履行与物流、网络营销、电子商务客户关系管理、移动电子商务、跨境电子商务、农村电子商务、电子商务法律和电子商务综合案例分析。

本书配套有电子课件、辅助教学视频、实训指导、题库、案例库、补充阅读材料、期末测试卷等教学资料，用书教师可登录人邮教育社区（www.ryjiaoyu.com）获取。

本书适合作为高等院校电子商务课程的教材，也可作为成人高等教育及企业在职人员的培训书。

◆ 主　　编　彭丽芳

　副 主 编　严　青　方　辉　武胜良

　责任编辑　刘向荣

　责任印制　李　东　胡　南

◆ 人民邮电出版社出版发行　　北京市丰台区成寿寺路11号

　邮编 100164　电子邮件 315@ptpress.com.cn

　网址 https://www.ptpress.com.cn

　固安县铭成印刷有限公司印刷

◆ 开本：787×1092　1/16

　印张：14.5　　　　　　　　　　2022年5月第1版

　字数：398千字　　　　　　　　2022年12月河北第2次印刷

定价：54.00 元

读者服务热线：(010)81055256　印装质量热线：(010)81055316
反盗版热线：(010)81055315
广告经营许可证：京东市监广登字 20170147 号

前言 Preface

近年来，在 5G、人工智能、大数据、云计算等技术的推动下，我国电子商务蓬勃发展，已成为我国数字经济中发展规模最大、增长速度最快、覆盖范围最广、创业创新发展最为活跃的组成部分。根据中国互联网信息中心（CNNIC）发布的《第 47 次中国互联网发展状况统计报告》，截至 2020 年 12 月，我国网民规模达 9.89 亿，互联网普及率达 70.4%，网络购物用户规模达 7.82 亿。国家统计局数据显示，2016-2020 年，全国电子商务交易额从 26.10 万亿增长到 37.21 万亿元，年均增长率高达 9.3%。自 2013 年起，我国已连续八年成为全球最大的网络零售市场，电子商务正在助力构建国内国际消费双循环发展的新格局。

当前我国电子商务正在从高增长迈向高质量的发展新阶段，呈现出创新迭代加速，新模式新业态层出不穷，新技术应用日益深入等新的特点。这些变化为电子商务的发展带来了新机遇，也对高等院校电商人才的培养提出了更高的要求。

为适应新形势下电商人才培养的需要，我们编写了这本集电子商务理论、方法、案例于一体的新教材。

本书以帮助学生树立正确的电子商务思维和掌握电子商务的实际应用技能为编写目标，注重知识的前沿性、系统性和实用性。与其他教材相比，本书的特色主要体现在以下几个方面。

一是侧重应用、注重实务。本书侧重于电子商务的商业应用层面，在写作过程中，注重结合电子商务实战案例、阅读资料等展开阐述。同时，注重引发读者对电子商务实践问题的思考、激发读者的学习兴趣、具有较强的实用性。

二是体系完备，内容全面。本书兼顾电子商务的专业性与通用性特点，内容全面，既包含了电子商务的基础知识，又突出介绍了热点问题。全书共 12 章，分别为电子商务概述、电子商务运作模式、电子商务技术、电子支付、电子商务订单履行与物流、网络营销、电子商务客户关系管理、移动电子商务、跨境电子商务、农村电子商务、电子商务法律和电子商务综合案例分析。

三是提供较为丰富的教学资源。本书为授课教师提供电子课件、辅助教学视频、实训指导、题库、案例库、补充阅读资料、期末测试卷等教学资料，并定期补充和更新。

本书由厦门大学彭丽芳教授担任主编，严青、方辉、武胜良担任副主编。张黎、梁馨月、梁丽军、刘爽和马婧等也参加了本书的编写工作。

在编写过程中，我们参考和借鉴了众多学者的研究成果，在此表示诚挚的谢意。鉴于编者学识有限，本书难免存在不足之处，敬请各位读者批评指正。

编者

2022 年 3 月

目录 Contents

第1章 电子商务概述

第2章 电子商务运作模式

电子商务概述 | 第1章

作为一种全新的商业模式，电子商务与传统商务相比，具有高效率、低成本和跨时空的巨大优势。本章主要介绍电子商务的定义、基本要素、电子商务的发展历程、电子商务的框架模型、电子商务的特征及其与传统商务的区别，以及电子商务的行业新应用等知识。通过对本章内容的学习，读者对电子商务的整体概念将有较为清晰的理解和认识，从而为后续的学习奠定基础。

知识结构图

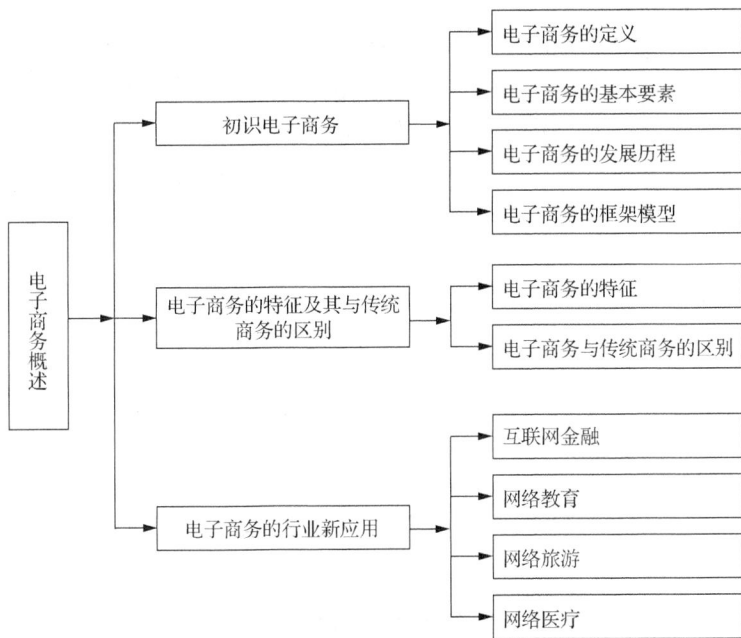

开篇引例

以"鲜"生"商"，电商进入3.0时代

作为生活必需品，生鲜商品一直在零售消费市场中占据重要地位。因为品类复杂、保质期短、损耗率居高不下、供应链质量无法控制等，生鲜商品的门槛一直较高，被喻为"电商蓝海"。到2018年，南京生鲜商品的线上渗透率仅为3%，远低于服装等其他快消产品30%的线上渗透率。

一场突如其来的疫情，让众多尚未养成在线上购买生鲜商品习惯的消费者，在2020年春节期间被生鲜电商吸引。被改变的不仅是消费者，而且还有正在从1.0版线上流量之争转变为2.0版线下门店扩张之争的生鲜电商品牌，它们在"鲜"字上动足脑筋，全力进入3.0时代。

1. 巧妙布点，跟距离抢"鲜"

山姆会员商店早在2017年年底就推出"极速达服务"，有选择地在会员及潜在会员居住区开设前置仓，以满足会员对生鲜、母婴等高频次商品的即时需求。这项"线上下单，一小时送货上门"的业务，在疫情期间得到了显著增长。自江宁云仓2020年3月22日启动以来，江宁区域的会员反响非常好，会员购买生鲜及日用快消品更加方便。除了江宁，2020年山姆会员商店还计划在建邺、秦淮和鼓楼开2~3家云仓，为会员提供更精准的一小时极速达便捷服务。2020年春节以来，南京山姆会员商店线上销量同比增长130%，线上客流同比增长180%。在疫情期间，家乐福也反应迅速，把线下的实体门店第一时间接入苏宁易购App，升级服务范围，推出"同城配"10千米半日达，服务范围几乎覆盖全南京。

2. 丰富品类，跟口味抢"鲜"

移动互联网大数据监测平台Trustdata提供的相关数据显示，2020年2月，生鲜电商头部App的日均打开次数是4.4次，如此高频次的打开率让生鲜线上化的需求再一次被验证。生鲜电商与餐饮品牌也有了合作的机会。没有出售过半成品菜的每日优鲜在3月初与西贝达成首次合作，推出第一批"快手美食"牛大骨、羊蝎子等。餐品一经推出，便成了每日优鲜App上的多日销售冠军。尝到了快手菜的甜头，每日优鲜加速了与餐饮品牌的合作，推出只能在每日优鲜App才能购买的独家菜肴。每日优鲜已经和西贝、权金城、赤坂亭等品牌推出了约41种快手菜。在半成品品类的丰富性上，盒马鲜生、美团等也各显身手。在盒马鲜生App上，半成品包含了海鲜、小吃、主食、凉菜等，其合作方除了盒马工坊，还包括北京稻香村、仔皇煲、久久丫、紫燕百味鸡等品牌方。美团App上的火锅涮菜、虾排、猪排、鸡翅等半成品外卖，更成为疫情期间"宅家族"的常点之菜。

3. 改变客户，跟市场抢"鲜"

当大部分生鲜电商品牌将市场关注焦点投向千家万户的时候，美团点评公司已经将市场锁定在餐饮产业链的上游，推出了"快驴进货"一站式餐饮供应链平台。其把客户延伸到那些需要采购米面粮油、蔬菜鸡蛋、时令水果、肉禽水产等生鲜产品，以及酒水饮料、方便速食、调料酱菜和餐厨用品的餐馆和酒店、单位食堂等。疫情期间，这种生鲜采购模式为防疫保障提供了便利。

资料来源：南京日报。

1.1

初识电子商务

1.1.1 电子商务的定义

电子商务（Electronic Business）属于新生事物，1997年首次由美国国际商业机器公司（International Business Machines Corporation，IBM）提出，此后，大量与电子商务相关的词汇（如电子市场、电子政务、电子商务物流等）不断涌现。

电子商务的定义

由于电子商务出现时间较短并在高速发展，各界对电子商务的定义可谓众说纷纭。政府组织主要侧重于从宏观角度来界定电子商务，主要讨论了电子商务的行业意义，以及电子商务对宏观经济及整个社会的影响；企业主要站在微观角度来界定电子商务，主要讨论了电子商务给企业经营管理，以及商品交易过程带来的具体改变；而学者则是从电子商务所依赖的信息技术，以及电子商务对政府、企业、消费者的影响来界定电子商务这一概念的。

虽然政府组织、企业和学者对电子商务的定义有所不同，但是从特定的角度来看，这些定义都有一定的合理性。综合各方观点，可以认为电子商务是指运用电子工具通过网络进行的产品或服务的生产、交易及相关行政作业的一种新型的商业模式。这种商业模式侧重于探索和利用新的商务机会，通过通信网络提升商业交易的执行效果，从而实现尽可能大的商业价值。需要强调的是，电子商务不仅对商品交易产生影响，它是一个贯穿生产、销售、售后服务全过程的活动体系。

> **学习思考**
>
> 为什么政府组织、企业和学者对电子商务的定义各不相同？你是如何理解电子商务概念的？

1.1.2 电子商务的基本要素

电子商务有四个基本要素，分别是现代信息技术、电子工具、掌握现代信息技术和商务理论与实务的复合型人才，以及以商品贸易为中心的商务活动。这四个基本要素的关系是：现代信息技术，特别是计算机网络技术的产生和发展是电子商务开展的前提；系列化、系统化的电子工具是电子商务的基础；掌握现代信息技术和商务理论与实务的复合型人才是电子商务的核心；以商品贸易为中心的商务活动是电子商务的对象。

1. 电子商务的前提

电子商务的前提是现代信息技术的产生和发展。这里的现代信息技术，主要包括计算机技术、数据库技术、互联网技术等。现代信息技术的产生与发展，使得商业信息更容易被采集、储存、加工处理、分发和传输。

2. 电子商务的基础

电子商务的基础是系列化、系统化的电子工具。系列化是指电子工具需要伴随商品咨询、商品配送、商品订货、商品买卖、货款结算、商品售后服务、商品再生产的整个过程，如电话、电报、电子数据交换、管理信息系统、电子货币等。而系统化是指电子工具需要将商品的需求、生产、交换构成一个有机整体，另外还需要引入政府对商品生产、交换的调控，从而形成一个维持电子商务运营的系统。

3. 电子商务的核心

电子商务的核心是掌握现代信息技术和商务理论与实务的复合型人才。这主要基于以下三个原因。首先，电子商务是一个社会系统，它的核心必然是人。其次，电子商务紧紧围绕商务活动，而商务活动的各个方面取决于由人组成的不同利益方。最后，在电子商务活动中，工具的制造发明、工具的应用、效果的实现都是由人来完成的。

4. 电子商务的对象

电子商务的对象是以商品贸易为中心的商务活动，即商品咨询、商品配送、商品订货、商品买卖、货款结算、商品售后服务、商品再生产的整个过程。电子商务可以极大地减少不必要的商品流通、物资流通、人员流通和货币流动，减少商品经济的盲目性，以及有限物质资源、能源资源的消耗和浪费。

1.1.3　电子商务的发展历程

电子商务的发展历程可以分为三个阶段：第一个阶段是雏形阶段，这个阶段主要的电子工具并非网络，而是以电报、电话、传真机和电视为主；第二个阶段是基于 EDI 的电子商务阶段；第三个阶段则是基于 Internet 的电子商务阶段。

1. 雏形阶段

根据电子商务的广义含义，一切利用电子通信技术和使用电子工具进行的商务活动都可以称为电子商务。虽然人们常常提及的电子商务多指在网络上开展的商务活动，但是通过电报、电话、传真机和电视进行的商务活动也是电子商务，而且，它们的历史更加久远。

2. 基于 EDI 的电子商务阶段

电子数据交换（Electronic Data Interchange，EDI）的概念起源于 20 世纪 60 年代，国际标准化组织将其定义为"将商业或行政事务处理中的报文数据按照一个公认的标准，形成结构化的事务处理的报文数据格式，从计算机到计算机的电子传输方法"。

相对于传统的订货和付款方式，传统贸易所使用的各种单证、凭据全部都被计算机网络的数据取代，因此，EDI 也被形象地称为"无纸化贸易"。EDI 的系统模型如图 1-1 所示。

图 1-1　EDI 的系统模型

欧美发达国家的大型企业在 20 世纪 80 年代后基本上实现了 EDI 的普及，我国应用 EDI 的时间稍晚，最初的应用是从 20 世纪 90 年代开始的。

EDI 系统在企业的普及，不仅减少了数据处理费用和数据重复录入费用，并且大大缩短了交易时间，降低了库存和成本，提高了工作效率。但 EDI 对技术和资金都有较高的要求，所以在早期只有大型企业有能力引进 EDI 系统，而众多中小企业无法引进。因此，它们迫切需要一个价格更低、更容易操作和更容易接入的 EDI 系统。

为了让更多的中小企业能够使用 EDI 系统，当互联网出现之后，专家们开发了基于 Internet 的 EDI 系统。将 Internet 与 EDI 技术相结合，为企业提供了一个更加廉价、便捷的商务通信环境，从而吸引了越来越多的企业使用 EDI。

3. 基于 Internet 的电子商务阶段

Internet 始于美国国防部的 "ARPAnet" 项目，20 世纪 80 年代后期，这个项目被移交到美国国家科学基金会，进而才成为众所周知的互联网（Internet）。最初，Internet 仅提供给高校和科研机构使用，直到 1991 年美国才将 Internet 对大众开放，在 Internet 上开发商业应用系统的商务行为也由此开始。1993 年万维网（World Wide Web，WWW）出现，这是一种具有文字、声音、图像的超媒体信息的网络系统，并使用超链接来实现网络上不同信息之间的跳转。万维网是人类历史上影响最深远、最广泛的传播媒介之一，它可以使用户与分散于全球各地的人群相互联系和更加快速地获得信息。

如今，电子商务在全球范围内迅速发展，并逐渐成为经济全球化的助推器。电子商务的广泛应用降低了企业经营、管理和开展商务活动的成本，促进了资金、技术、产品、服务和人员在全球范围的流动，推动了全球经济的发展。电子商务的应用促进了全球网上购物的繁荣，近年来全球网络零售总额逐年攀升，2019 年全球网络零售总额为 3.5 万亿美元，同比增长 20.73%，2020 年全球网络零售总额突破了 4 万亿美元，未来几年仍将持续增长。

案例讨论

互联网推动我国数字经济高位增长

2020 年，我国电子商务交易额达到 37.21 万亿元，同比增长 4.5%；电子商务服务业营业收入规模达到 5.45 万亿元，同比增长 21.9%。同时，数字经济的蓬勃发展促进了新增市场主体的快速增长，创造了大量的就业岗位，成为保就业、保民生、保市场主体的重要渠道。《中国互联网发展报告 2021》蓝皮书指出，2020 年我国数字经济规模达到 39.2 万亿元，占 GDP 比重达 38.6%，保持 9.7% 的高位增长速度，成为稳定经济增长的关键动力。我国数字产业化规模达到 7.5 万亿元，不断催生新产业、新业态、新模式向全球高端产业链迈进；产业数字化进程持续加快，规模达到 31.7 万亿元，工业、农业、服务业数字化水平不断提高。

分析：

蓝皮书由中国网络空间研究院牵头编写，系统全面客观地反映了一年来我国和世界互联网发展情况。数字经济成为世界各国应对新冠肺炎疫情冲击、加快经济社会转型的重要选择。世界各国加快新型基础设施布局，以 5G、人工智能、物联网、工业互联网、卫星互联网为代表的新型信息基础设施逐步成为全球经济增长的新动能。

1.1.4 电子商务的框架模型

电子商务是一个社会系统工程，它是以社会环境、商业环境和技术环境为基础，以商务应用系统、电子商务解决方案、电子商务管理工具为平台，由交易主体参与电子业务处理的复杂工程。电子商务的框架模型分为三个层面：环境层、系统层和应用层，如表 1-1 所示。

表 1-1   电子商务框架模型

项目	内容
环境层	社会环境、商业环境、技术环境
系统层	电子商务解决方案、管理工具、应用系统
应用层	电子业务处理

1. 环境层

电子商务的环境层主要包括三个方面，分别是社会环境、商业环境和技术环境。

电子商务的社会环境主要是指国际组织、各国政府制定的政策和法律法规。例如，全球电子商务框架、统一数据访问政策、隐私权保护政策等。

电子商务的商业环境主要是指交易双方为规范市场交易行为而制定的商务信息标准、商业规则和写作方案等。例如，人们经常提到的"货到付款"规则就属于这一范畴。

电子商务的技术环境是指影响电子商务活动的技术因素，主要包括信息化的基础设施（如网络、计算机设备）、相关协议（如 TCP/IP，SET 和 SSL）和支付标准等。

正是由于近些年来社会环境、商业环境和技术环境对电子商务的支持，电子商务才能实现飞速发展。

2. 系统层

电子商务的系统层包括电子商务解决方案、管理工具和应用系统。企业可将电子商务解决方案作为电子商务系统的支撑软件平台，进而快速、有效地开发出具有企业特色和符合企业自身需要的电子商务系统，同时，电子商务解决方案为电子商务系统逐步走向实用化提供保证；而管理工具和应用系统则为电子商务提供系统管理和应用服务。

系统层的主要功能有：均衡负荷，具体指使电子商务系统服务器的处理能力和承受能力保持均衡；连接与传输管理，即实现电子商务系统和其他系统之间的互联以及应用之间的相互操作；事务管理，主要指保证分布式环境下事务的完整性和一致性，以及缩短系统的响应时间；网站管理，具体是指为站点维护、管理和性能分析提供技术支持。

3. 应用层

电子商务的应用层是指电子商务参与者进行的具体的商务活动，如网络营销、网络采购、在线咨询、供应链管理等。

电子商务的应用层在现实经济生活中是最直观的，能直接促进电子商务发展与创新，可以为电子商务的发展增添新的活力。

1.2 电子商务的特征及其与传统商务的区别

电子商务虽然发展的历史并不长，但是对传统商务活动产生了深远的影响。当前越来越多的传统企业在努力实现向电子商务企业的转型。那么，电子商务有何特征？与传统商务有哪些不同？本节将详细解答这些疑问。

1.2.1 电子商务的特征

作为一种全新的商务模式，电子商务具有与传统商务不同的诸多特征，概括起来主要有商务交易的虚拟化、全球化、便捷化、互动化，商务机会的平等化以及商务信息的透明化等。

1. 商务交易虚拟化

商务交易虚拟化有两层含义。一方面，电子商务实现了市场交易场所的虚拟化，参与交易的各方完全可以通过互联网进行贸易洽谈、签订合同，不再受空间和时间的限制，处于世界任何角落的个人、公司或机构，在任何时候都能够通过互联网实现信息共享、资源共享。另一方面，电子商务实现了交易环节的电子化，交易双方可以通过互联网进行资金支付，用电子流代替了实物流，减少了人力、物力成本。

2. 商务交易全球化

无论我们身处何地，也无论白天与黑夜，只要能够上网，我们就可以进行交易。

3. 商务机会平等化

电子商务使企业可以以相近的成本进入全球电子化市场，使中小企业有可能拥有和大型企业一样的信息资源，提高了中小企业的竞争力。

4. 商务交易便捷化

通过互联网，用户可以实时查看各类商品和服务及商家的详细信息，同时，商业文件能在世界各地迅速完成传递，并被计算机自动"无纸化"处理，极大缩短了交易的时间，使整个交易变得快捷与方便。另外，电子商务重新定义了传统的流通模式，减少了中间环节，大大降低了交易成本。

5. 商务信息透明化

21 世纪是信息社会，信息就是财富。互联网上信息的可共享性使任何企业都能够便捷地获得所需的商务信息，从而发现商机。

6. 商务交易互动化

通过互联网，商家之间可以进行交流、谈判、签订合同，消费者也可以把自己的反馈、建议反映到企业或商家的网站，从而实现交易双方之间的良性互动。

学习思考

在当前移动网络不断普及和 5G 技术迅猛发展的背景下，电子商务的特征呈现哪些新的变化？

1.2.2 电子商务与传统商务的区别

1. 传统商务的特点

商务活动由三部分组成，即买方、卖方和一定的业务流程。若从买方的角度来考察整个交易活动，需要经历"确定需求—获取信息—选定卖家—议定卖价—购买商品—咨询售后服务"等环节；若从卖家的角度来考察整个交易活动，则需要经历"调查需要—广告促销—谈判价格—销售产品—提供售后服务"等环节。无论是从卖家还是买家的角度，每个商务过程都包含了大量不同的业务活动，这些业务活动统称为业务流程。

由于受时空所限，传统商务的交易范围较小，只能服务于部分客户，而且交易需要实体销售空间（如零售店、商超等），增加了交易的成本。同时，传统商务一般难以做到直接销售，需要有批发商、零售商等中间商的参与，从而提高了流通的费用。另外，传统商务在获取消费者反馈信息方面也存在着很大的不便，无法做到与消费者的实时沟通。

正是由于传统商务存在以上诸多不足，容易造成企业交易成本高，交易周期长，难以及时把握消费者需求等问题，交易活动受到极大限制。

2. 电子商务与传统商务的区别

与传统商务活动不同，电子商务能够通过网络平台实现物流、资金流和信息流的有效整合。具体而言，电子商务与传统商务的区别主要体现在以下两个方面。

（1）电子商务能够实现跨越时空的虚拟交易

传统商务活动往往需要交易双方会面后方能进行，这种方式容易受到时间和空间的限制，从而导致交易不便捷、成本高且交易效率较低。电子商务则通过网络平台将交易双方连接在一起，交易双方通过网络就可以处理交易前后的商务事务，因而不受时间和空间的局限。

（2）高效、低成本

电子商务的高效、低成本主要是通过以下几个方面实现的。

第一，互联网的出现，使企业获取信息的成本降低。另外，互联网上的信息具有实时性、动态性、透明化的特征，有利于企业对竞争环境有一个较为全面的了解，从而促进企业做出更加有效的决策。

第二，电子商务减少了交易的中间环节。网络将多个企业、供应商、经销商和消费者连接在一起，参与交易的任何一方都可以直接和另一方取得联系，通过比较或竞标的方式来减少交易成本。

第三，电子商务可以降低管理费用，提高办事效率。企业通过网络实现办公自动化，实现"无纸化"工作，可以大大降低文件的处理费用。另外，公司的采购部和销售部可以通过网络实时了解库存和销售情况并据此快速做出反应，从而提高办事效率。

1.3 电子商务的行业新应用

如今电子商务的应用已渗透到社会经济的各个层面，在金融、教育、旅游、医疗等各个方面得到了广泛应用，下面分别进行介绍。

1.3.1 互联网金融

互联网金融是随着互联网的发展，传统金融业与现代信息技术结合而形成的新的金融业态。互联网金融，从狭义上来说，是指金融服务提供者通过网络开展的各种金融业务。从广义上来说，互联网金融还包括与其运作模式相配套的互联网金融机构、互联网金融市场及相关的监管等外部环境，具体包括传统金融业务的网络化、第三方支付、大数据金融、众筹和第三方金融服务平台等。

网络银行、网络证券、网络保险是互联网金融的重要应用，下面分别进行介绍。

1. 网络银行

网络银行是指采用数字通信技术，以 Internet 作为基础的交易平台和服务渠道，在线为公众办理结算、信贷服务的金融机构或虚拟网站。

网络银行的业务主要可以划分成信息服务、客户交流服务和银行交易服务几种。

（1）信息服务

这是银行通过 Internet 提供的最基本的服务。信息服务的内容主要是银行形象、产品和服务的宣传及公共信息。其主要包括公共信息发布、银行简介、银行分支机构分布情况、银行主要业务介绍、存贷款利率发布、外汇利率发布、投资理财咨询，以及外汇市场行情、股票市场行情及国债行情查询等。

（2）客户交流服务

客户交流服务保障了客户与银行之间的相互交流。它包括客户意见反馈、客户投诉处理、查询服务、贷款申请、资料定期更新等。其中查询服务包括个人查询业务和公司查询业务两类，以账户查询和信用查询为主。账户查询包括账户余额明细、账户当天及历史交易明细和付款方信息查询。信用查询是指了解客户在银行发生的信用情况，包括信用的结构、余额、当前和历史交易记录等。查询服务是客户交流服务的重要内容。

（3）银行交易服务

银行交易服务是网络银行业务的主体，是指银行与客户之间通过网络发生的实质性资金往来或债权债务关系，按服务对象分为个人业务和公司业务两类。个人业务包括转账、汇款、代缴费用、证券买卖和按揭贷款等。公司业务包括结算、信贷、国际业务和投资银行业务等。

2. 网络证券

网络证券交易是电子商务条件下证券业务的创新，是证券业以互联网为媒介，运用网络技术进行证券交易的全新证券交易服务模式。

随着网上证券业务的不断推广，证券市场将逐渐地从"有形"过渡到"无形"，证券交易营业大厅将会逐渐失去其原有的功能,远程终端交易、网上交易将会成为未来证券交易的主流。

（1）我国的网络证券交易模式

我国的网络证券交易模式主要有以下几种。

模式一：券商与IT技术商合作发展模式。这种模式投入少、运行成本低、周期短,目前,有部分券商采用这种模式。在这种模式下,IT技术商负责网络证券交易软件的开发,客户可直接从网上下载或从券商处获得该交易软件,在相应的终端安装该交易软件,通过该网络证券交易软件登录券商的服务器进行证券交易。券商选择这种模式的主要原因在于部分券商在网络技术方面明显落后,借助IT技术、企业的技术和信息的力量,可迅速开展网络证券交易。在我国采用这种交易模式的券商很多,如闽发证券（上海、深圳营业部）与IT技术商盛润公司合作,港澳信托（上海证券营业部）与证券之星合作等。

模式二：券商与财经网站合作发展模式。这种模式与第一种模式的区别在于交易直接在浏览器上进行,客户无须下载和安装行情分析软件或安全系统。这是一种真正意义上的网络证券交易,对用户而言更加便捷。同样,券商必须依赖财经网站的技术力量和交易平台。例如,国泰君安与财经网站金网一百合作。

模式三：券商开设独立交易网站。券商在建设网站和交易系统时可能并不是完全依靠自己的技术力量,但其交易平台和品牌都为券商所拥有,并且能够在全公司范围内统筹规划、统一交易平台和品牌,避免日后重新整合的成本。因此,目前在政策已经明朗的情况下,券商要全面进入网络证券交易领域,这种模式往往是首选。不过,这需要较大的资金投入和较长的周期,日常维护网站运行的成本也较高。

（2）网络证券交易的新发展

网络证券交易正在进入移动交易时代。无线应用协议（WAP）为互联网和无线设备之间建立了全球统一的开放标准,是未来无线信息技术发展的主流。WAP技术可以使股票交易更方便,可实现多种终端的服务共享和信息交流,包容目前广泛使用的和新兴的终端类型,如手机、PDA等设备。用户通过手机对券商收发各种格式的数据报告来完成委托、撤单、转账等交易手续。

近年来,各证券交易公司的证券经纪业务同质化严重,行业内竞争激烈,交易佣金费率日趋下降。证券经纪业务是互联网证券交易商的基础业务,交易佣金收入是各证券公司初期的主要收入来源。随着线上客户开发和管理成本的上升,以及竞争导致的交易佣金费率的下降,单纯的证券经纪业务难以支撑互联网证券交易商的发展,互联网证券交易商必然会积极探索业务多元化道路。

3. 网络保险

网络保险是指保险公司或新型的网上保险中介机构以互联网和电子商务技术为基础,通过网络开展保险业务活动的运营模式,包括保险信息咨询、保险产品的宣传、承保、保单信息查询、理赔和给付等保险服务的网络实现。

（1）网络保险的功能

网络保险的功能主要有在线宣传、在线销售、在线客户服务和在线理赔等。

在线宣传功能：保险公司通过网络可以对自己的企业和产品进行宣传。保险公司通过网络宣传提高企业知名度,以较低的成本增加企业的影响力。同时,保险公司也可以在网上宣传自己的保险产品,如保险产品的种类、特点、费率及投保说明等,便于客户了解产品并投保。

在线销售功能：保险公司可以直接在网上销售其保险产品,如汽车、个人责任、房屋、家庭财产及人寿保险等。投保人可直接在网上投保,保险公司根据投保人投保的项目给出保险产品的报价。

保险公司也可以针对客户的需求，预先由专家做出各种保障计划，供客户自由选择。

在线客户服务功能：客户服务是保险产品销售的重要组成部分。保险公司可以通过在线客户交流，收集、了解客户的意见，及时掌握市场需求变动等信息。客户可以通过保险公司的网站对各种保险问题进行咨询，也可以直接在网站上办理一些业务，如缴纳保费、索赔等。

在线理赔功能：当客户发生了保险产品所涉及的风险时，可以通过网络向保险公司提出理赔请求，保险公司通过勘察验损后，处理客户的索赔，客户在网上提供有关理赔报告的信息。

（2）网络保险的业务流程

与传统保险的业务流程相比，网络保险的业务流程更加简单、便捷。

① 网上投保的业务流程。

第一步，客户浏览网站，设置用户名和密码，完成注册；第二步，进入"投保区"，检索并选择投保险种；第三步，填写所选险种投保问询表（自动计算保费、生成投保单）；第四步，网上递交根据投保问询表生成的投保单，提交投保单，投保完成；第五步，保险公司业务员与客户联系，确认客户投保意向。

② 网上理赔的业务流程。

在线理赔服务，不仅应为客户提供理赔的流程、注意事项、争议解决办法及查询理赔所需要单证等，而且应该提供方便、快捷的网络服务系统，并提供划拨赔款到客户指定账户的服务。

（3）网络保险的商业模式

① 公司网页模式。公司网页模式是最初级的网络保险模式。目前，几乎所有的保险公司都拥有一个或多个自己的网页，其作用主要在于宣传自己的公司、介绍本公司的产品、发布一些公众性的信息、公布公司有关业务部门的办公地址和联系方式、征求公众的意见等。公司网页模式成本低，但是也具有内容简单和功能较少等缺点。

② 产品网站模式。与公司网页模式相比，产品网站模式更加直观、方便，且网站包含的内容比公司网页模式更加丰富，网站的宣传和销售功能也更加强大。但是，单个的产品网站模式对于保险产品的购买者来说难以比较不同公司之间的产品和价格，同时也很难获得较高的点击率。

③ 综合网站模式。这类综合网站可以是保险公司开办的，也可以是非保险公司开办的，这类网站是相关的多产品、多服务的综合性网站，不只是售卖保险产品。在销售其他产品和服务时，宣传并销售一家或几家保险公司的产品。保险公司可以间接吸引客户了解本公司的保险产品，并在网上把自己的保单推销给他们。综合网站模式的产品、服务种类丰富，功能齐全；但是非专业化的网站可能使保险产品及服务淹没在众多的产品和服务之中。

④ 信息平台模式。信息平台模式的保险网站一般是由非保险公司或机构创办的综合性的信息平台。创办此类保险网站的机构通常有较深的行业背景和强大的信息优势，能在网站上提供保险业的政策法规、理论研究、国内国际保险业新闻、数据资料等信息。该模式主要定位于信息的沟通，因此不适合用于销售保险产品和提供理赔服务。

⑤ 网上保险经纪人模式。网上保险经纪人模式网站主要由保险经纪人公司创办。此类网站能为客户提供众多保险公司的产品及其价格，方便客户对保险产品进行选择和比较，还可以为客户量身定做保险方案，为客户提供各种服务，如制订风险管理计划、协助客户投保、为客户解答问题，甚至协助索赔等。这种模式的突出优点在于便于客户比较不同保险公司的产品和价格，方便客户。但是它也同时具有收取佣金困难、客户忠诚度低等缺点。

⑥ 网上保险服务模式。网上保险服务模式网站是一种特殊保险网站，既不销售保险产品和服务，也不提供保险信息。这种网站只为保险产品的交易双方、保险中介机构等提供网上保险业务的服务。

常见的网上保险服务模式网站主要包括技术类、法律类、工具类、财会类、劳务类等几种。网上保险服务模式与其他模式相比具有风险低、服务面宽等优点。但此种模式对其他销售网上保险产品和服务的公司的依赖性比较强。

1.3.2　网络教育

网络教育是利用互联网来开展的远程教育，是指在网络环境下，以现代教育思想和学习理论为指导，结合现代教育技术和现代信息技术，发挥网络的教育功能和丰富的网络教育资源优势，向学习者在网络平台提供教和学的环境，并开展的非面授教育活动。

网络教育在我国发展迅速，涵盖了所有以网络及其他电子通信手段提供学习内容、运营服务、解决方案及实施咨询的各个领域。其主要包括高等网络教育、网络职业认证培训和 E-learning 等类型。

1.　高等网络教育

高等网络教育的对象一般为 18 周岁以上的成人，主要提供专科、本科学历教育及非学历教育。学历教育设置相关考试，达到毕业要求即可向学生颁发高校毕业证书。2013 年共有北京大学、中国人民大学、清华大学、南开大学等 68 所现代远程教育试点高校可开展网络高等学历教育招生。

2.　网络职业认证培训

网络职业认证培训的教学对象从学生到在职人员，十分广泛，主要提供各类远程职业教育培训、考前辅导等教育教学服务，消费对象涵盖各个阶层及不同的年龄阶段的人群，是社会培训机构参与最为活跃的一类网络教育。网络职业认证培训的代表主要有中华会计网等。

3.　E-learning

E-learning 是企业团体培训的一种方式，是企业针对员工开展培训的一种新型实施途径。根据企业具体情况，以局域网或互联网形式实现。E-learning 起源于美国，据统计，美国有 60%的企业通过网络的形式进行员工培训。1998 年以后，E-learning 在世界范围内兴起，从北美、欧洲迅速扩展到亚洲地区。近年来，越来越多的国内企业对 E-learning 展现了浓厚的兴趣，并开始实施 E-learning 解决方案。

1.3.3　网络旅游

随着网络的发展，人们的旅游行为出现了网络化的特点。关于网络旅游，目前还没有一个统一的定义，目前主要是从两个方面分析网络旅游。一方面倾向于在线旅游，即旅游电子商务，旅游网站在旅游者和旅游经营者之间搭建起一个供双方沟通、交易的场所，为旅游者提供了旅游产品与服务的信息，建立在线预订的通道，这极大地推动了旅游业的发展。另一方面倾向于虚拟旅游，网络为旅游者开辟了另一个维度的超现实空间——虚拟现实空间，越来越多的网站开始推出虚拟旅游服务，如"城市吧"现在已在全国 24 个城市开通了旅游全景网。本节将从在线旅游和虚拟旅游两个方面介绍网络旅游的相关知识。

1.　在线旅游

在线旅游是指旅游服务提供者依托互联网，提供旅游信息查询、产品预订及服务评价等旅游服务，包括航空公司、铁路服务部门、酒店、景区、海内外旅游局等旅游服务供应商及搜索引擎、电信运营商、旅游资讯及社区网站等。作为一种新的产业，在线旅游处于快速上升期。

（1）在线旅游服务

现阶段网站提供的在线旅游服务大致可以分为四类：提供酒店、机票、度假等预订服务；提供酒店、餐饮等点评和推介服务；提供旅游搜索服务；提供旅游管理服务。

（2）在线旅游的运营模式

目前我国在线旅游的运营模式大致有旅游站点平台模式、以机票与酒店预订为服务内容的分销模式、垂直引擎搜索模式和直销预订模式四种形式。

① 旅游站点平台模式有 B2B、B2C，以及基于 B2B 与 B2C 的 B2B2C 等多种模式。B2B 模式可以在各旅游企业间搭建交流、交易平台，帮助企业建立战略合作关系。B2C 模式主要是指大众旅游平台，可以为广大出游者提供酒店、机票、车票等预订服务，景区门票预订与折扣、各旅游公司旅游线路搜索、比价等全方位旅游服务。基于 B2B 与 B2C 的 B2B2C 模式，就像一个大的旅游服务产品超市，如拥有多家旅行社资源的同程旅游，其业务涉及酒店、机票、景区门票和演唱会门票预订，以及租车等。

② 以机票与酒店预订为服务内容的分销模式主要通过代理旅游服务企业的产品获取代理佣金。这种运作模式的在线旅游的核心服务内容是机票预订、酒店预订等。例如，携程网依靠其先进的服务平台、高效运作的呼叫中心、长久以来累积的商业信用及周到的售后服务，在业界拥有明显的竞争优势。

③ 垂直引擎搜索模式网站不涉及在线旅游预订的交易环节，以提供搜索信息为主要服务内容，整合互联网上的机票、酒店、度假和签证等信息，为用户提供及时的旅游产品价格查询、比较服务和用户点评从而收取代理分成。垂直引擎搜索模式的代表网站有去哪儿、到到、酷讯等。

④ 直销预订模式剔除了中间环节，旅客通过网站平台实现与酒店、景区、航空公司的询价议价、预订及评论等。这种模式可以降低营销成本、提升企业经营和服务能力、为消费者提供更有保障的服务。

2. 虚拟旅游

虚拟旅游是建立在现实旅游景观基础上的，通过模拟现实景观，构建一个虚拟的三维立体旅游环境，使网民足不出户便可遍览风光美景。狭义的虚拟旅游是指通过互联网或其他设备在虚拟三维景观中漫游和虚拟景观的浏览；广义的虚拟旅游不仅指在三维虚拟景观中漫游、与旅游景观要素交互，还包括通过虚拟社区平台与其他参与者交互，借助旅游电子商务购买旅游纪念品等，在虚拟世界中获取现实世界旅游体验。

（1）虚拟旅游的特点

① 交互性。在虚拟旅游过程中，旅游者不再被动地、静态地观摩、欣赏景观，还可以通过网络参与到虚拟旅游的过程中，从而获得身临其境的感觉；旅游者还可以借助网络上的沟通工具，甚至是即时通信软件同其他游客进行旅游经历及感受的交流。

② 体验性。虚拟旅游的体验是在虚拟现实系统中进行旅游体验的一种新的体验模式。虚拟旅游环境建立在现实旅游景观的基础上，虚拟旅游通过网络实现对现实景观的模拟，构建虚拟的旅游环境，使旅游者能身临其境般地进行旅游。

③ 自主性。虚拟旅游与现实旅游相比，使旅游者拥有更多的自主性。在虚拟旅游中，每一个虚拟旅游者都能任意选择旅游线路，也可以随时改变旅游行程。

④ 虚拟性。虚拟性表现在以下几个方面。其一，在虚拟旅游中，人与人之间的交往以间接形式

为主，以符号、数字为手段，以信息交往为主要内容。其二，虚拟旅游者在彼此独立的情况下自由组合成网络群体，享受虚拟生活。其三，虚拟旅游者可以隐匿自己的身份、年龄、性别等。

（2）虚拟旅游的主要类型

① 虚拟旅游景区

虚拟旅游景区平台把现实中的旅游景点通过 3D 技术在计算机上表现出来，方便用户通过虚拟旅游方式实现线上旅游，并为用户线下旅行提供指导。用户可根据自己的意愿选择游览路线、旅游速度，足不出户便可游览全世界的美景。

② 虚拟旅游酒店

虚拟旅游酒店平台可以通过 3D 技术将酒店的外部环境及内部设施逼真地展现给旅游者，让旅游者可以对酒店环境进行全面的了解，也可以通过该平台与酒店方管理者进行互动。虚拟旅游酒店平台可以作为酒店的市场推广渠道提升酒店的品牌价值，也可以让顾客放心地预订客房。

③ 虚拟旅游商城

在虚拟旅游商城中，商家可以在线上立体化、全方位地展示自己的产品，消费者通过观看商品的 3D 全景图进行商品的选择及购买。在虚拟旅游商城中，消费者可以了解并购买各个旅游景区当地的特色商品。虚拟旅游商城是未来提高旅游产品销售量的有效手段。

1.3.4　网络医疗

网络医疗是指将医疗技术与网络技术、计算机技术和多媒体技术结合，利用互联网进行数字、图像、语音的综合传输，实现患者与医疗机构或医生的沟通与交流，旨在提高诊断与医疗水平、降低医疗成本，以及满足广大人民群众保健需求的一项全新的医疗服务。网络医疗包括健康教育、医疗信息查询、电子健康档案、疾病风险评估、在线疾病咨询、电子处方、远程会诊及远程治疗和康复等多种形式的健康管家服务。截至 2021 年 6 月，我国在线医疗用户规模达 2.39 亿人，较 2020 年 12 月增长 2 453 万人，占网民整体的 23.7%。

1. 网络医疗的优点

（1）合理配置医疗资源

我国的医疗资源集中在大城市，而在大城市中医疗资源又集中在三甲类的大医院。这些医院不仅汇聚了名专家、名教授和名医生，而且设备先进。网络医疗模式的出现突破了时间和空间的限制，使更多的患者能享有稀缺的医疗资源，从而实现医疗资源的合理配置。

（2）降低医疗成本

医疗成本包含时间成本、精力成本、体力成本和金钱成本等。通过网络医疗，患者的资料及基本情况可被及时传输给医生，经过分析后，患者可继续通过网络预约门诊，甚至可以直接通过视频与医生进行充分沟通，在充分了解患者情况的前提下，医生可提出治疗建议，避免患者去大城市看病的盲目性，大大降低了患者的医疗成本。

2. 网络医疗服务

（1）医疗信息服务

医疗网站可为医疗机构发布信息及患者查询医疗相关信息提供平台。医院及其他医疗机构可以通过医疗网站发布医疗信息，用户也可通过互联网访问医疗网站，查询相关的医疗信息并享受网络医疗提供的其他服务。同时，患者还可以通过网络对所患病症进行咨询，更多地了解医生、病情、药品等与治疗相关的信息。

（2）网络诊断

患者可通过网络与医生进行沟通，也可通过网络将相关资料实时传递给医生，医生可以在网上进行诊断，患者不用出门就能了解自己的病情，然后医生在网上配药，并将药快递到患者的家中。

（3）网上医药

网络医疗可向患者提供符合其查询条件的所有药品的信息，如药品的名称、剂型、规格、数量、用药方法，以及药品的价格、主治功能、销售药店、厂家信息等，患者可通过这些药品信息来查找自己所需要的药品，医疗服务部门可按患者需要配药并将其快递给患者。

（4）预约服务

患者借助医疗网站可以完成门诊预约和住院预约等。患者通过浏览医疗网站，可了解各家医院的专科和专家门诊的安排，可以在网上选择专家和门诊时间，实现在家挂号，节约前往医院排队挂号的时间。患者也可以通过浏览医疗网站，了解各家医院的病床信息，办理住院预约，减少办理住院手续时的往返奔波。

（5）家庭护理

用户可以直接在网上选择自己所需要医院的家庭护理系统，通过该系统向医院提供病人的资料，医院家庭护理系统根据病人的资料，对病人做出护理诊断，制订护理计划，病人可以在家接受护理计划，实现家庭护理。

（6）个人电子病历

用户可以在网络上建立一份自己的电子病历，以后在任何一家入网医院就诊时，其病历资料及各种检查结果均可以自动传输到电子病历中，随时可以查阅，便于医生进行诊断。

（7）网络会诊

网络会诊是指通过互联网，利用视频会议系统，提供医院之间的多媒体实时交互会诊服务。参与会诊的医生通过网络对病人的心电图、X线、CT、核磁、超声及病历资料进行交流，并对病人的病情进行分析和诊断。

> **学习思考**
> 电子商务在服务业的应用还有哪些？其应用前景如何？

练习题

一、单选题

1. 在电子商务的基本要素中，（　　　）是电子商务的核心。
   A. 现代信息技术
   B. 电子工具
   C. 掌握现代信息技术和商务理论与实务的复合型人才
   D. 以商品贸易为中心的各种商务活动

2. 电子商务的（　　　）是指电子商务参与者进行的具体商务活动。
   A. 环境层　　　　　B. 应用层　　　　　C. 系统层　　　　　D. 技术层

3.（　　）是第一个使用电子商务一词的企业。

　　A. IBM　　　　　　B. 华为公司　　　　　C. 亚马逊公司　　　　D. 联想公司

4.（　　）主要通过代理旅游服务企业的产品，获取代理佣金。

　　A. 以机票与酒店预订为服务内容的分销模式

　　B. 旅游站点平台模式

　　C. 垂直引擎搜索模式

　　D. 直销预订模式

5. 电子商务的（　　）主要是指影响电子商务活动的技术因素，主要包括信息化的基础设施、相关协议和支付标准等。

　　A. 社会环境　　　　B. 商业环境　　　　　C. 技术环境　　　　　D. 法律环境

二、多选题

1. 下列属于电子商务与传统商务区别的要素有（　　）。

　　A. 跨时空的虚拟交易　　　　　　　　B. 高效

　　C. 有买卖双方和业务流程　　　　　　D. 低成本

　　E. 相关的政策及法规

2. 电子商务的发展阶段包括（　　）。

　　A. 雏形阶段　　　　　　　　　　　　B. 基于 EDI 的电子商务阶段

　　C. 新奇阶段　　　　　　　　　　　　D. 基于 Internet 的电子商务阶段

　　E. 基于移动通信的电子商务阶段

3. 电子商务框架模型中的系统层包括（　　）

　　A. 电子商务解决方案　　　　　　　　B. 管理工具

　　C. 应用系统　　　　　　　　　　　　D. 电子业务处理

　　E. 商业环境

4. 网络银行的业务主要包括（　　）。

　　A. 信息服务　　　　B. 客户交流服务　　　C. 银行交易服务

　　D. 保险理赔服务　　E. 众筹服务

5. 网络保险的功能主要有（　　）。

　　A. 在线宣传　　　　B. 在线销售　　　　　C. 在线客户服务

　　D. 在线理赔　　　　E. 在线理财

三、名词解释

1. 电子商务

2. 网络保险

3. 网络教育

4. 在线旅游

四、简答及论述题

1. 电子商务的基本要素有哪些？

2. 何谓电子商务的对象？

3. 电子商务的主要特征有哪些？

4. 试论述电子商务与传统商务的区别。

5. 试论述虚拟旅游的特点。

案例讨论

老字号的电商征途

在经济全球化的时代背景下，不少家喻户晓的百年老字号品牌却逐渐没落。享誉百年的老字号品牌，是商业文明与传统文化共同铸造的"宝藏"。大数据时代下，老字号品牌该如何生存，是一个无法回避的问题。近年来，老字号品牌频频与电商平台接轨，用"新电商+老字号"的发展逻辑，为品牌发展注入了新鲜活力。

1. 新老合作，互利共赢

全国经商务部认证的中华老字号企业有1 128家，涉及中药、餐饮、服装、酒等各个行业，其中过半老字号企业通过京东、天猫等电商平台开展线上销售。参照2018年发布的《中华老字号电商发展报告》，从2015年开始，进驻电商平台的老字号企业数量每年都在大规模增长。相较于2015年，2017年老字号企业入驻京东的数量增长了229%。2017年京东平台上的老字号企业用户数同比增长81%，商品销售量平均增长101%，销售额增长也超过100%。销售额及用户数双双高速增长，展示了互联网背景下老字号品牌创新发展的无限潜力。京东发布的《2019"新国货"消费趋势报告》显示，越来越多的消费者在线上选购老字号品牌商品，下单商品数量较2018年同比增长60%。顾客对工厂（Customer to Manufactory，C2M）、营销、线上线下融合齐助力，老字号品牌持续添新粉，东阿阿胶销售额同比增长1200%，云南白药店铺单日增粉48万人，王茅酒20 000瓶珍藏版首发瞬间被抢购一空。老字号与电商平台接轨，令老字号、电商平台和消费者共同受益。

常言道"酒香不怕巷子深"，但是由于媒介传播方式、地区差异等诸多因素的影响，部分老字号品牌如若只专注于线下销售，也会出现"酒香也怕巷子深"的问题。对于老字号品牌而言，进驻电商平台，一方面可以拓宽销售渠道，线上线下两手抓，提高销量；另一方面也能借助电商平台跨地域性、覆盖面广、传播速度快的优势，解决"酒香也怕巷子深"的问题。对于电商平台而言，老字号本身就是"金字招牌"，久经沉淀延续至今的老字号品牌的入驻，能够在无形中提高消费者对平台及其产品的信任度和认可度，从而增加平台浏览量，提高平台下单率，助力平台提高竞争力。

2. 抢抓机遇，百家争鸣

"北有王麻子，南有张小泉"，创始于杭州的张小泉已有近400年历史，因生铁中嵌钢的独特工艺，张小泉剪刀刀口锋利、开闭自如，清乾隆时期就被列为贡品。如今，张小泉剪刀在立足本土市场的同时还远销境外，这样的成功与恰逢其时的电商平台的发展有必然联系。从一人总揽到百人团队，从原来仅有的一家网上专卖店发展到如今的"多管齐下"，从年销量40万把直至破亿把，这是张小泉剪刀的线上发展轨迹，同时也是老字号群体电商之路的缩影。

蜂花品牌是在我国改革开放初期推出的洗发、护发品牌。2018年年底，蜂花入驻拼多多，随后打开了线上销售的新天地，4个月的时间，蜂花的销量增长接近4倍，多款单品销量达到10万元，从2019年3月起销售额更是突破百万元，并且依旧维持高速增长。这个增长速度在各渠道前所未见。2019年5月，拼多多宣布联合光明乳业、冠生园集团、回力鞋业、上海凤凰、美加净等在内的多家品牌，共同推出"上海老字号新电商计划"。"上海老字号新电商计划"在线上与线下同时进行。线上举办"上海老字号"品牌特惠专场、"大牌驾到"以及"产业中国"万人团等活动，参与品牌包括回力鞋业、六神、英雄钢笔、上海皂业等在内的近50个品牌；线下则会定期推出"上海老字号新电商公开课"，针对不具备电商经营和运营经验的老字号品牌，拼多多提供覆盖全流程的一站式服务。与此同时，定制化产品陆续登上电商平台。

老字号代表着产品的品质，是企业历久弥坚的初心，是大国工匠精神的结晶；老字号也承载着一代人的记忆。当伴随互联网共同成长起来的年青一代消费者成为消费主力时，老字号也要跟上大数据时代线上销售的潮流，实现企业的年轻化、时尚化，把握好传承与创新之间的关系，在保证产品质量的同时，根据消费者的需求不断推陈出新，通过改良自身接轨现代消费潮流。

思考讨论题

1. 老字号为何要与电商平台接轨？
2. 老字号发展电商有何优势和劣势？
3. 老字号该如何发展电商？

第2章 电子商务运作模式

本章导读

电子商务模式可简单理解为企业开展电子商务的运作方式内容和盈利模式。本章首先介绍了电子商务的分类与盈利途径，接下来重点分析了B2B、B2C、C2C这三种常见的电子商务模式，最后阐述了近年来涌现的电子商务创新模式。通过对本章的学习，读者对上述电子商务模式将有一个全面的了解。

知识结构图

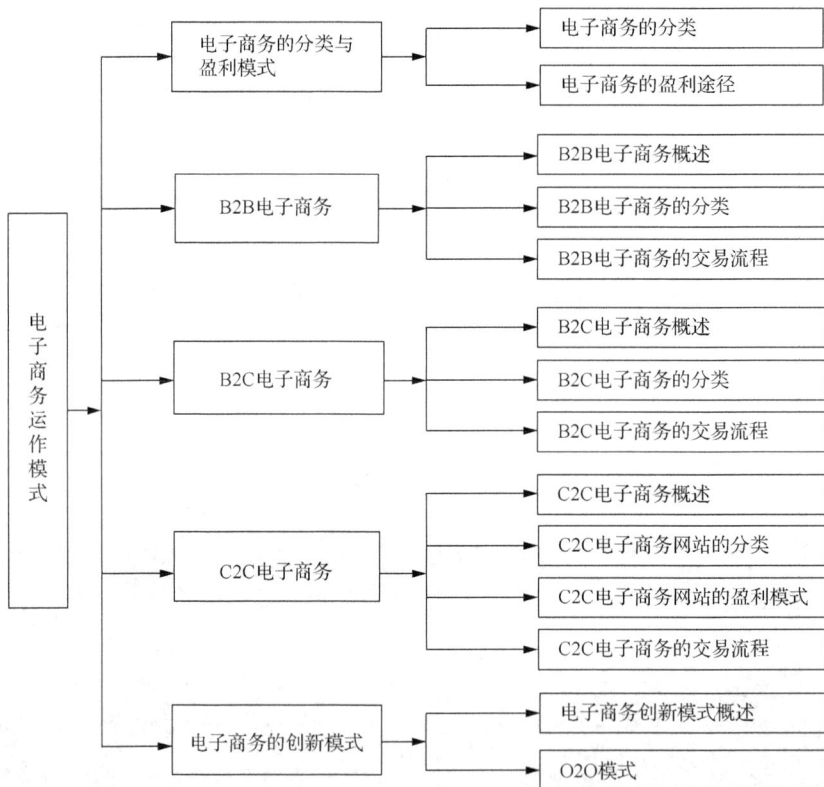

开篇引例

淘宝与微软携手推出"淘宝买啊"

2018年8月8日，淘宝与微软HoloLens推出"淘宝买啊"（通过Mixed Reality，即混合现实技术，也就是常说的MR技术，实现超现实的未来购物体验，它能依靠全息影像，让"内容"自己"说话""行动"，以更生动逼真的方式提升浏览体验），进军MR购物领域。

1. 进军MR购物领域，淘宝造物节带来年度黑科技

创办以来，淘宝造物节已经成为创意的代表，它为全世界提供了一个很好的了解中国年轻人的平台。同时，淘宝造物节也是黑色科技的盛会。

在2016年的淘宝造物节上，淘宝展示了由阿里虚拟现实（Virtual Reality，VR）实验室——GM实验室开发的Buy+VR购物方式。2017年，淘宝第一家无人零售店"淘咖啡"以快闪店的形式亮相。

在2018年的淘宝造物节上，淘宝和微软联合带来了"淘宝买啊"——混合现实的购物方式。淘宝在西湖建造了超过300平方米的"未来购物街区"。用户通过佩戴MR智能穿戴设备，就能获得基于MR的未来购物体验：轻松把玩立体的商品、通过手势与声音交流、全息卖家秀、跟二次元偶像一起逛街……刷新购物认知。

2. 炫酷购物体验，"淘宝买啊"让未来照进现实

MR是VR和AR技术的未来发展形态，它把现实世界和虚拟世界结合起来，来产生新的可视化环境，环境中同时包含了现实世界与虚拟信息，能够互动，必须"实时"。在淘宝买啊，用户通过智能可穿戴设备，让现实生活与虚拟世界互动。

在"淘宝买啊"帮助下，消费者可以实现"所看即所得"——目光所及之处，商品信息即被智能识别，与之相伴的评论、攻略等资料也将一应俱全，在"淘宝买啊"的世界里，每一件商品都是全息的、立体的，各种信息一目了然。

资料来源：搜狐网。

2.1 电子商务的分类与盈利模式

2.1.1 电子商务的分类

电子商务的分类方法很多，常见的有按照电子商务的参与主体划分、按照电子商务的数字化程度划分、按照商业活动的运行方式划分及按照开展电子交易的范围划分等。限于篇幅，我们主要介绍两种常见的电子商务分类方式。

1. 按电子商务的参与主体划分

根据电子商务参与主体的不同，电子商务主要可以分为以下四大类，即企业—企业（B2B）电子商务、企业—消费者（B2C）电子商务、企业—政府（B2G）电子商务、消费者—消费者（C2C）电子商务。不过，随着电子商务的不断发展，按参与主体划分的创新类型不断涌现，如消费者—企业（C2B）电子商务、企业内部电子商务、非商业电子商务等。下面就对上述主要的电子商务类型做简要介绍。

（1）企业—企业（B2B）电子商务

企业—企业（Business to Business，B2B）电子商务是企业与企业之间通过专用网络或 Internet，进行数据信息的交换、传递从而完成商务谈判、订货、签约、接收发票和付款，以及索赔处理、商品发送管理和运输跟踪等活动的一种电子商务模式。

B2B 电子商务可以在买卖双方直接进行，也可通过在线中介（online intermediary）开展。不同于大企业，绝大多数中小企业都是借助在线中介开展 B2B 业务的。成立于 1999 年的阿里巴巴电子商务网站是全球最大的网上 B2B 交易平台，如图 2-1 所示。

图 2-1　阿里巴巴电子商务网站

（2）企业—消费者（B2C）电子商务

企业—消费者（Business to Consumer，B2C）电子商务是指企业与个人之间通过 Internet 进行交易的商务活动。随着 Internet 网络的普及，这类电子商务发展势头强劲，引发了传统商品营销方式的重大变革。

（3）企业—政府（B2G）电子商务

企业—政府（Business to Government，B2G）电子商务是指企业与政府之间的电子商务，包括政府通过 Internet 进行商品采购、工程招投标、宏观调控、管理电子商务市场等。B2G 电子商务实际上是电子政务的一种，政府作为消费者，可以通过 Internet 发布采购清单或者招投标信息，进而公开、透明、高效、廉洁地完成所需物品的采购和所需工程的招投标。例如，我国香港特区政府从 2000 年 4 月开始应用电子投标系统，在半年之内处理了 429 次招投标，占其投标总次数的79%。

在发达国家，电子商务的发展主要依靠私营企业的参与和投资，政府只起引导作用。而在发展中国家，电子商务的历史较短，电子商务的运营有诸多不成熟、不规范的地方，所以需要政府的直接参与。例如，这些国家的政府会制定有利于电子商务企业的产业政策及相应的法律法规来规范电子商务的发展。

学习思考

什么是电子政务？除了B2G模式外，还有哪些类别？各有何功能？

（4）消费者—消费者（C2C）电子商务

消费者—消费者（Consumer to Consumer，C2C）电子商务是指消费者对消费者的电子商务，即消费者与消费者之间通过 Internet 进行的个人交易，它的一大特点就是消费者与消费者通过讨价还价的方式进行交易，主要表现形式为网络拍卖。

（5）消费者—企业（C2B）电子商务

消费者—企业（Consumer to Business，C2B）电子商务既包括个人消费者利用互联网向企业销售产品或服务，又包括个人消费者寻求卖主，以对产品或服务进行有效议价。目前，第二种形式在电子商务活动中开始变得普遍，主要表现为购买同一类商品的消费者联合起来与商家议价。C2B 电子商务完全改变了传统商务活动中商品采用固定价格和一对一讨价还价的定价模式，使买方定价成为现实，单个消费者通过聚合成为强大的采购集团的一分子。近年来迅猛发展的拼多多就是这种电商模式的典型代表。

（6）企业内部电子商务

企业内部电子商务包括组织内部的所有活动，如商品、服务和信息等在组织内各部门及个人之间的交换。这些活动包括向组织内部员工销售产品、开展在线培训、进行合作设计等。企业内部电子商务主要是在企业内部信息化的基础上，将企业的内部交易网络化，是企业外部电子商务的基础，而且相比企业外部电子商务更容易实现。

（7）非商业电子商务

越来越多的非商业机构组织，如大学、非营利组织、社会组织及政府机构，开始采用电子商务来减少运营费用或改善运作水平，从而提高客户服务水平。例如，目前，我国绝大部分高校都已经实现了校园信息化，它们利用校园网向学生传达各种资讯，以方便学生学习。

根据这个分类方法，我们不但厘清了电子商务不同利益方之间的关系，而且还学习了电子商务在不同商务活动中的具体运作方式，这对于我们今后分析电子商务案例是非常有益的。

2. 按电子商务的数字化程度划分

根据所销售的产品和服务、销售过程和销售代理的数字化程度的不同，电子商务可以分为完全的电子商务和不完全的电子商务。

1997 年，惠斯顿等学者构建了一个框架来解释电子商务的三个维度上的可能组合，如图 2-2 所示。

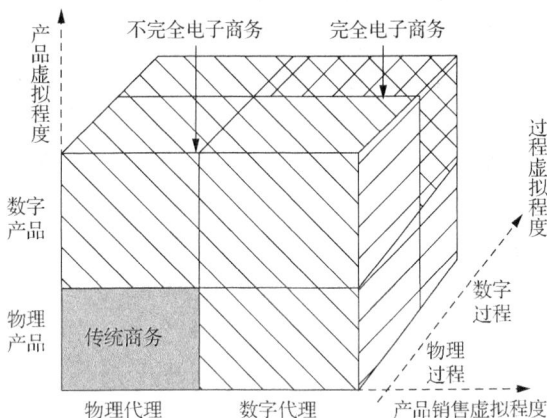

图 2-2　电子商务的维度

资料来源：Whinston，A.B.，Stahl，D.O.，Choi，S. *The Economics of Electronic Commerce*，IN:Macmillan Technical Publishing，1997。

从图 2-2 中可看出，产品可以是实体的或数字化的，销售过程可以是实体的或数字化的，销售代理也可以是实体的或数字化的。所有可能的组合方案共同形成了八个立方体，每个立方体上都有三个维度。传统商务的所有维度都是实体的（左下角的立方体），完全的电子商务的所有维度都是数字化的（右上角的立方体）。除此之外的立方体都是数字维度和实物维度的混合。只要有一个维度是数字化的，我们就认为其为电子商务，只不过是不完全的电子商务。

例如，从当当网上购买一本实体教材属于不完全的电子商务，因为配送需要由线下的物流来完成；但从该网站上购买一本电子书则属于完全的电子商务，因为产品、配送、付款和购买者处的传输都是数字化的。

2.1.2　电子商务的盈利途径

电子商务的盈利模式是指开展电子商务的企业获取利润的方法。不同类型的电子商务企业的盈利途径各不相同，归纳起来主要有以下几种。[①]

1. 通过销售收入获得盈利

销售收入是企业通过在网站上销售商品和服务来创造的收益。商品包括数字商品和非数字商品，数字商品有视频、音乐、电子文档、短信、彩铃等，非数字商品有汽车、日用品等。服务包括电子邮箱服务、网上游戏服务、网站托管服务、网页制作和维护服务、价格比较服务、信息搜索服务，以及医疗、法律等专业在线服务。

2. 通过收取交易费获得盈利

交易费是企业根据所处理的交易的数量或规模收取的佣金。收取交易费是目前电子市场等交易中介型平台提供商主要的获利途径。平台提供商提供一个公共平台将买家和卖家汇聚在一起，方便了买卖双方，从而促成交易。平台提供商通过收取佣金或者从交易中提成的办法获利。

3. 通过收取广告费获得盈利

网络广告费是企业利用自己知名度较高及客户数量较多的优势，允许其他企业在自己的网站上宣传企业形象及进行产品推广后，收取的一定的网络广告费用。网络广告是传统广播电视公司媒体在网络上的延伸。收取网络广告费是各类门户网站的重要盈利途径。

4. 通过收取会员与订阅费获得盈利

会员与订阅费是用户注册为会员或在订阅一项服务时，企业按一定时间段（一个月或一年）向客户收取的一定的费用。收费后，企业会向客户提供某种服务，如信息服务、接入服务等。在订阅网站上通常都会有一些免费的服务，让新用户来体验订阅的效果。订阅网站不管用户用与不用，都会按期扣费。订阅模式又包括内容服务、会员制服务、诚信与隐私保护服务。

5. 通过联属推荐费获得盈利

一些企业拥有一些联属商家，它们的网站上有通向这些商家网站的超链接，每次用户访问者通过单击这些超链接进入联属商家的网站上购买商品后，联属商家都要缴纳一定的费用。该费用即联属推荐费。

6. 通过捐赠方式获得盈利

捐赠是社区模式的主要收入来源之一。社区的经营是用户忠诚度的最好体现，对社区经营好坏的最佳考核标准就是看人气旺不旺、内容多不多。社区建设大多由志愿者自愿投入时间和精力来进行，并且信息内容也大都免费向公众开放。盈利途径靠销售附属产品及服务或者捐赠。

此外，电子商务的盈利模式还有竞价排名、增值服务等。我们将在下文结合不同的电商模式做具体介绍。

2.2 | B2B 电子商务

传统企业间的交易往往要消耗企业大量的资源，无论是销售，还是采购都会产生一定的成本。通过 B2B 交易模式，买卖双方能够在网上完成整个业务流程，包括从建立最初的商品印象到货比三

家，再到讨价还价、签单、交货，最后到售后服务。B2B 使企业之间的交易减少了许多事务性的工作流程和管理费用，从而能够大大降低企业的经营成本。

虽然，如今 B2C 电子商务、C2C 电子商务快速崛起，但从电子商务的市场结构来看，B2B 电子商务仍是业务量最大的一种电子商务形式，B2B 电子商务是电子商务市场的主体。

2.2.1　B2B电子商务概述

1. B2B 电子商务的定义

B2B 电子商务是企业和企业之间通过专用网络或 Internet 进行数据信息的交换、传递从而完成商务谈判、订货、签约、接收发票和付款，以及索赔处理、商品发送管理和运输跟踪等活动的一种电子商务模式。

B2B 电子商务交易可以在任意两个企业之间进行，包括公共或私人的企业、营利性或非营利性的企业等。供需双方企业利用商务网络平台，将上游的供应和采购业务和下游代理商的销售业务有机地结合在一起，从而降低成本，完成商务交易过程。这些过程包括发布供求信息，订货及确认订货，支付，票据的签发、传送和接收，确定配送方案并监控配送过程等。

2. B2B 电子商务的参与主体

B2B 电子商务的参与主体主要有 B2B 电子商务交易平台、参与交易的买方企业和卖方企业、物流配送系统和支付系统等。它们在 B2B 的交易过程中均发挥着重要的作用。

3. B2B 电子商务的盈利途径

（1）会员费

会员费是 B2B 电子商务最主要的盈利途径，也是 B2B 行业网站中最典型的盈利模式。企业通过第三方电子商务平台参与电子商务交易，必须注册为 B2B 电子商务网站的会员，每年要交纳一定的会员费，才能享受网站提供的各种服务，目前会员费已成为我国 B2B 电子商务网站最主要的收入来源。例如，从 2018 年开始阿里巴巴诚信通会员费的标准由 3 688 元/年涨到 6 688 元/年，这是所有入驻商家必须交纳的会员费。

（2）广告费

广告费是门户网站的主要盈利来源，同时也是 B2B 电子商务网站的主要收入来源，目前主要的广告形式有广告关键字、文字链接广告、图片广告、动态广告 Flash、邮件广告、广告联盟、商业调查投放广告等形式，门户网站会根据广告在首页的位置及广告类型收取费用。以阿里巴巴平台的商家为例，6 688 元/年的会员费是必付的，如果涉及广告还需要另外付费。广告对商家来说不是必选项，做不做、做多少完全由自己决定，但在竞争激烈的市场环境下，不做广告显然不利于产品的推广。

（3）竞价排名

竞价排名，顾名思义是指通过竞争出价的方式，获得某个网站的有利排名位置。企业为了促进产品销售，都希望自家产品在信息搜索排行中排名靠前，提高信息曝光度。网站在确保信息准确的基础上，根据会员交纳费用的不同对排名顺序做相应的调整。例如，在阿里巴巴上，当买家搜索供应信息时，竞价企业将排在搜索结果靠前的位置，因而很容易被买家在第一时间找到。

（4）增值服务

B2B 电子商务网站通常除了为企业提供贸易供求信息以外，还会提供一些独特的增值服务，如企业认证、搜索引擎优化、行业数据分析、行业咨询顾问服务（包括市场调查、管理项目咨询、采购咨询等服务）等。

（5）线下服务

B2B 电子商务网站的线下服务主要包括举办展会、行业期刊、研讨会等。在各地举办展会，邀请协会行业专家到场，通过展会，供应商和采购商可以面对面地交流，很多企业都很青睐这种方式。比较成功的有 ECVV（深圳伊西威威科技开发有限公司）组织的各种展会和采购会，已取得不错的效果。

（6）商务合作

商务合作主要包括与广告联盟、政府、行业协会、传统媒体的合作等。B2B 电子商务网站通过商务合作，不仅能够帮助会员企业增加销售机会，还能够从中获得一定的收益。

2.2.2 B2B电子商务的分类

根据不同的标准，B2B 电子商务有多种分类方法，下面分别进行介绍。

1. 根据平台面向的对象划分

（1）垂直 B2B 电子商务

垂直 B2B 电子商务（或行业性 B2B 电子商务）是指聚焦于一个或某几个特定相关行业的线上 B2B 电子商务模式。这些网站的专业性很强，它们将自己定位在一个特定的专业领域，如 IT、化工、有色金属、煤炭或农业。垂直 B2B 电子商务可以分为两个方向，即上游和下游。这类网站将同行业的买卖双方聚集在一起，为双方创建一个信息交流的平台，使这些企业能够很容易地找到原料供应商或买主，从而促进交易的达成。例如，戴尔与上游的芯片和主板制造商，以及思科与其下游分销商间就是通过这种方式进行合作的。

垂直 B2B 电子商务的客户相对比较集中，数量也较为有限，但客户忠诚度较高，所以网站更具有聚集性、定向性，是一个有效的集约化市场。目前国内有很多垂直 B2B 电子商务网站，如中国化工网（见图 2-3）、全球五金网、农伯网等。

图 2-3 中国化工网主页

（2）水平 B2B 电子商务

水平 B2B 电子商务（或综合性线上 B2B 电子商务）是指将各行各业中相近的买卖双方集中到一个市场上进行信息交流、商品拍卖竞价、交易等，如阿里巴巴，其主页如图 2-4 所示。该模式涉及行业范围广，对参与企业没有特殊限制，它不以持续交易为前提，其对企业的价值主要体现为可以为企业提供信息发布平台、增加市场机会、比较供货渠道、促成项目合作及宣传企业品牌。

图 2-4　阿里巴巴网站主页

在水平 B2B 电子商务网站上交易的商品覆盖门类齐全，多是大额交易。B2B 电子商务的交易多在线下完成，网站只是提供一个供交易双方寻找信息和洽谈的平台。近年来，由于企业电子商务意识的提升，支付、物流和信用环节的逐步完善，用户对于线上 B2B 电子商务的接纳度与认可度也在逐渐提升。

2. 根据平台构建主体划分

（1）中介主导的 B2B 电子商务模式

中介主导的 B2B 电子商务网站是由不参加生产和销售的电子商务公司构建的，这些电子商务公司作为独立于买方和卖方的第三方存在，不参与电子商务交易，只是作为第三方为没有能力建造电子商务系统的中小企业提供一个自由接触、谈判直至最终交易的网络平台。它们的盈利来源于所提供的 B2B 平台服务。

中介主导的 B2B 电子商务平台可以为卖方提供更多商机，为买方提供多家供应商，因而对买方和卖方都有吸引力，尤其受到中小型企业的青睐。中小企业自行开发电子商务平台的成本高，而且访问量有限。因此，该模式逐渐成为中小企业发展电子商务的重要平台，典型的有慧聪网，如图 2-5 所示。

图 2-5　慧聪网

（2）买方主导的 B2B 电子商务模式

买方主导的 B2B 电子商务是一个买家与多个卖家之间的交易模式。在该电子商务模式下，需要产品或服务的企业占据主动地位，买方企业先在网上公布需求信息（产品的名称、规格、数量、交货日期），然后等待卖方企业前来洽谈和交易。通过在网上发布采购信息，企业可以在全世界范围内选择供应商。由于供应商的增加，企业可以在多家供应商之间进行比价，降低采购成本。买方企业一般是大中型企业，在供应链中处于强势地位。

（3）卖方主导的 B2B 电子商务模式

随着中介型 B2B 电子商务网站的发展，越来越多的中小企业能够彼此了解，增强交流，增加了与大企业进行贸易谈判的筹码。同样，在供应链上处于优势地位的大企业也开始担心这类网站的扩张会危及它们在供应链交易中的控制权，受到企业的结盟威胁。为了稳固控制权，大企业开始打造自己的网站，要求下游企业登录自己的网站来提交贸易单据，而不是在中介型 B2B 电子商务网站里同它们谈判。

在这种模式下，提供产品或服务的企业，即卖方企业占据主动地位，该类企业先公布信息，然后等待买方企业前来洽谈和交易。一般在供应链中处于强势地位的卖方企业采用这种模式。

开展 B2B 电子商务的企业可分为大型企业和中小企业，其中大型企业更容易形成销售方和买卖方的控制力量，中小企业则会选择第三方电子商务平台开展电子商务活动。不同类型的企业会选择不同的 B2B 商业模式，如表 2-1 所示。

表 2-1 　　　　　　　　　　　　　　不同企业选择的 B2B 商业模式

分类	商业模式
销售方控制 （大中型企业）	只提供信息的卖主平台
	可通过网络订货的卖主平台
购买方控制 （大中型企业）	通过网络发布采购信息，反向拍卖
	采购人代理，易货交易
	采购信息收集者，加入团体购买计划
中立的第三方控制 （中小型企业）	特定产业或产品的搜索工具
	信息超市（获取卖主和产品信息的通道）
	企业广场（包括众多卖主的店面）
	拍卖场

3. 根据贸易类型划分

（1）内贸型 B2B 电子商务

内贸型 B2B 电子商务是指以提供国内供应者与采购者交易服务为主的电子商务，交易主要在同一国家内进行。例如，中国供应商网、商泰网等。

（2）外贸型 B2B 电子商务

外贸型 B2B 电子商务是指以提供国内与国外供应者与采购者的交易服务为主的电子商务。相对于内贸型 B2B 电子商务市场，外贸型 B2B 电子商务市场需要突破语言文化、法律法规、关税税率等各个方面的障碍，还要涉及海关、商检、担保、外运、外汇等行业部门，活动流程更复杂，要求的专业性更强，如敦煌网，如图 2-6 所示。

图 2-6　敦煌网

2.2.3　B2B电子商务的交易流程

B2B 电子商务的交易流程一般分为交易前准备阶段、交易谈判和合同签订阶段、支付与阶段、交易合同履行阶段及售后服务阶段等，但中介主导的 B2B 电子商务、买方主导的 B2B 电子商务和卖方主导的 B2B 电子商务模式在同一交易阶段的具体要求和工作内容会有很大的不同。如中介主导的 B2B 电子商务模式需要交易双方必须要在平台上注册成为会员后才有资格开展交易，而且要按平台制定的规则实施交易。限于篇幅，本书对此不作详述。

2.3　B2C 电子商务

2.3.1　B2C电子商务概述

1. B2C 电子商务的定义

B2C 电子商务是指企业与个人之间通过 Internet 技术，把企业的产品和服务直接销售给消费者的电子商务模式。它具有速度快、信息量大、费用低等诸多优势，已为越来越多的商家所关注和重视。

目前，在 B2C 交易模式中，商家既出售有形商品，也出售无形商品。有形商品包括书籍、服装、汽车、数码产品、鲜花、食品、珠宝等，种类繁多。无形商品包括软件、音乐、游戏等。这种模式节省了企业和客户双方的时间，也扩展了空间，大大提高了交易效率，受到广大消费者的喜爱。

2. B2C 电子商务基本组成部分

B2C 电子商务由三个基本部分组成：网上商场、物流配送体系和支付结算方式。

（1）网上商场

网上商场也称虚拟商场，是商家直接面向消费者的场所。该商场中陈列着琳琅满目的虚拟商品。商家通过虚拟商场发布商务信息，满足客户需求，为客户提供良好的购物体验。

（2）物流配送体系

物流配送体系是关系到 B2C 电子商务模式能否顺利发展的关键。目前，商家进行物流配送有多种选择，企业可以根据实际情况选择不同的配送模式，如企业自营配送、第三方配送、共同配送、互用配送、基于合作的配送等模式。

（3）支付结算方式

支付结算方式决定了资金的流动过程，目前在 B2C 电子商务下的支付方式有货到付款、银行汇款和电子支付。货到付款是原始的付款方式，一般用于配送距离较近的货物；银行汇款则是客户完成订货后，通过邮政或银行系统转账；电子支付则是指通过网银、支付宝、微信等直接在网上完成支付。随着电子商务的发展，电子支付已经成为电子商务支付结算方式的主流。

3. B2C 电子商务企业的盈利模式

B2C 电子商务的经营模式决定了 B2C 电子商务企业的盈利模式，不同类型的 B2C 电子商务企业的盈利模式是不同的。一般来说，B2C 电子商务企业主要是通过以下几种模式盈利。

（1）收取服务费

网上购物的消费者，除了要按照商品价格付费外，还要向网上商店付一定的服务费。我国的 B2C 购物网站很少有收取服务费的，但也有一些网站，通过接收客户在线订单收取交易中介费，如九州通网，如图 2-7 所示。

图 2-7　九州通网

（2）收取会员费

大多数 B2C 电子商务网站都把收取会员费作为一种主要的盈利模式。B2C 电子商务网站一般采用会员制，按不同的方式、服务范围收取会员费。

（3）销售商品获得利润

有些 B2C 电子商务网站通过销售商品而获得利润，如京东商城、苏宁易购、当当网等。这些 B2C 电子商务网站除了有第三方进驻的商家之外，还销售大量的自营商品。

（4）销售衍生产品

销售衍生产品主要是指制造商在 B2C 网站上不仅销售自己生产的产品，还销售加盟厂商的产品，如海尔商城等。其也指除了销售某一专类产品外，还销售与本行业相关的产品。

（5）收取信息发布费

收取信息发布费是指商家通过提供网络平台发布供求信息等服务收取的费用，如中国药网，它已成为国内最大的医药信息咨讯平台之一，可为用户提供信息查询、新闻浏览、信息发布等多种信息服务。

（6）收取广告费

广告费是 B2C 电子商务网站收益的重要来源。广告费收取的多少取决于 B2C 电子商务网站的规模及影响力等。

除以上盈利方式外，B2C 网站还有其他的收费项目，如收取加盟费等。限于篇幅，本书不再一一介绍。

学习思考

天猫和京东是我国排名前两位的B2C电商平台，但盈利水平有较大差异，这是为什么呢？

2.3.2　B2C电子商务的分类

1. 根据交易的商品性质划分

根据交易的商品性质划分，B2C 电子商务可以分为无形商品的 B2C 电子商务和有形商品的 B2C 电子商务。

（1）无形商品的 B2C 电子商务

B2C 电子商务的
分类

无形商品的 B2C 电子商务直接通过网络向消费者提供无形商品和服务。无形商品的 B2C 电子商务目前有以下四种模式。网上订阅模式，是指企业通过网页安排向消费者提供网上订阅、信息浏览的电子商务模式，如在线课程、在线电子杂志等。付费浏览模式，是指企业通过网页安排向消费者提供计量收费性网上信息浏览和信息下载的电子商务模式，如中国知网（见图 2-8），该网站是论文一站式服务平台，提供论文检测、文献下载、论文投稿、论文选题、优先出版、期刊上网等专业学术服务，用户可以通过网上支付来获取下载论文的权限。广告支持模式，是指网站免费向用户提供服务内容，但通过付费广告获取收益的电子商务模式。如新浪网、网易网等各大门户网站，这些网站拥有极大的影响力，是商家投放付费广告的重要平台。网上赠予模式，即通过开放免费的服务吸引用户，在此基础上建立盈利模式的电子商务模式。例如，奇虎 360 公司将自己定位为提供免费安全服务的公司，该公司通过满足网民的安全上网需求，聚拢海量用户，然后通过两大平台对海量用户进行转化，从而打通免费服务与盈利之间的连接通道。

图 2-8　中国知网主页

（2）有形商品的 B2C 电子商务

有形商品的 B2C 电子商务是指，虽然商品的交易是在网上进行的，但实体商品的交付仍然要通过物流活动来完成。网上交易比较活跃的实体商品有书籍、日化产品、电子产品、家居服饰及化妆品等。因此早期成立的 B2C 商城均以销售上述类别的商品起家，并逐渐形成自己的特色。例如，京东商城最初主要销售家电产品，当当网主要销售图书产品等。随着物流、仓储、配送、冷链等技术的发展，如今网上销售的实体商品越来越丰富。

📘 阅读资料

2019 年我国 B2C 市场格局

2020年6月5日，电商智库网经社电子商务研究中心发布《2019年度中国网络零售市场数据监测报告》（以下简称《报告》）。《报告》显示，2019年网络零售B2C市场（包括开放平台式与自营销售式，不含品牌电商），以商品交易总额（Gross Merchandise Volume，GMV）统计，排名前3为的分别为：天猫50.1%、京东26.51%、拼多多12.8%。排名第4位～第8位的分别为：苏宁易购3.04%、唯品会1.88%、国美零售1.73%、云集0.45%、蘑菇街0.24%。

零售电商市场格局已定，"三巨头"形成。若以年活跃用户数衡量平台规模，拼多多已超过京东，直逼阿里。但无论从营业收入还是净利润指标看，阿里与京东均领先于拼多多。

总体来看，零售电商领域，天猫、京东依旧领先，GMV达万亿元级；拼多多异军突起，GMV突破也突破万亿元级，首度跻身"万亿俱乐部"行列；苏宁易购、唯品会等GMV为千亿元级；云集、蘑菇街、快手等GMV为百亿元级。

电商大数据库"电数宝"显示，2012年至2019年，天猫始终占据超50%的市场份额，其中2014年达到峰值，随后除2018年外其余年份均呈现逐年份额小幅回落趋势；京东市场份额为20%～30%，呈现平稳增长；拼多多市场份额则呈现"跳跃式增长"的强劲势头；苏宁易购进入平稳时期；唯品会市场份额有升有降；可见，2012年至2019年，各家电商平台市场份额"此消彼长"。

报告显示，2019年26家零售电商上市公司营业收入总额为1.8万亿元，平均营业收入额为693.35亿元。其中，营业收入千亿元级的电商上市公司包括京东、阿里巴巴、苏宁易购、小米集团；营业收入百亿元级的有唯品会、国美零售、拼多多、云集、乐信、三只松鼠；营业收入60亿～80亿元的有趣店、宝尊电商、寺库；营业收入10亿元以上的有1药网、南极电商、小熊电器、歌力思、御家汇、优信、壹网壹创、微盟集团、中国有赞；营业收入10亿元以下的包括蘑菇街、什么值得买、团车、宝宝树集团。

另电商大数据库"电数宝"显示，2019年这26家零售电商上市公司净利润为2 013.04亿元，平均净利润为77.42亿元。净利润达千亿元级的有阿里巴巴；净利润达百亿元级的包括京东、小米集团；净利润达10亿~100亿元级的有苏宁易购、唯品会、趣店、乐信、南极电商；净利润为10亿级以下的包括歌力思、微盟集团、宝尊电商、小熊电器、三只松鼠、壹网壹创、寺库、什么值得买、御家汇。

对此，网经社电子商务研究中心网络零售部主任、高级分析师莫岱青表示：零售电商中市值突出的毋庸置疑当属阿里巴巴，占66家总市值的61.41%；其次为京东；此外，拼多多实力不容小觑，与京东的差距仅不到500亿元；市值垫底的是汽车电商团车网，市值与上半年相比蒸发52.81%。

整体来看，零售电商占绝对主导地位，头部电商属于"高市值"领域，有4家市值超千亿元的电商，市值处于百亿元以下的占比57.14%，市值最小的不到十亿元，表现出"头重脚轻"的两极分化现象。而随着"互联网+"升级，实现线上线下融合，新零售业在推动消费中发挥了更大作用，引领电商行业持续发展。

2. 根据企业和消费者买卖关系划分

根据企业和消费者的买卖关系，B2C 电子商务可以进一步划分为：卖方企业对买方个人和买方企业对卖方个人这两种模式。其中，卖方企业对买方个人的 B2C 电子商务模式是指商家在 B2C 平台上（可以是商家自营平台，也可以是第三方平台）出售商品和服务给消费者个人，如商家通过天猫商城旗舰店把商品卖给消费者。而买方企业对卖方个人的 B2C 电子商务模式是指企业在网上向个人求购商品或服务的一种电子商务模式。这种模式多应用于企业网上招聘，即企业在网上发布需求信息，然后由个人主动联系洽谈。

2.3.3 B2C电子商务的交易流程

对消费者来说，在 B2C 电商平台购物非常简单，整个过程可谓轻松而便捷。但对电商企业来说，它们需要做一系列的工作才能促成交易的完成。这是因为 B2C 电子商务的参与方较多，除了消费者和电商企业之外，还涉及物流企业、配送企业、支付结算机构等。B2C 电子商务的交易流程如图 2-9 所示。

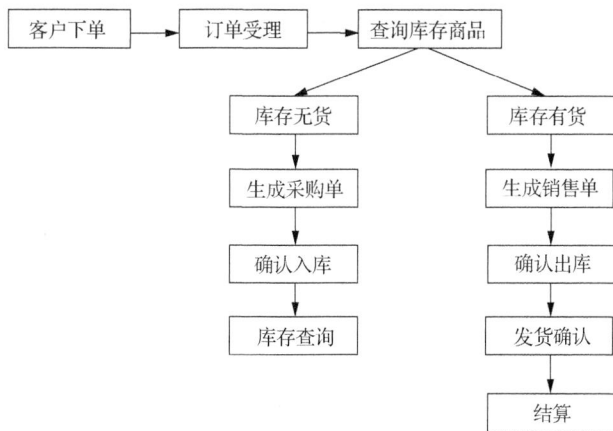

图 2-9　B2C 电子商务的交易流程

2.4 C2C 电子商务

2.4.1　C2C电子商务概述

1. C2C 电子商务的概念

C2C 电子商务，即消费者对消费者的电子商务。具体来说，就是消费者之间通过 Internet 所进行的个人交易，如网上拍卖等。这种电子商务模式为消费者提供了便利与实惠，使卖方可以主动提供商品上网拍卖，而买方可以自行选择商品进行竞价。

世界上最早的 C2C 网站是由耶尔·奥米迪亚在 1995 年开创的拍卖网站——eBay。在 eBay，消费者只要接受网站的服务条约并在网站注册之后，就可以参加网络拍卖活动。eBay 网上交易的商品种类繁多，大到计算机和彩电，小到邮票和电话卡。个人可以不受时间限制自由地卖出、买入商品，而无须支付中介费用。这种模式为众多消费者提供了便利与实惠，因而发展迅速。在我国，淘宝网就是 C2C 电子商务的典型代表，见图 2-10。

图 2-10　淘宝网首页

易趣网是我国第一个真正意义上的个人物品竞拍网站，它的成立填补了我国 C2C 电子商务的空白，但是它却因未能及时适应电商市场的发展变化于 2005 年被淘宝网超越。至此，淘宝网成为我国最大的 C2C 电子商务平台。

2. C2C 电子商务的优点

C2C 电子商务的优势显而易见，主要有以下四个。

（1）C2C 电子商务最能体现 Internet 的跨时空、跨地域的特点。数量巨大、地域不同、时间不一的买方和卖方可以通过一个平台找到合适的对象进行交易，这在传统交易中很难实现。

（2）C2C 电子商务的运营成本低，无须实体商店，买卖双方直接交易，交易的成本大大降低。

（3）C2C 电子商务突破了时间的限制，使买卖双方可以随时随地完成交易，大大提高了交易的灵活性和便利性。

（4）C2C 电子商务利用网络的互动性，使买卖双方可以无障碍地充分沟通，借助拍卖这种价格机制，实现最大限度符合双方各自意愿的交易。

2.4.2　C2C电子商务网站的分类

在 C2C 电子商务网站中，除了我们都很熟悉的淘宝网这样的综合类网站外，还存在着一些其他类型的网站，如综合性、专业性的 C2C 电子商务网站和跳蚤市场等，下面分别进行简要介绍。

1. 综合性 C2C 电子商务网站

综合性 C2C 电子商务网站中所拍卖的商品种类繁多，大到房产、汽车、家电、数码产品、家具，小到服饰、钱币、邮票、书籍等。合法的物品基本上都可以在这类网站上拍卖。

综合性 C2C 电子商务网站通常向个人开放。只要是合法的拍卖物，拍卖网站几乎不会加以限制，淘宝网就属于此类电子商务网站。

2. 专业性 C2C 电子商务网站

专业性 C2C 电子商务网站主要拍卖某一类型的特殊商品。这些商品通常价格不菲，往往需要专业人士进行鉴定，如钱币、邮票、美酒、古董、艺术品、运动相关用品、二手汽车、乐器等。例如，瓜子二手车网站就属于此类电子商务网站。

3. 跳蚤市场

跳蚤市场（flea market）是部分西方国家对旧货地摊市场的别称。跳蚤市场上出售的商品往往价格低廉，多是旧货、多余的物品及人们未曾用过但已过时的衣物等，很多商品的价格仅为新货价格的 10%～30%。在这个市场上，人们把不需要的东西拿出来卖，也可以进行物物交换，很多卖者的目的不是赚钱，而是希望能够物尽其用。

传统的跳蚤市场通常会有特定的贸易时间，且面向特定地域的人群。而网上跳蚤市场则无须设置固定的贸易地点和时间。人们只要将商品信息公布在网上，等待有意向者主动联系就可以了。但由于跳蚤市场所售的商品往往价值不高，不适合付费运输，所以更适合同一区域的交易，如同城、同校等。国内的网上跳蚤市场有赶集网（见图 2-11）。

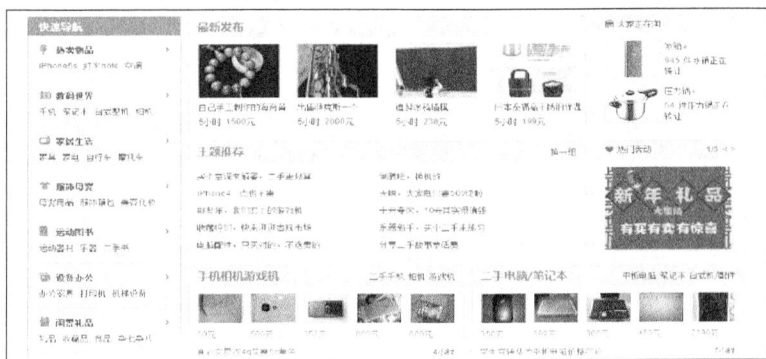

图 2-11　赶集网

2.4.3　C2C电子商务网站的盈利模式

C2C 电子商务网站的盈利模式有多种。有些 C2C 电子商务网站，如 eBay 等，主要是通过收取商品拍卖服务费、商品登录费、交易手续费、交易服务费、图片服务费、店铺费、分类广告费、陈列改良费等盈利。而以淘宝网为代表的 C2C 电子商务网站则高举免费的大旗，另辟新的盈利模式。鉴于淘宝网是亚太地区最大也是最具代表性的中国 C2C 电商平台，下面就简要介绍该网站的盈利模式。

1. 广告收入

广告收入是淘宝网最重要的收入来源。淘宝网的广告费用来源有两种：一种是对在线网页广告收取的费用，另一种是即时通信（Instant Messaging，IM）广告费。图2-12所示是淘宝网的主页局部截图，进到主页之后会有大量的广告，这就是淘宝网的在线网页广告。

图2-12　淘宝网在线网页广告

淘宝网的广告收入来源除了在线网页广告，还有即时通信广告，如卖家通过阿里旺旺向注册用户发布广告，阿里旺旺会向卖家收取一定的服务费用。理论上来讲，卖家不经过淘宝网，自己也可以向注册用户发布广告，但是效率极其低下，而且淘宝网会对发布大量广告的卖家进行封停账户处理。淘宝网在发布广告前会分析买家的最近购买记录和购买偏好，选择那些有可能购买的潜在买家进行广告传播，因此广告投放更为精准。

淘宝网的广告推广形式主要有淘宝直通车、钻石展位、淘宝客、淘宝各页面硬广告位及链接等。

2. 增值服务的收入

除了广告收入外，淘宝网在提供旺铺服务（标准版）、数据统计分析服务以及各种营销工具时也会向卖家收取一定的费用。下面以淘宝旺铺为例来做简要的分析。

淘宝网中的店铺有两种：一种是免费开店的普通店铺，另一种则是付费的淘宝旺铺。在资费方面，淘宝旺铺的价格为50元/月，如果加入了消费者保障服务，则为30元/月，相当于每年支出360～600元的费用。相对普通店铺来说，淘宝旺铺不但展示商品的方式更加灵活，在店铺布局方面更加完善，而且为用户提供了较大的自行设计空间。

拓展知识

淘宝旺铺允许在店铺页面上方设计店招，并允许卖家自定义设置促销栏，这些都会增强买家的浏览欲望，进而打造更好的视觉营销效果；对于店铺页面中的各个板块，淘宝旺铺允许卖家任意移动与调整位置，以组合出最佳展示效果。

在商品图片方面，淘宝旺铺提供尺寸更大的商品缩略图，当买家进入淘宝旺铺后，通过商品缩略图可以更方便地了解商品的基本外观。商品缩略图的大小，是吸引买家浏览商品的重要因素。因此，购买旺铺服务的卖家，其商品更容易受到买家关注。

在商品展示方面，普通店铺的掌柜推荐宝贝数目仅为6个，而淘宝旺铺的推荐数目增加到16个，卖家可以通过掌柜推荐销售更多的商品。首页推则是淘宝旺铺独有的功能，可以在店铺首页中推荐20件商品，进入店铺的买家可以优先看到所推荐的商品；淘宝旺铺首页还有热销商品，促销商品板块，展现方式更加灵活。另外，淘宝旺铺还推出独有的展台功能，使用该功能可以将店铺中某一类别的商品在独立的页面中展示出来。除了上述功能外，淘宝旺铺还提供了店铺自动推荐、自定义页面和统计等普通店铺所不具备的功能。这些功能对店铺商品的展示或卖家的营销是非常有用的。

因此，虽然在淘宝网上开店是完全免费的，但卖家要想在众多同类店铺中脱颖而出，购买旺铺服务显然是非常必要的。旺铺服务收入自然就成为淘宝网的重要收入来源。

3. 保证金创造的收入

在淘宝网上开店，需要交纳一定数量的保证金，最低是 1 000 元。只要淘宝网店铺继续经营，这部分钱就一直存放在淘宝网平台上，而且没有任何利息。只有店铺不再经营，且完成了所有的交易，淘宝网才将这部分钱退还给店铺。资金是有时间价值的，几百万家淘宝网店铺数以亿计的零利息保证金存放在淘宝网平台上，淘宝网可以利用这笔资金进行投资从而获取收益。

4. 支付宝创造的收入

支付宝是淘宝网为了解决网购信用问题而推出的支付工具。现在淘宝网上的支付基本上都采用这种方式。消费者使用支付宝购买商品是没有手续费的，但卖家要支付一定比例的费用，虽然比例很低，但积少成多，也能创造收益。同时，买家使用支付宝在淘宝网上付款，钱并不是直接打到卖家账户，而是打到了支付宝上，在买家收到商品确认没有问题后，支付宝接收到买家的信息，才会把交易钱款划入卖家账户。这样就会有大量的沉淀资金在支付宝上，从而带来利息收入。

案例讨论

淘宝网何以打败强大的对手

易趣是1999年8月开通的我国第一个真正意义上的个人物品竞标网站，在网上交易尤其是C2C领域，2004年以前易趣一直是最大的购物平台。

2002年3月，eBay斥资3 000万美元，购得易趣33%的股份。2003年7月，eBay以1.5亿美元的高价买下易趣余下67%的股份，对易趣实现控股，并更名为eBay易趣。此时，eBay易趣占有我国网购市场三分之二的市场份额。

淘宝网成立于2003年5月，仅用了两年多的时间，到2005年，淘宝网的市场规模就超过eBay易趣，两家公司就像坐标图上的两条线。坐标图横轴表示市场占有率，纵轴表示时间。它们一条是上扬线，一条是下降线，在2005年交汇，此后淘宝网继续高飞猛进，直到占有全国市场份额的80%以上。而eBay易趣的市场份额一路下滑，最终eBay易趣选择把公司转手出让，退出中国C2C市场。

分析：

电商行业对于淘宝网打败eBay易趣有很多的描述，认为最主要的原因是淘宝网免费交易的大旗。在一个市场培育的早期阶段，大量在网络上做生意的都是个人卖家，免费模式无疑是赢得用户最有利的武器。其实淘宝网之所以能在短短两年多时间里从无到有，打败强大的市场领先者，最主要的原因在于它通过对市场、对自身的审时度势，改变游戏规则，在新的运作模式中确立自己的行业地位。

淘宝网打败当时体量远超自己的eBay易趣，看似不可思议，但其实也是情理之中。对中国市场的准确理解和把握是淘宝网致胜的最大秘诀。传统商务如此，电商也概莫能外。

2.4.4　C2C电子商务的交易流程

C2C 电子商务的交易一般包括如下流程：卖家开通淘宝店铺，买家注册为淘宝会员；卖家在店铺展示商品；卖家发布拍卖商品的信息，确定起拍价格、价格阶梯、截止时间等；买家查询商品信息，参与网上竞价；买卖双方成交，买家付款，卖家交货，交易完成。在这个过程中，竞拍方（买家）的主要工作是浏览搜索物品、参与商品竞拍、联系成交、付款收货。拍卖方（卖家）的主要工作是上传拍卖物品、确认拍卖、联系成交、发货收款。整个交易过程都需要网站的后台管理工作。C2C 电子商务交易的流程如图 2-13 所示。

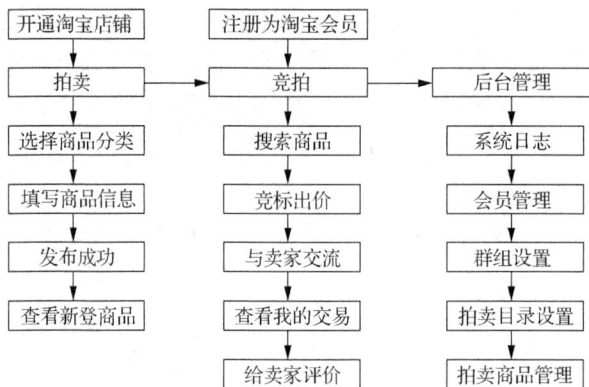

图 2-13　C2C 电子商务交易的流程

2.5　电子商务的创新模式

2.5.1　电子商务创新模式概述

电子商务在发展过程中不断演化出新的商务模式，如生产商—电子商务企业—消费者（Business To Business To Customer，B2B2C）的电子商务模式。B2B2C 是一种新型的电子商务模式，是 B2B、B2C 模式的演变和完善。B2B2C 模式中的第一个 B 是指生产商，第二个 B 指的是电子商务企业，C 指的是消费者。例如，目前航空公司经常与旅行社合作，向旅行社提供预订飞机票、旅馆等旅行服务，然后旅行社再将这些服务提供给消费者。该模式将 B2B 和 C2C 完美结合起来，将生产商、经销商和消费者紧密连接在一起。

再如，消费者—电子商务企业—生产商（Customer To Business To Business，C2B2B）的电子商务模式。其中第一个 B 是指从事电子商务的企业，第二个 B 是指生产商。C2B2B 模式的核心是电子商务企业根据消费者的需求直接向生产商定制产品和服务。这种模式可以通过电子商务企业的桥梁作用整合消费者与生产商的供需信息，有效缩短销售链，从而让消费者获得更高价值的产品和服务，同时也可让生产商赢得更大的消费市场。此外，电子商务的创新模式还包括面向市场营销的（Business to Marketing，B2M）电子商务模式，生产厂家对消费者（Manufacturers to Consumer，M2C）的电子商务模式等。

随着移动网络的迅猛发展，一些基于移动端的创新电子商务模式也在不断涌现。典型的如线上线下相结合（Online to Offline，O2O）的电子商务模式，以及 SOLOMO［社交（Social）+本地化（Local）+移动（Mobile）］的电子商务模式等。

限于篇幅，本书仅对当前应用广泛且最具发展前景的 O2O 电子商务模式进行重点介绍。

学习思考

近年来，异军突起的拼多多属于何种电子商务模式？这种电子商务模式有何特点？

2.5.2 O2O 模式

1. O2O 模式的含义

2006 年，沃尔玛提出"Site to Store"的 B2C 战略，即通过 B2C 完成订单的汇总及在线支付，消费者到 4 000 多家连锁店取货。该模式其实就是最早的 O2O 模式，但一直没有人明确提出 O2O 的概念。直到 2010 年，美国 TrialPay 公司的创始人亚历克斯·兰佩尔（Alex Rampell）首次提出了 O2O 的概念。O2O（Online to Offline）主要包括 O2O 电子商务平台、线下实体商家、消费者等要素。其核心是利用网络寻找消费者，之后将他们带到实体商店进行消费，如图 2-14 所示。

该模式主要适用于适合在线上进行宣传展示，具有线下和线上的结合性，并且消费者再次消费的概率较高的商品或服务，适合的行业主要有餐饮、电影、美发、住宿、家政以及休闲娱乐等。

我国较早采用 O2O 模式的企业是大众点评网和携程，其"线上下单，线下消费"的商业模式也被业界称为最典型的 O2O 商业模式。线上同时实现信息流与资金流的传递，线下主要实现商品及服务流的传递。那么 O2O 与针对消费者的传统电子商务模式 B2C、C2C 有哪些区别呢？主要不同点在于 B2C、C2C 是线上支付，将所购买的商品包装好，通过物流公司进行配送，一般需要 1~4 天才能到达消费者手中；而 O2O 是在线支付，消费者随时可以到线下实体店进行消费或足不出户即可享用美食。

2. O2O 模式的特点

O2O 模式是一种利用网络争取线下用户和市场的新兴商业模式，一般具有以下几个特点。

（1）商品及服务由线下的实体商店提供，质量有保障

O2O 模式下，消费者一般根据需求在网上选择合适的商品或服务，在线上下单后到线下实体店进行消费。烘焙小屋就是一个典型的 O2O 应用案例，如图 2-15 所示。消费者只需通过扫描二维码在微商城线上下单，然后到店里取走早餐即可。O2O 营销平台上的商品及服务均由实体店提供，因此商品质量有一定的保障。

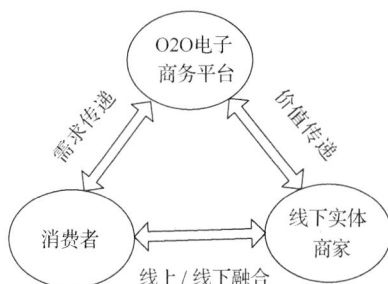

图 2-14　O2O 营销的模式

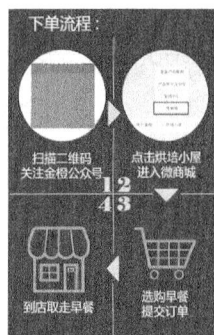

图 2-15　烘焙小屋的下单流程

（2）营销效果可查，交易流程可跟踪

O2O 营销可以较快地帮助实体店提高知名度。O2O 订单通过网络达成，在销售平台中留有记录，

可使商家通过网络追踪每一笔交易，因而商品推广的效果透明度高。例如，对于在美团上进行的交易，商家可查看每一笔的消费记录。

（3）交易商品即时到达，无物流限制

B2B、B2C 等模式下，消费者需要 1～4 天才能收到购买的商品。然而通过 O2O 营销平台，消费者一般足不出户就可以在 2 小时内收到所购商品，也可以随时到店消费，方便快捷。

（4）商品信息丰富、全面，方便消费者"货比三家"

O2O 营销平台可以将餐饮、酒店、美发以及休闲娱乐等各类型的实体店集为一体，典型的代表为大众点评网。该平台能够为消费者提供丰富的商品信息，并且还有消费者点评及推荐，以为新的消费者选择商家提供参考，如图 2-16 所示。

（5）宣传及展示机会更多，帮助商家寻找消费者，降低经营成本

O2O 有利于盘活实体资源，为商家提供了更多宣传展示的机会，从而便于吸引新消费者。O2O 的宣传及送货上门服务，降低了商家对地段的依赖，减少了商家的经营成本。

同时，O2O 营销平台所存储的用户数据，有利于商家维护老消费者。根据消费者的消费情况及评价信息，商家可以深度挖掘消费者需求，进行精准营销，合理安排经营策略。

3. O2O 模式的分类

图 2-16　大众点评网推荐的商品信息

O2O 模式的实质是将用户引流到实体店，为实体店做推广。从广义上来讲，O2O 的范围特别广泛，只要是涉及线上又涉及线下实体店的模式，均可被称为 O2O 模式。随着 O2O 模式的发展，目前形成了下面两种商业模式。

（1）Online to Offline（线上到线下）模式

这是 O2O 模式的普遍形式，其核心是将消费者从线上引流到线下实体店进行消费。具体的交易流程如图 2-17 所示，实体商家与线上平台（如网站、App 等）合作，在线上平台发布商品信息，消费者利用互联网在线上平台搜索相关商品，在线购买心仪的商品，在线完成支付。线上平台向消费者手机发送密码或者二维码等数字凭证，消费者持该数字凭证到实体店消费或坐等外卖平台派遣的快递员送货上门。交易完成后，消费者在平台上对商家的服务进行点评，并由平台反馈给商家。大众点评、美团等平台是这种 O2O 模式的典型代表。

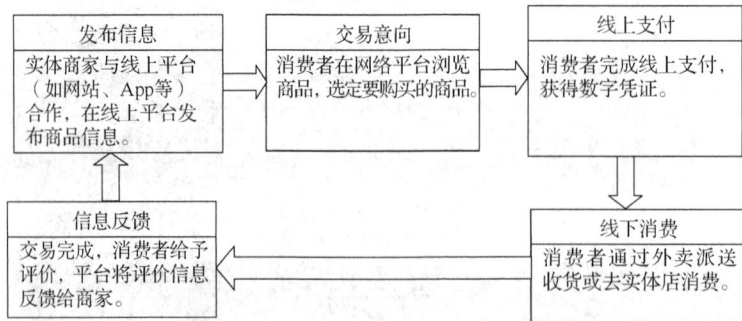

图 2-17　线上到线下模式交易流程图

（2）Offline to Online（线下到线上）模式

这种模式是在 O2O 发展的过程中逐步兴起的，又被称为反向 O2O。它将消费者从线下吸引到线上，即消费者在实体店体验后，选择好商品，在线上平台进行交易并完成支付。例如，可口可乐

开盖礼、麦当劳支付宝付款、母婴店扫描二维码加会员下单等都是反向 O2O 的典型案例。

值得注意的是，O2O 模式的价值并不仅仅在于通过线上展示和线下体验更好地连接消费者与商家，而是商家给消费者提供系统性的贯穿整个交易流程的完整服务，包括售后的产品维护等。只有对这样完整的购物体验和服务，消费者才更乐意分享，从而进行口碑的二次传播和持续购买。

练习题

一、单选题

1. （　　）是指聚焦于一个或某几个特定相关行业的线上 B2B 电子商务模式。

    A. 垂直 B2B 电子商务   B. 水平 B2B 电子商务

    C. 集群 B2B 电子商务   D. 聚焦 B2B 电子商务

2. 在"买方企业对卖方个人"的电子商务模式下，应用最多的是（　　）。

    A. 开设网上商店   B. 招标   C. 发布广告   D. 网上招聘

3. （　　）是我国第一个真正意义上的个人物品竞拍网站，它的成立填补了中国电子商务 C2C 的空白。

    A. 淘宝网   B. 京东商城   C. 当当网   D. 易趣

4. （　　）电子商务是指以提供国内供应者与采购者交易、服务为主的电子商务，交易主要在同一国家内进行。

    A. 卖方为主导的 B2B   B. 内贸型 B2B

    C. 外贸型 B2B   D. 以买方为主导的 B2B

5. （　　）模式的实质是将用户引流到实体店，为实体店做推广。

    A. C2B   B. C2B2B   C. M2C   D. O2O

二、多选题

1. 按照电子商务的数字化程度来对电子商务进行分类，主要涉及（　　）这几个维度。

    A. 产品和服务的数字化程度   B. 销售过程的数字化程度

    C. 销售代理的数字化程度   D. 商品支付的数字化程度

    E. 物流配送的数字化程度

2. 根据所销售的产品和服务、销售过程和销售代理的数字化程度的不同，电子商务可以划分为（　　）。

    A. 企业对企业电子商务   B. 企业对消费者电子商务

    C. 完全电子商务   D. 不完全电子商务

    E. 消费者对消费者电子商务

3. B2B 电子商务的盈利途径包括（　　）。

    A. 会员费   B. 广告费   C. 竞价排名

    D. 增值服务   E. 商务合作

4. 根据构建平台的主体划分，B2B 电子商务可划分为（　　）。

    A. 垂直 B2B 电子商务   B. 水平 B2B 电子商务

    C. 中介主导的 B2B 电子商务   D. 买方主导的 B2B 电子商务模式

    E. 卖方主导的 B2B 电子商务

5. B2C电子商务企业的盈利途径包括（　　　　）。

    A. 收取服务费   B. 收取会员费

    C. 销售商品获得利润   D. 收取广告费

    E. 收取信息发布费

三、名词解释

1. C2C电子商务
2. B2C电子商务
3. B2B电子商务
4. 水平B2B电子商务模式
5. 电子商务的盈利模式

四、简答及论述题

1. 电子商务的盈利模式主要有哪些？
2. B2C电子商务有哪几个基本组成部分？
3. C2C电子商务有何特点？
4. 试论述C2C电子商务的交易流程。
5. 试论述O2O模式的特点。

案例讨论

从淘宝到天猫：绽放女装旗舰店

淘宝上曾经有一家名叫"绽放的旅行女装"的店铺，属于五皇冠店铺，2015年销售额就高达3 000万元，坐拥84.4万名粉丝，产品复购率高达65%。2017年6月，绽放天猫旗舰店正式上线，2018年绽放首家线下体验店铺——绽放之家线下体验店开业。

打开绽放天猫旗舰店的产品页面，呈现在眼前的是色彩鲜明的亚麻服装，旅拍形式的视觉呈现方式，文艺范儿十足的文案。

创始人三儿之前负责某旅游节目，他的妻子茉莉则在某畅销书作家的公司担任美术总监，一个旅行经验丰富，另一个也喜欢旅行并对美有十足的鉴赏力，这都为后来成立绽放品牌埋下了种子。

1. 属于白领女性的绽放

在博客特别火的那几年，已经是中国最佳女性博客博主的茉莉，经常在自己的个人博客账号上发布有关女性成长的文章，分享自己热爱的电影、书籍和服饰。慢慢地，她发现不少粉丝除了喜欢她的文字，还十分中意她分享的服装。于是夫妻俩决定开一家淘宝女装店。

他们给店铺取名"绽放"。"我们喜欢'绽放'这个状态。这个状态是女性非常好的状态，意味着一种积极向上的能量。"基于之前的工作经验，三儿和茉莉对旅行中人的着装需求比较了解，因此以旅行为切入点，"首先旅行的人要求服装版型宽松、便于行走，看上去比较洒脱，在色彩方面需要明亮的颜色，这样的照效果会很好"，而为了更好地贴近自然，提高旅行穿着的舒适度，夫妻俩采用了以亚麻为主的面料。

绽放针对的人群以28～38岁的白领女性为主，其中也不乏全职妈妈，他们的共同点是有一定的经济收入和文化知识。因此，他们对服饰的第一要求是舒适，其次才讲究格调和美观。

回顾从淘宝到天猫的开店历程，绽放别具一格的经营理念值得我们深入研究。

2. 花式玩转"粉丝经济"

早在几年前，运营个人博客时，茉莉就在网上吸引了很多粉丝。随着绽放店铺的开业，这批博客上的粉丝也逐渐被引流到淘宝店铺中，他们成了绽放最早的一批忠实客户。

"我们有一个跟淘宝店铺有关的论坛，这个论坛其实最早是用来跟粉丝互动的，后来才慢慢变成社群。"

令人惊讶的是，起初绽放是不重视旺旺客服的，但产品质量和品牌文化使消费者产生购买意向，绽放的好评率依然是100%。对茉莉来说，"打理的人太少，询问的人太多"，店铺自然而然就形成了自主购物的形式。就在绽放初步形成品牌之后，三儿意识到只有在一线接触客户，才能提高客户服务的水平。于是夫妻俩又开始建立旺旺客服的机制，但同时也发现只通过旺旺客服来接触消费者是远远不够的。

3. 别具一格的微信运营

随着互联网的进一步普及与其在商业上的运用，与粉丝在微博、微信等新媒体平台上进行互动是品牌运营的大趋势，尽管人人都知道该往哪个方向去做，但是依旧很少有人能够在这方面做出成绩——多番努力后产品复购率仍然无法提高的问题，依旧让商家很头痛。

新媒体是"玩"出来的，三儿很懂这个道理。他称呼自己的粉丝微信群为"微学院"，并根据粉丝对品牌的了解程度设置教务处、助教等职务。以助教为例，担任这个职务的人，除了要对品牌有足够了解外，还要有互联网思维，能带动群内气氛、维护粉丝关系。担任不同职务的粉丝带动其他粉丝随时在群里分享品牌产品，才能够更大限度地提升品牌影响力，提高品牌产品销售量。而这样的机制不仅能够极大提高粉丝对品牌的黏性，还能够将品牌理念在潜移默化中植入粉丝的生活。绽放女装旗舰店的社群如图2-18所示。

图2-18 绽放女装旗舰店的社群

4. 带着粉丝去旅行

旅行是茉莉和三儿生活中不可或缺的一部分，也一直是店铺分享给买家的主要内容。这是他们的特色，也是他们擅长的东西，慢慢地，将"旅行"植入产品成为一种风格。这是一个品牌和用户之间情感的连接，但光在新媒体平台上与客户进行远距离的交流很难维系良好的关系。三儿想出了另一个主意——让绽放的团队带着粉丝去旅行，这不仅可以拉近品牌与粉丝的距离，还可以围绕品牌强化公司的文化价值。

如今，旅行已经成为越来越多人的重要需求，无论是身体还是心灵，有一件衣服可以承载它，帮助人们更好地释放自我，更轻松地进入状态，这是非常必要的。从这个层面上，绽放认为自己在做的不只是服装，更是一个品牌，一个理解旅行是什么、懂得旅行魅力的服装品牌，让买家穿上这样的衣服后更加愉快。

5. 未来不只在线上

绽放店铺地处苏州。苏州是重要的服饰中心，也是亚麻的盛产地。三儿与当地的工厂合作进行生产，将供应链周期维持在一个星期左右，采用的也是直接的客户反馈制度，当有质量问题的服饰被退回时，工厂会做出反馈。

虽然在品牌的精准定位上，绽放以旅行为表达点，但其从风格定位上依然以棉麻服饰为主，归根结底走的是文艺路线。所以旅行只是一个连接点，走进消费者的生活才是绽放真正想做的。三儿希望未来可以布局线下，提供场地为当地粉丝举办沙龙活动，这个活动被命名为"女主人计划"。"女主人计划"可以通过网上申报主题的形式参加，选题涉及烘焙、插花等，形式多样，凡是通过审核的选题，绽放品牌都会提供线下店铺的场所、音响等，为客户搭建交流、展示自我的平台。这些软性的社群营销，可以帮助女性释放压力和提升自我，这恰恰契合了绽放品牌关注女性成长的品牌理念。

2018年7月，绽放成立十周年，万千粉丝翘首以盼的绽放生活馆正式开幕了。绽放生活馆之所以被这样命名，是因为茉莉和三儿想把他们能想到的美好元素都加进去，除了有绽放女装、三茉童装、咖啡区、小剧场、绘画与绽放故事展示墙之外，还涉及彩色亚麻的各种衍生品。这次和绽放生活馆一同落成的还有绽放家居馆，彩色亚麻床品、桌布、围裙等产品陆续进场，甚至还有各种原木家具。

2018年7月14日下午，绽放在生活馆里准备了一场特别的生日会。三儿和茉莉请了68位全国各地的"绽友"前来见证绽放生活馆的开幕，还请到了他们的好友饶雪漫及另外几位非常优秀的女性朋友做分享。下午两点活动才正式开始，有"绽友"早早来到了大厅里，为此，绽放准备了拍照墙和道具，供"绽友"在等待时拍照留念。

也有许多没有抢到入场券的"绽友"，她们自发地来，就是为了看看第一家绽放生活馆的样子，看看从来没见过但仿佛是老朋友的三儿和茉莉。

从文艺青年到开淘宝店再到将店铺品牌化，三儿和茉莉一路走来，情怀还在，初心依旧。在他们看来，绽放是某个瞬间的静态，也是个动态的漫长过程。奔走红尘，家要成钱要挣，但别忘了什么才是自己最想要的人生。

他们始终相信每个女生都是一朵特别的花，可能是热烈的玫瑰，也可能是纯净的水仙。但无论是哪种花，绽放都该是她最好的姿态。"绽放"的生活方式成为每个女生不断实现自我成长的养分，只有当内在的核足够充盈，开出的花朵才会无比娇艳而充满力量。

资料来源：根据绽放女装旗舰店品牌故事及其他网络文献汇编。

思考讨论题

从夫妻店到原创品牌，从淘宝到天猫，绽放比其他同类型店铺更早布局线上女性亚麻服饰市场并获得了巨大的成功。但随着当下文艺女装店的普及，这样的粉丝运营方式能长久吗？今后还需做哪些改变？

电子商务技术 | 第3章

📖 **本章导读**

电子商务的发展离不开技术的支持和保障，这些技术包括计算机网络技术、Internet技术、电子商务的安全技术及电子商务新兴技术等。本章将对上述技术分别进行介绍，以便读者能够从技术的角度全面了解电子商务的运营。

📚 **知识结构图**

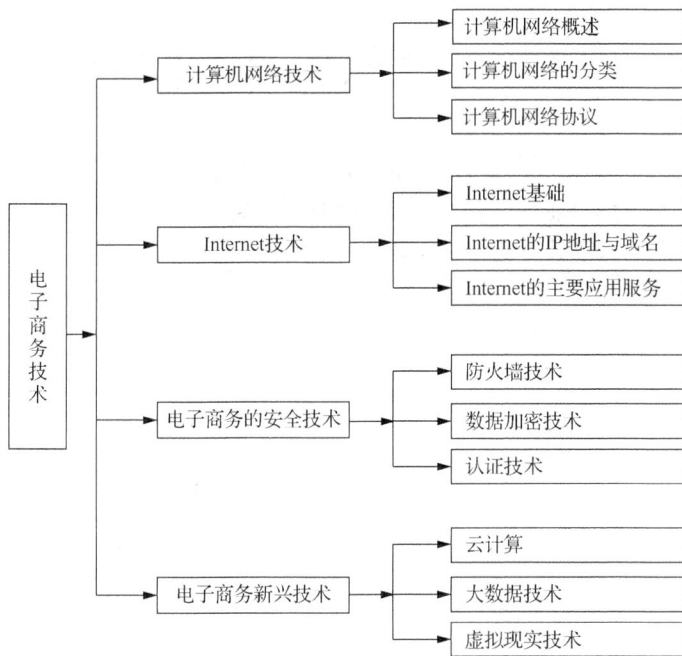

📓 **开篇引例**

"双11"走向世界，技术是桥梁

从2015年开始，各种进口商品就成为"双11"的热门商品。这当中，既有国内跨境电子商务的助推，又有境外生产商试水中国市场的迫切。2016年，进口商品依旧是"双11"的热门商品。

美国时间2016年10月24日，支付宝与美国最大的商户收单机构First Data和美国最大的支付读取器制造商惠尔丰（VeriFone）达成合作。从2016年11月起，中国游客在美国纽约和加利福尼亚的部分奥特莱斯可以直接使用支付宝购物，不用兑换美元。在2016年"双11"中，支付宝等支付技术成为重要的基础商业设施，降低了全球买家和卖家获得商业服务的门槛。支付宝通过与世界各地的支付平台合作，让没有银行卡的用户、商家也能实现"全球买、全球卖"。

境外不少用户已经享受到这种技术带来的便利。在我国香港，没有银行卡的学生想在淘宝、天猫上购物，可以用八达通进行跨境支付。在巴西，近半数民众没有银行账户，但支付宝和当地的支付平台博莱托（Boleto）合作后，这些巴西用户也能"飘洋过海"到阿里速卖通上购物。

支付宝"全球收全球付"网络日趋完善，这不仅意味着境内游客去境外旅游都不用为换汇发愁——可以直接用支付宝付款；更意味着全球商家能触达支付宝用户，并可以借助大数据等分析工具，了解中国的消费者，以及中国电子商务的商业模式。从这个角度看，以支付宝为代表的中国企业，输出自己的技术、数据能力，帮助全球商业、金融升级。中国互联网技术以及电子商务模式带来的全球变化，才刚刚开始。

资料来源："双11"走向世界，技术是桥梁[N]. 解放日报，2016（24607）: 5.

3.1 | 计算机网络技术

作为整个互联网的核心，计算机网络技术促成了电子商务的蓬勃发展。计算机网络技术使全球性信息、服务资源共享成为可能。可以说计算机网络技术是电子商务技术中处于最底层、最基础的技术，电子商务的实现必须以计算机网络为基础。

3.1.1 计算机网络概述

1. 计算机网络的概念

计算机网络，是指将地理位置不同的具有独立功能的多台计算机及其外部设备，通过通信线路连接起来，在网络操作系统、网络管理软件及网络通信协议的管理和协调下，实现资源共享和信息传递的计算机系统。

2. 计算机网络的功能

（1）资源共享

这里的"资源"指的是网络中所有的软件、硬件和数据资源。"共享"指的是网络中的用户都能够部分或全部地享受这些资源。

（2）数据通信

数据通信是计算机网络最基本的功能。它用来快速传送计算机与终端、计算机与计算机之间的各种信息，包括文字信件、新闻消息、咨询信息、图片资料、报纸版面等。利用这一功能，可将分散在各个地区的单位或部门用计算机网络联系起来，进行统一的调配、控制和管理。

（3）协同处理

协同处理可将分散在各地的计算机中的信息适时地集中管理，共同解决某些大型问题。经综合处理后形成各种图表，提供给决策者进行分析和参考。

（4）均衡负载

当某台计算机的负载过重时，可以将新的作业任务传送到网络中负荷较轻的其他计算机上处理，调节计算机忙闲不均的现象，均衡各计算机的负载。

（5）分布处理

对大型综合性问题，可将问题各部分交给不同的计算机分头处理，充分利用网络资源，扩大计算机的处理能力，即增强实用性。对解决复杂问题来讲，多台计算机联合使用并构成高性能的计算机体系，这种协同工作、并行处理要比单独购置高性能的大型计算机便宜得多。

3. 计算机网络的组成

计算机网络系统主体可以分为硬件和软件两大部分。硬件主要包括网络服务器、网络工作站、网络适配器（网卡）、路由器、网关、传输介质和外部设备等，软件主要包括网络系统软件和网络应用软件等。

3.1.2　计算机网络的分类

计算机网络的分类标准有很多，可以从覆盖范围、传输介质、拓扑结构、控制方式、交换方式、通信方式等方面进行不同的分类。不同的分类标准反映网络的不同特征。下面对几种主要的分类方式进行具体介绍。

1. 按照网络的覆盖范围进行分类

根据网络的覆盖范围的大小，计算机网络可分为局域网、城域网和广域网。

（1）局域网（Local Area Network，LAN）也称局部网，是指将有限的地理区域内的各种通信设备互连在一起的通信网络。它具有很高的传输速率（几十至上百吉比特每秒），其覆盖范围一般在10km 之内，属于小范围内的连网，如一个建筑物内、一个学校内、一个工厂的厂区内等。局域网的组建简单、灵活，使用方便。

（2）城域网（Metropolitan Area Network，MAN）有时又称城市网、区域网、都市网。城域网介于局域网和广域网之间，其覆盖范围通常为一个城市或地区，距离从几十千米到上百千米。城域网中可包含若干彼此互连的局域网，可以采用不同的系统硬件、软件和通信传输介质构成，从而使不同类型的局域网能有效地共享信息资源。城域网通常采用光纤或微波作为网络的主干通道。

（3）广域网（Wide Area Network，WAN）指的是实现计算机远距离连接的计算机网络。广域网可以把众多的城域网、局域网连接起来，地理范围在几千千米左右，用于通信的传输装置和介质一般由电信部门提供，能实现大范围内的资源共享。

2. 按照网络的传输介质进行分类

网络传输介质是指在网络中传输信息的载体。根据网络数据传输介质，计算机网络可分为有线网和无线网两大类。

（1）有线网是指采用同轴电缆、双绞线、光纤等物理介质传输数据信息的网络。

（2）无线网是指采用卫星、微波、红外线、激光等无线方式传输数据信息的网络。

3. 按照网络的控制方式进行分类

根据网络的控制方式，计算机网络可分为集中式网络和分布式网络。

（1）集中式网络有一个大型的中央系统，其终端是客户机，终端只是用来输入和输出，自己不做任何处理，所有的处理都由该大型系统完成，数据全部存储在中央系统，由数据库管理系统进行管理。这种网络的优点是便于管理，但管理信息集中汇总到管理节点上，容易导致信息流拥挤，且管理节点一旦发生故障，将会影响全网的工作。

（2）分布式网络是由分布在不同地点且具有多个终端的节点机互连而成的。网中任一点均至少与两条线路相连，当任意一条线路发生故障时，通信可转经其他链路完成，具有较高的可靠性。同时，网络可扩充，灵活性好。

4. 按照网络的拓扑结构进行分类

计算机网络拓扑（Computer Network Topology）是指由计算机组成的网络之间设备的分布情况以及连接状态，通常用不同的拓扑来描述对物理设备进行布线的不同方案。常用的网络拓扑结构有星形、总线型、环形、树形、网状形。

（1）星形拓扑结构

星形拓扑结构由中央节点集线器与各个节点连接组成，如图 3-1 所示。这种结构必须在各节点通过中央节点后才能实现通信。中央节点执行集中式通信控制策略，因此中央节点相当复杂，而其他节点的通信处理负担都很小。

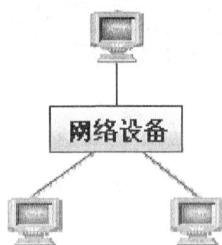

图 3-1　星形拓扑结构

（2）总线形拓扑结构

总线形拓扑结构由一条高速公用主干电缆即总线，连接若干节点构成网络。网络中所有的节点通过总线进行信息的传输，如图 3-2 所示。这种结构是使用同一媒体或电缆连接所有端用户的一种方式，也就是说，连接端用户的物理媒体由所有设备共享，各工作站地位平等，无中央节点控制，公用总线上的信息多以基带形式串行传递，其传递方向总是从发送信息的节点开始向两端扩散，如同广播电台发射的信息一样，因此又称广播式计算机网络。各节点在接收信息时都要进行地址检查，看是否与自己的工作站地址相符，相符则接收网上的信息。

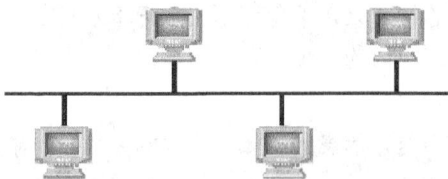

图 3-2　总线形拓扑结构

（3）环形拓扑结构

环形拓扑结构由各节点首尾相连形成一个闭合的环形线路，如图 3-3 所示。环形拓扑结构中的信息传送是单向的，即沿一个方向从一个节点传到另一个节点；每个节点需安装中继器，以接收、放大、发送信号。

（4）树形拓扑结构

树形拓扑结构是分级的集中控制式网络，如图 3-4 所示。与星形拓扑结构相比，树形拓扑结构的通信线路总长度短，成本较低，节点易于扩充，寻找路径比较方便，但除了叶节点及其相连的线路外，任一节点或其相连的线路故障都会使系统受到影响。

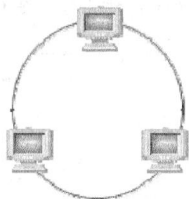

图 3-3 环形拓扑结构

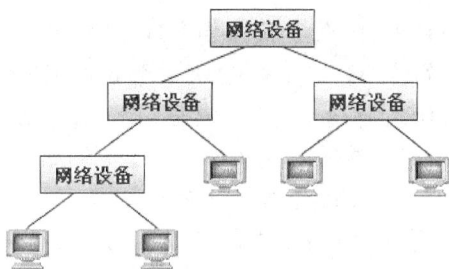

图 3-4 树形拓扑结构

（5）网状形拓扑结构

网状形拓扑结构各节点通过传输线互联连接起来，并且每一个节点至少与其他两个节点相连，如图 3-5 所示。由于节点之间有很多路径相连，可以为数据流的传输选择适当的路径，从而绕过失效的部件或过忙的结点，可靠性较高，在广域网中有着广泛的应用。但其结构复杂，实现起来费用较高，不易管理和维护，不常用于局域网。

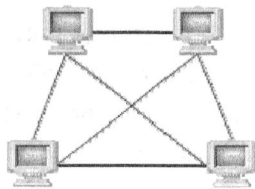

图 3-5 网状形拓扑结构

3.1.3 计算机网络协议

提起网络，就不能不说协议，网络中的计算机与计算机之间要想正确的传输数据与信息，必须在数据传输的顺序、数据的格式与内容等方面有一个约定或规则，这种约定或规则称作协议。由于通信双方所使用的网络系统可能不同，相互之间的通信是一个十分复杂的过程，为了简化，网络技术人员采用一种"分而治之"的处理方法，将复杂的问题划分为若干彼此相关的功能层次模块来处理。国际标准化组织（International Standardization Organization，ISO）为计算机网络通信制定了一个七层协议的框架——开放式系统互联（Open System Interconnection，OSI）参考模型，使得全球计算机网络实现了标准化，为网络互联提供了条件。

> **学习思考**
>
> 什么是计算机网络协议？其主要功能是什么？

OSI 参考模型的结构图如图 3-6 所示。

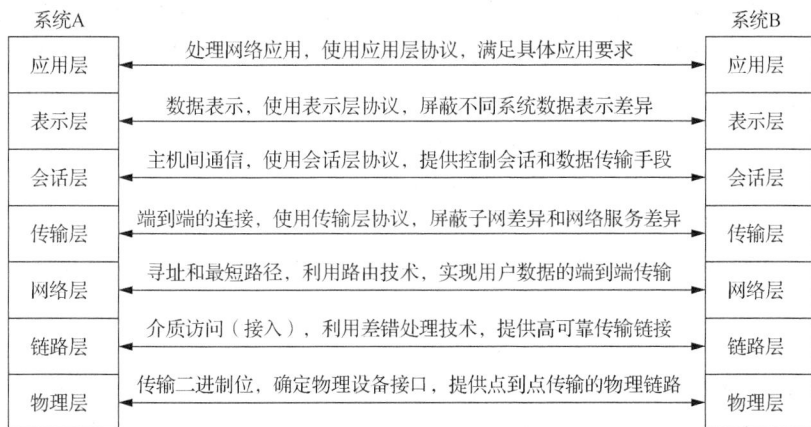

图 3-6 开放式系统互联参考模式

计算机网络的另一种协议标准是 TCP/IP（数据控制协议/网间协议），此协议先于 OSI 模型的开发，并不完全符合 OSI 的参考模型。大致说，TCP 对应 OSI 模型的传输层，IP 对应网络层。但今天 TCP/IP 已经超出了这两个层次，成为一个完整的协议族网络体系结构。TCP/IP 是 Internet 的基础协议，已是一种计算机数据打包和寻址的标准方法。在数据传送中，可以形象地把 TCP/IP 理解为两类不同的信封，要传递的信息被划分成若干段，每一段被塞入一个 TCP 信封，并在该信封上记录有分段号的信息，再将 TCP 信封塞入 IP 大信封，发送网上。在接收端，一个 TCP 软件包收集信封，抽出数据，按发送前的顺序还原，并加以校验，若发现数据，TCP 将会要求重发。因此，TCP/IP 在 Internet 中几乎可以无差错地传送数据。对 Internet 用户来说，并不需要了解网络协议的整个结构，仅需了解 IP 的地址格式，即可与世界各地进行网络通信。

除 TCP/IP 之外，常见的计算机网络协议还有动态主机配置协议（Dynamic Host Configuration Protocol，DHCP），文件传输协议（File Transfer Protocol，FTP），超文本传输协议（Hyper Text Transfer Protocol，HTTP）等。

3.2 | Internet 技术

Internet 是建立在网络互联基础上的最大的、开放的全球性网络，是全球信息资源的超大型集合体，所有采用 TCP/IP 的计算机都可加入 Internet，实现信息共享和相互通信。与书籍、广播、电视等传统传播媒体相比，Internet 使用更方便，查阅更快捷，内容更丰富，Internet 已在世界范围内得到普及。

3.2.1　Internet基础

Internet 是电子商务最重要的通信网络基础，通过各种通信介质和数据通信网，把分布于世界各地不同结构的计算机网络连接起来，共同遵守 TCP/IP，从而构成世界范围内的网络集合。Internet 源于美国，它的发展可划分为以下几个阶段。

（1）第一阶段——ARPANET（1969—1990 年）

Internet 起源于 ARPANET（阿帕网），20 世纪 60 年代末至 70 年代初由美国国防部资助高级研究计划局（Advanced Research Projects Agency，ARPA）承建，目的是通过这个网络把美国军事及研究用计算机主机连接起来，形成新的军事指挥系统。ARPANET 是 Internet 的雏形。1973 年，它首次跨出美国，利用卫星技术与英国、挪威联网成功。1986—1990 年是它与 NSFnet 并行交叉发展的阶段。

（2）第二阶段——NSFNET（1986—1995 年）

在 20 世纪 90 年代以前，因特网的使用一直局限于研究领域和学术领域，商业性机构进入因特网一直受到这样或那样的法规或传统问题的困扰。1991 年，通用原子公司（General Atomics）、性能系统国际公司（Performance Systems International）和优联科技公司（UUNET Technologies）3 家公司组成了"商用 Internet 协会"，宣布用户可以把它们的 Internet 子网用于任何的商业目的。因特网实现第二次飞跃。

（3）第三阶段——ANSNET（1992—2000 年）

1991 年，IBM、MCI 和 Merit 在 NSF 的推动下，成立了一个非营利性的公司——高级网络和服务（Advanced Network Services，ANS）公司。1992 年，ANS 公司建立了新的主干网 ANSNET，即现在的 Internet 主干网。商业机构一踏入因特网这一陌生的世界，很快就发现了它在通信、资料检索、客户服务等方面的巨大潜力。于是，世界各地无数的企业及个人纷纷涌入因特网，带来了因特网发展史上一次质的飞跃。1995 年 4 月，NSF 停止对 Internet 的管控，由美国政府指定的三家商业公司替代 NSF 的职能。至此，因特网的商业化彻底完成。

进入新世纪，移动互联网逐渐取代 PC 端互联网，成为互联网的主流。它将移动通信和互联网二者结合在一起，是互联网 PC 端发展的必然产物。移动互联网继承了移动通信的随时、随地、随身和互联网的开放、分享、互动的优势，如今已深深地渗透到各个领域。近几年，更是实现了 3G 经 4G 到 5G 的跨越式发展。

3.2.2 Internet的IP地址与域名

接入 Internet 的每一台计算机，要想实现在 Internet 上的各种功能，都需要一个标识。网际协议地址（IP 地址）是为标识 Internet 上主机位置而设置的。Internet 上的每一台计算机都被赋予一个世界上唯一的 32 位 Internet 地址（Internet Protocol Address，IP Address），这一地址可用于与该计算机有关的全部通信。IP 地址是一个逻辑地址，用 32 位二进制数标识计算机网络中的每一台计算机。

每个 IP 地址由网络标识（NetID）和主机标识（HostID）两部分组成，网络部分用来描述主机驻留的网络，主机部分用来识别特定的主机。IP 地址可以写成 4 个用小数点分开的十进制数，每个十进制数表示 IP 地址中的 8 个二进制数。每个十进制数的取值范围为 0～255，中间用圆点分隔，通常表示为 mmm.ddd.ddd.ddd。例如，123.12.1.321 就可以表示网络中某台主机的IP 地址。

尽管 IP 地址能够唯一地标识网络上的计算机，但 IP 地址是数字型的，用户记忆这类数字十分不方便，于是人们又发明了另一套字符型的地址方案，即所谓的域名地址。IP 地址和域名是一一对应的。域名采用分级结构，由用“.”分割的多个字符串组成，高级域在右边，最右边为一级域名。Internet 上的每一个域，都必须设置域名系统（Domain Name System，DNS），负责本域内主机名的管理并与其他各级域名服务器相配合，完成 Internet 上 IP 地址与主机名的查询。

域名一般包括三级或四级，一级域名又称顶级域名，代表建立网络的部门、机构或网络所隶属的国家或地区，部分国家的域名如表 3-1 所示。二级域名分为新增区域域名和类别域名。二级域名的行政区域名往往适用于一国的二级行政区域，如天津为 tj.cn，上海为 sh.cn。二级类别域名表示主机所属的网络性质和类别，如 com.cn。常见的二级类别域名如表 3-2 所示。三级域名和四级域名是自定义的，通常为机构、公司全称、全称的缩写或商标名称。

表 3-1 部分国家域名

域名	含义	域名	含义
.au	澳大利亚	.ca	加拿大
.ch	瑞士	.cn	中国
.de	德国	.fr	法国
.jp	日本	.it	意大利
.ru	俄罗斯	.uk	英国

表 3-2　　　　　　　　　　　　　　常见的二级类别域名

域名	含义	域名	含义
.int	国际组织	.com	商业组织
.edu	教育组织	.gov	政府组织
.mil	军事组织	.org	非营利法人商业组织
.net	网络资源组织	.firm	商业公司组织
.store	商业销售企业组织	.web	与 WWW 相关的实体组织
.arts	文化和娱乐实体组织	.info	提供信息服务的实体组织
.nom	个体或个人		

3.2.3　Internet的主要应用服务

在 Internet 上，有许多服务器向访问者提供各种各样的服务，服务内容几乎遍及人们生活的各个方面。Internet 提供的诸多服务有电子邮件、文件传送协议、万维网、远程登录、电子公告板、博客和微博、即时通信等。

Internet 的主要应用服务

1. 电子邮件（E-mail）

电子邮件（Electronic Mail，E-mail），它是用户或用户组之间通过计算机网络收发信息的服务。目前电子邮件已成为网络用户之间快速、简便、可靠且成本低廉的现代通信手段，也是 Internet 上使用最广泛、最受欢迎的服务之一。

电子邮件来源于专有电子邮件系统，它是由从一台计算机终端向另一台计算机终端传送文本信息的相对简单的方法发展起来的，现在已经演变成一个功能颇多的系统，可以传送文档、声音、图像等信息。电子邮件以其快速、高效、方便、廉价等特点成为许多商家、组织和个人用户的常用服务。

要发送和接收电子邮件，首先需要有一个电子邮件地址。电子邮件地址由三个部分组成：用户名、"@"符号和用户所连接的主机地址。例如，在 sw_1203××××××@163.com 中，"sw_1203××××××"是用户名，"163.com"是用户所连接的主机地址。

2. 文件传送协议（FTP）

文件传送协议（File Transfer Protocol，FTP）是在 Internet 上传送文件的一个重要协议。FTP 是 Internet 中广泛使用的一种服务，这种服务主要用于两个主机之间的文件传输：用户可以把远程主机上的文件下载到自己的主机上，也可以把自己主机上的文件上传到远程主机上。目前，个人用户常常利用 FTP 服务从 Internet 上下载资料、软件、电影等。

FTP 的一个重要作用就是解决不同操作系统下文件的不兼容问题。因为客户机和服务器（远程主机）可能是完全不同类型的计算机，可能使用完全不同的操作系统，那么它们的文件类型就可能或多或少地存在差别。如果不能消除这些差别，文件传输到客户机时，客户机的操作系统也不能正确识别这种文件，展现在用户面前的将是一堆乱码或者不能执行的程序。FTP 能够对客户机和服务器的操作系统进行鉴别，依照协议的规定对数据文件进行相应的转换。FTP 传输的文件类型可以分为文本文件和二进制文件两种。一般情况下，为了保证传输的正确性，都以二进制文件进行传输。

3. 万维网（WWW）

万维网（World Wide Web，WWW）也称 Web，是一种基于超文本方式的信息查询工具，它最大的特点是拥有非常友善的图形界面、非常简便的操作方法及图文并茂的显示方式。

WWW 是一种客户机/服务器模式。服务器是用于提供信息服务的 Web 服务器，客户机是运行在客户端的客户程序，又称为 WWW 浏览器。在服务器与浏览器之间通过超文本传送协议（Hyper text

Transfer Protocol，HTTP）进行 Web 网页的传输。WWW 为用户提供世界范围内的超文本服务。此外，WWW 也可提供传统的 Internet 服务，如 FTP、E-mail 等。

万维网是图形化的、超媒体的信息发布和获取系统。万维网把各种类型的信息（静止图像、文本、声音和影像）有机地集成起来，提供一种超媒体的、可随时随地获取和发布信息的方法，用户在获取和发布信息时，不仅可以使用文本，也可以使用图像、影像和声音。

万维网与平台无关，可以通过任何类型的计算机，使用任何操作系统、显示器访问各种基于 UNIX 平台或基于 Windows 平台的 WWW，且显示的信息结果都是一样的。万维网可以把分布在全世界数以千万计的网络站点上的各种（超文本的或超媒体的）信息有机地连接起来，而每个站点只负责提供和维护它所发布的信息。在万维网中，每个网络站点，以及该站点上的每一个网页都唯一和一个地址对应，该地址称为统一资源定位器（Uniform Resource Locator，URL）。

用户只要记住某个网站的地址，在世界上的任意与 Internet 相连的计算机上都可以访问该网站。万维网是交互式的，即使用 Internet 的用户可以展开即时通信。在万维网以前的许多 Internet 软件也有交互功能，如远程登录、FTP 等，但这些软件的交互功能还比较简单。万维网为用户提供了高性能的交互工具。例如，目前国内非常受欢迎的"微信"就是典型的交互型即时通信工具。

4. 远程登录（Telnet）

远程登录就是在网络通信协议的支持下，使自己的计算机暂时成为远程计算机终端的过程。登录以后的本地计算机成为这个远程计算机的终端，可以使用远程计算机允许使用的各项功能。为了和远程计算机建立连接，事先必须知道远程计算机的域名或者 IP 地址，并成为远程计算机的合法用户。目前，许多图书馆、政府部门和研究机构等通过 Telnet 对外提供联机资料查询服务，使远程用户能共享资源。

5. 电子公告板（BBS）

电子公告板（Bulletin Board System，BBS）是用电子通信手段"张贴"各种公告和消息，由许多人参与的论坛系统，是 Internet 的服务之一。它的优势在于能迅速接近范围更广、距离更远的"读者"，这使之成为强有力的信息传播工具。

BBS 现在的功能十分强大，大致包括信件讨论区、文件交流区、信息布告区和交互讨论区这几部分。它作为网上直接对话的窗口，为爱好相近和有着共同需要的人提供了一个虚拟的、开放式的交流空间。它具有便捷、开放等特点。

6. 博客和微博（Blog & MicroBlog）

继 E-mail、BBS 之后，博客（Weblog，Blog）成为一种新的网络交流方式。Blog 的中文名称除"博客"外，还有"网志""网络日记""部落客"等。博客可以理解为一种表达个人思想，内容按照时间顺序排列，并且不断更新的交流方式。博客是网民们通过互联网发表各种思想的虚拟场所，其主要特点是更新频繁、页面简洁明了和个性化。与博客相比，微博有字数的限制，超过 140 字即不能发送，因此更适合移动端用户使用。

一个 Blog 就是一个网页，它通常是由简短且经常更新的帖子所构成。这些张贴的文章按照日期排列。Blog 的内容繁多，有对其他网站的超级链接和评论，也有各类新闻，更多的是日记、照片、诗歌、散文，甚至科幻小说。许多 Blog 是个人观点的表达，也有由一群人基于某个特定主题或共同利益创作的 Blog。

7. 即时通信（Instant Messaging）

即时通信是一种可以让使用者在网络上建立某种聊天室（Chatroom）的实时通信服务。它囊括了 E-mail 的所有功能，如文字、文件、图片的传输等，并且实现了信息的实时交互，在安装麦克风和摄像头之后还可以实现语音、视频聊天。目前，我国用户最多的即时通信工具是微信，QQ 次之。

3.3 电子商务的安全技术

安全技术在电子商务系统中起着重要的作用，它是保证电子商务健康有序发展的关键因素。安全技术守护着商家和客户的重要机密，维护着商务系统的信誉和财产，同时也为服务方和被服务方提供了极大的便利。下面就分别从防火墙技术、数据加密技术、认证技术等方面对电子商务的安全技术进行简要的介绍。

3.3.1 防火墙技术

作为近年来新兴的保护计算机网络安全的技术性措施，防火墙（Fire Wall）是一种隔离控制技术，在某个机构的网络和不安全的网络（如 Internet）之间设置屏障，阻止对信息资源的非法访问，也可以使用防火墙阻止专利信息被非法输出。防火墙是一种被动防卫技术，由于它假设了网络的边界和服务，难以有效地控制对内部的非法访问，因此，防火墙适合用于相对独立的、与外部网络互连途径有限、网络服务种类相对集中的单一网络。

防火墙是指在两个网络之间强制实施访问控制策略的一系列软件或硬件设备组成的系统。防火墙被放在两个网络之间，从内部到外部或从外部到内部的通信都必须经过它；只有有内部访问策略授权的通信才被允许通过；系统本身具有高可靠性。简而言之，防火墙是保护可信网络，防止黑客通过非可信网络入侵的一种设备，是网络安全的第一道屏障。

自从第一个包过滤路由器防火墙问世以来，在防火墙产品系列中已经出现了应用各种不同技术的、不同类型的防火墙。这些技术之间的区分并不是非常明显，但就其处理的对象来说，防火墙基本上可以分为三大类：数据包过滤型防火墙、应用级网关型防火墙和代理服务型防火墙。

3.3.2 数据加密技术

数据加密技术是电子商务采取的主要保密安全措施，是实现数据保密的一种重要手段，目的是防止合法接收者之外的人获取信息系统中的机密信息。所谓加密，就是采用数学算术的程序和保密的密钥对信息进行编码，把计算机数据变成一堆难以理解的字符串，使得加密后的内容对于非法接收者成为无意义的文字，而合法接收者因为掌握了密钥，可以通过解密得到原始的数据。由此可见，加密可以有效地对抗信息的被拦截以及被窃取。

数据加密技术是对信息重新编码，隐藏信息内容，使非法用户无法得到真实信息的一种技术。加密一般由加密过程和解密过程组成，如图 3-7 所示。通常情况下，人们可懂的文本称为明文，明文转换成不可懂的文本后称为密文，这个转换过程称为加密。反之，将密文转换成明文的过程称为解密。密钥是用于加、解密的一些特殊信息，它可以是数字、词汇或语句，是转换明文和密文的关键所在。发送方在发送消息前先用加密程序将明文加密成密文，接收方在接收到消息后，用解密程序将密文解密成明文。解密是加密的逆过程。加密系统有两种基本的形式：对称加密系统，也称为私有密钥加密系统；不对称加密系统，也称为公开密钥加密系统。两种加密系统有不同的特点，采用不同的方式来提供安全服务。

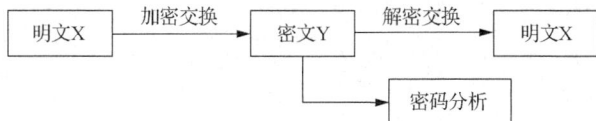

图 3-7　加密、解密过程

1. 对称加密系统

对称加密又叫作私有密钥加密，其特点是数据的发送方和接收方使用的是同一把私有密钥，即把明文加密成密文和把密文解密成明文用的是同一把私有密钥。接收方收到密文后，需要用加密时用过的密钥及算法的逆算法对密文进行解密，才能使其恢复成可读明文。在对称加密算法中，使用的密钥只有一个，发送方和接收方都使用这个密钥对数据进行加密和解密，这就要求解密方事先知道加密密钥。对称加密算法的安全性依赖于密钥，泄露密钥就意味着任何人都可以对他们发送或接收的消息解密，所以密钥的保密性对保障通信的安全性至关重要。

2. 非对称加密系统

非对称加密又叫作公开密钥加密，是在 1976 年由斯坦福大学的迪梅（Dime）和亨曼（Henman）提出来的。与对称加密算法不同，非对称加密算法需要两个密钥：公开密钥（Public Key）和私有密钥（Private Key）。不对称加密算法的基本原理是，如果发信方想发送只有收信方才能解读的加密信息，发信方必须首先知道收信方的公钥，然后利用收信方的公钥来加密原文；收信方收到加密密文后，使用自己的私钥才能解密密文。

在电子商务中，贸易双方利用非对称加密技术进行机密信息交换的基本思路是：贸易一方生成一对密钥并将其中的一把密钥作为公用密钥向其他贸易伙伴公开；得到公开密钥的贸易伙伴使用该密钥对机密信息加密后再发送给贸易方；贸易方用自己保存的另一把专用密钥对加密后的信息进行解密。只有贸易方才拥有私有密钥，所以即使其他人得到了经过加密的发送方的公开密钥，也无法解密。保证了私有密钥的安全性，也就保证了传输文件的安全性。

3. 两种加密方法的联合使用

公开密钥加密技术需要公开密钥和私有密钥两个密钥的配合使用才能完成加密和解密的过程，这样有助于加强数据的安全性。但是公开密钥加密和解密的速度很慢，用公开密钥加密技术加密和解密同样的数据所花费的时间相当于对称加密技术的 1 000 倍。同时，对称加密技术所使用的密钥数目难于管理，无法验证发送方和接收方的身份，因此很难保证信息的完整性和流通性。正是因为公开密钥加密和私有密钥加密各有所长，所以在实际应用中，往往将公开密钥加密技术与私有密钥加密技术结合起来使用，以起到扬长避短的作用。

3.3.3　认证技术

在电子商务中，交易双方是不见面的，并且交易过程中不带有本人特征，因此有可能造成一些交易问题；即使某一方知道所收到的数据是完整、保密、未经篡改的，但仍有一点无法知道，那就是对方是否以假冒身份在进行诈骗交易。为了避免电子商务交易中发生上述情况，需要解决交易双方的身份验证和交易的不可抵赖问题，而这两个问题也正是认证技术所能解决的。目前，认证技术是保证电子商务交易安全的一项重要技术，可以满足身份认证、信息完整性、不可否认和不可修改等多项交易安全需求，能够有效地规避网上交易面临的假冒、篡改、抵赖、伪造等相关风险。

📚 **案例讨论**

支付宝区块链技术新应用

继房屋租赁溯源、医疗电子票据和电子处方之后，支付宝城市服务再突破全新区块链应用。2018年10月17日，蚂蚁金服区块链携手华信永道打造"联合失信惩戒及缴存证明云平台"，海南省率先借平台实现公积金黑名单及缴存证明的跨中心跨地域共享，这也是住房公积金行业第一次采用区块链技术。

一直以来，跨区域信息难互通都是大部分城市政务服务的痛点。通过对共享数据采用区块链技术，各城市住房公积金管理中心只需接入平台，只要分别把黑名单写在链上，从而实现可信记录共享且不可篡改，而失信人异地办理住房公积金业务也会受到影响。

例如，在引入区块链技术之前，公积金缴在海口市的小王到三亚贷款买房，要先到海口市公积金管理中心申请打印缴存证明，拿到三亚申请办理，两地多次往返避免不了，三亚市公积金中心需要联系海口市验证缴存证明，办理周期较长，常有延期情况出现。

引入区块链技术之后，加上在缴存证明上使用了电子签章、缴存证明编码和二维码等技术手段保证其真实可信，现在小王在支付宝里可申请开具缴存证明。三亚市公积金中心在获得授权后，对该证明可直接查询和验证。如此，小王可以直接在海口办理公积金贷款，不需要两地跑腿。

分析：

由于区块链上的数据不会丢失，也不会因为某一节点（中心）服务停止，而影响其他各节点（中心），这样的特性决定了区块链技术可以实现多节点信息共享，同时还能保证共享信息的高可信性和高可靠性。无疑，区块链黑名单及缴存证明是区块链与住房公积金行业切实需求相结合的典型应用。

资料来源：环球网。

在电子商务系统中，所有参与者都需要证明自己的身份，这时就需要引入一个公平的裁判——交易双方均信任的第三方。第三方对买卖双方进行身份验证，保证交易双方的安全。

电子商务中认证技术主要涉及以下两个方面的内容。

1. 身份认证技术

身份认证技术是用户身份的确认技术，是网络安全的第一道屏障，也是一道重要的防线。只有实现了有效的身份认证才能保证访问控制、入侵防范等安全机制的有效实施。身份认证主要包括两个方面：一个是识别，另一个是验证。所谓识别，就是用户向系统明确自己身份的过程。这也就要求认证技术对每位合法用户具有识别能力，为了保证认证的有效性，不同的用户应该具有不同的识别符号。验证是指系统核查用户身份证明的过程。用户出示证件之后，系统对其身份进行验证，避免假冒。

在电子商务环境中，身份认证技术采用的是数字认证方式，即将身份识别信息转化成电子数字信号进行认证。为了进行身份鉴别，认证技术需要满足一些基本要求。例如，身份认证要满足实时监测的要求；身份识别对人身体无任何健康危害；身份认证技术要简单易懂，价格不能太贵，易于普及。满足上述要求的身份认证技术主要有口令认证、智能卡认证、生理特征认证等。

2. 数字证书

数字证书是网络通信中标识各方身份的一系列数据，用以对网络上传输的信息进行加密和解密、数字签名和签名验证，确保网上传递信息的安全性、完整性。数字证书是互联网上验证身份的一种方式，它的作用类似于司机的驾照或者人们的身份证。使用了数字证书，用户即使发送的信息在网上被他人截获，甚至你丢失了个人的账户、密码等信息，仍可以保证你的账户、资金安全。

通常，数字证书采用公钥体制，即利用一对互相匹配的密钥进行加密和解密。用户自己设定一把特定的仅为本人所知的私有密钥，用它进行解密和签名；同时设定一把公共密钥由本人公开，为一组客户所共享，用于加密和验证签名。当发送一份保密文件时，发送方使用接收方的公钥对数据加密，而接收方则使用自己的私钥解密，这样信息就可以安全无误地送达。通过数字手段保证加密的过程是一个不可逆的过程，也就是说只有用私有密钥才能解密。

数字证书可以授权购买，提供更强的访问控制，并具有很高的安全性和可靠性。数字证书可用于发送安全电子邮件，访问安全站点，处理网上证券交易、招标采购、保险、税务、签约和网上银行等安全电子事务和交易活动。电子邮件证书可以用来证明电子邮件发件人及邮件地址的真实性。收到具有有效电子签名的电子邮件，能够保证邮件确实由指定邮箱发出并且没有被篡改。使用接收的邮件证书，还可以在非安全网络中向接收方发送加密邮件，而且只有接收方才能打开该邮件。

学习思考

有人说通过计算机网络安全技术就可以防范所有网络风险，你同意这个观点吗？

3.4 电子商务新兴技术

3.4.1 云计算

1. 云计算的概念

"云计算"（Cloud Computing）是由谷歌首席执行官埃里克·施密特于 2006 年率先提出的一个重要概念。谷歌、IBM、微软等都是云计算的先行者。云计算是分布式计算的一种，指的是通过网络"云"将巨大的数据计算处理程序分解成无数个小程序，然后通过多部服务器组成的系统处理和分析这些小程序得到结果并返回给用户。现阶段所说的云服务已经不单单是分布式计算，而是分布式计算、效用计算、负载均衡、并行计算、网络存储、热备份冗杂和虚拟化等计算机技术的混合。云计算的核心概念就是以互联网为中心，在网站上提供快速且安全的云计算服务与数据存储，让每一个使用互联网的人都可以使用网络上的庞大计算资源与数据中心。云计算具有计算能力强、可靠性高、按需使用、虚拟化、价格低廉、可扩展性强等特点。

阅读资料

云计算的服务模式

服务是云计算技术的一大典型功能。高效、便捷、流行、用户友好是云计算服务模式的典型特征。现阶段，云计算技术主要包含以下三种服务模式。

一是软件即服务SAAS（Software as a Service）模式。SAAS模式又被称为"按需软件"，

即将应用通过网站提供给用户，该模式可以通过云平台管理软件，调取数据信息。SAAS模式最大的优势是可以通过软件维护及硬件外包来降低用户的运行成本。谷歌公司研发的Gmail应用便是SAAS模式的代表产品。

二是平台即服务PAAS（Platform as a Service）模式。PAAS模式的服务机理是为用户提供操作平台和处理方案。在PAAS模式下，用户可以根据自己的业务需求依靠平台工具或数据库来创新软件，优化软件的资源配置和内部架构。该模式极大地满足了客户的个性化、多元化需求。

三是基础设施即服务IAAS（Infrastructure as a Service）模式。IAAS模式通过虚拟处理技术对数据信息资源进行分类整合，从而产生信息海量的数据存储池。IAAS模式为保障用户安全、维护修复软件、共享信息提供保障。

2. 云计算的分类

云计算包括私有云、公有云和混合云这三个类别，下面分别做简要介绍。

（1）私有云

私有云通常由企业或其他类型的组织机构拥有，特定的云服务功能不直接对外开放。在私有云中，用户是企业或机构的内部成员，这些成员共享该云计算环境提供的所有资源。私有云可为用户提供对数据、安全性和服务质量的有效控制。

（2）公有云

公有云面向所有用户提供服务，用户借助互联网就可以使用。在公有云中，用户所需的服务由一个独立的第三方云提供商提供，即企业或机构将云服务外包给公有云的提供商。众多的用户可共享云提供商所拥有的资源。这可以减少用户自行构建云计算设施的成本。

（3）混合云

混合云是私有云和公有云两种方式的结合。混合云集私有云的安全性、可靠性和公有云的低成本优势于一体，是目前企业普遍采用的一种云计算模式。

3. 云计算的应用

随着云技术产品及解决方案的不断成熟，云计算理念得以迅速推广和普及，云计算的应用也越来越广泛，不断向教育、医疗、交通、金融等领域延伸拓展。如基于云计算模式下的云教育，打破了传统教育的信息化边界，集教学、管理、学习、娱乐、分享、互动交流于一体，有效降低了教育成本并实现了教育资源的共享。除了民生领域外，云计算在政务方面也得到了广泛的应用。如隶属于政府云的电子政务云，能够使政府管理服务从各部门相对封闭的运作方式向跨部门、跨区域协同互动和资源共享转变，从而实现政府部门间信息联动与政务工作协同。

3.4.2 大数据技术

1. 大数据的概念

大数据（Big Data）本身是一个抽象的概念，至今并没有统一的定义。大数据研究的先驱麦肯锡指出，大数据指的是大小超出常规的数据库工具、存储、管理和分析能力的数据集。国际数据公司（International Data Corporation，IDC）认为，大数据即海量的数据规模、快捷的数据流动和动态的数据体系、巨大的数据价值。高德纳咨询公司（Gartner Group）认为，大数据是指需要新处理模式参与才能具有更强的决策力、洞察力和流程优化能力的海量、高增长率和多样化的信息资产。综合上述观点，大数据可简单理解为无法在有限时间内用常规软件工具对其进行获取、存储、管理和处理的数据集合。

2. 大数据的特征

大数据具备 Volume、Velocity、Variety 和 Value 四个特征，简称"4V"，即数据体量巨大、数据处理速度快、数据类型繁多和数据价值密度低，如图 3-8 所示。

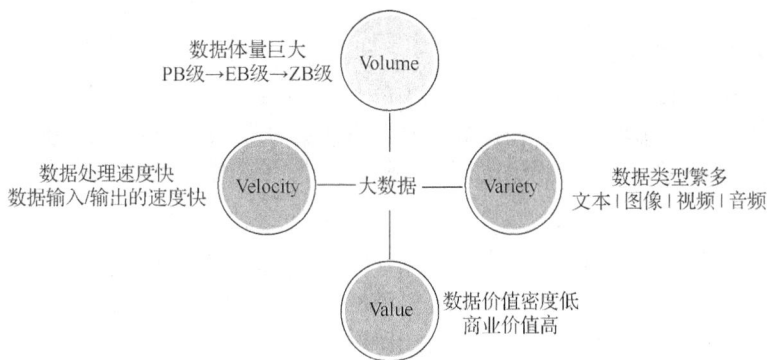

图 3-8　大数据的特征

（1）数据体量巨大

在网络高速发展时代，数据呈现爆炸式的指数级增长，据 IDC 发布的《数据时代 2025》显示，全球每年产生的数据将从 2018 年的 33ZB 增长到 175ZB。假定下载网速为 25MB/s，一个人要下载 175ZB 的数据，约需要 18 亿年。

（2）数据处理速度快

大数据具有数据的创建、移动和处理均快速的特征。业界对大数据的处理能力有一个著名的"1 秒定律"，也就是说，它可以从各种类型的数据中快速获得高价值的信息。大数据的快速处理能力充分体现了它与传统的数据处理技术的本质区别。

（3）数据类型繁多

传统 IT 产业产生和处理的数据类型较为单一，大部分是结构化数据。随着传感器、智能设备、社交网络、物联网、移动计算、在线广告等新的渠道和技术不断涌现，现在的数据不再只是结构化数据，更多的是半结构化数据或者非结构化数据，如可扩展标记语言（Extensible Markup Language XML）、邮件、博客、即时消息、视频、照片、点击流、日志文件等。企业需要整合、存储和分析来自复杂的传统和非传统信息源的数据，包括企业内部和外部的数据。

（4）数据价值密度低

大数据由于体量不断增大，单位数据的价值密度在不断降低，然而数据的整体价值在提高。以监控视频为例，在一小时的视频中，有用的数据可能仅仅只出现一两秒，但是非常重要。现在许多专家已经将大数据等同于黄金和石油，这表明大数据中蕴含了无限的商业价值。

3. 大数据在电子商务中的应用

大数据时代，数据无孔不入，谁掌握了数据，谁就有可能获得成功。在云计算、物联网、社交网络等新兴服务的影响下，人与人之间、人与机器之间及机器与机器之间产生的数据信息正在以前所未有的态势增长，人类社会步入大数据时代。数据从简单的处理对象开始转变为一种基础性资源。开展电子商务的企业可以借助大数据技术，对从多个平台获得的海量数据进行分析，帮助企业找到目标客户，并发掘客户的消费偏好，以便开展精准营销。例如，亚马逊通过从客户身上获得的大量数据研发了个性化推荐系统，根据客户的购物喜好，为其推荐具体的书籍、产品及感兴趣的内容。此外，大数据技术还可以有效帮助开展电子商务的企业进行市场预测，帮助其及时发现市场机会、加快业务决策。

3.4.3 虚拟现实技术

1. 虚拟现实及虚拟现实技术的概念

虚拟现实（Virtual Reality，VR）是由美国 VPL 公司创始人杰伦·拉尼尔在 1987 年率先提出的一个概念。拉尼尔认为，虚拟现实是由计算机产生的三维交互环境，用户参与到这些环境中，从而获得体验。后来众多学者不断丰富和完善了这一概念。

虚拟现实技术，又称灵境技术，是指采用以计算机技术为核心的现代高新技术，生成逼真的视觉、听觉、触觉等一体化的虚拟环境，参与者可以借助必要的装备，以自然的方式与虚拟环境中的物体进行交付，并相互影响，从而获得等同真实环境的感受和体验。虚拟现实技术集计算机、电子信息、仿真技术于一体，其基本实现方式是借助计算机模拟虚拟环境从而给人以环境沉浸感。随着社会生产力和科学技术的不断发展，各行各业对虚拟现实技术的需求日益增加。虚拟现实技术也取得了巨大进步，并逐步成为一个新的科学技术领域。

2. 虚拟现实的特点

美国学者格里戈雷·布尔代亚（Grigore Burdea）和菲利普·夸费（Philippe Coiffet）在 1993 年出版的《虚拟现实》一书中指出，虚拟现实具有三个突出的特征，即沉浸性（Immersion）、交互性（Interaction）和想象性（Imagination），而且这三个特征缺一不可。

沉浸性，是指利用计算机产生的三维立体图像，让人置身于一种虚拟环境中，就像在真实的世界中一样，能给人一种身临其境的感觉。交互性，是指在计算机生成的这种虚拟环境中，人们可以利用一些传感设备进行交互，感觉就像在真实世界中一样。例如，当用户用手去抓取虚拟环境中的物体时，手就有握东西的感觉，而且可感觉到物体的重量。想象性是指参与者在虚拟的环境中，根据所获取的各种信息和自身在系统中的行为，通过逻辑判断、联想和推理等思维过程，感知虚拟现实系统设计者的思想，以及想象虚拟现实系统没有直接呈现的信息。

3. 虚拟现实技术在电子商务领域的应用及其影响[①]

将虚拟现实技术应用在电子商务领域，形成立体式交互电子商务模式是电商发展的一个全新方向。在传统电子商务中，消费者虽然以便捷的方式获得远超实体店购物的海量商品信息，但仍然是一种所得非所见的购物体验。虚拟现实技术通过沉浸式体验，改变了传统电商的呈现形式，把产品的内部构造，或者其他可以体现商品特点的细节更真实地展示给消费者，这无疑增加了消费者对商品的信任和了解，使购物体验更加真实、丰富。

由于沉浸式体验的无限潜力，商品可以被很好地嵌入虚拟现实体验，虚拟现实技术成为有力的品牌营销工具。虚拟现实技术将从以下三个方面提升消费者的购物体验。

首先，用户可以自主、全方位地对物品进行浏览。在虚拟现实环境中，用户可以自己控制在场景中游走的路线，选择自己喜欢的游走方式，可以是步行甚至飞行漫游等。用户能根据他们的意愿探索整个购物环境，选择他们自己想试穿或体验的商品。由于虚拟现实商品的观看时间不受限制，用户可以长时间浏览；由于观察角度不受限制，用户可以更换多个观察点，也可以

---

① 徐兆吉，马君，何仲，等. 虚拟现实[M]. 北京：人民邮电出版社，2016：149-151.

像动画一样制定既定路线游览。

其次，用户可以和导购或产品提供者进行实时交互。在家装购物场景中，用户可能需要对场景中的物体进行实时调整，如对建筑高度、间距的调整等，或者对比不同的设计呈现的效果，如对地板、墙面、内饰的材质、样式、颜色进行选择和搭配。虚拟现实技术非常容易实现上述设想内容，可大大提升用户的购物体验。

最后，用户可以有真正的临场体验。在传统营销展示模式下，展示商品多以静态摆放为主，用户与展示商品之间不存在交互行为，用户难以全面理解所展示商品的各种特性，因而无法获得最优的购物体验。即使通过电商，用户在购买商品之前也难以仅仅通过店铺展示的内容（包括静态图片和视频影像）准确判断商品是否真正适合自己，因为经常出现展示内容与实际效果存在严重偏差的情况。在虚拟现实环境中，用户通过自主性、交互性和沉浸性实现对展示商品的全面理解，摆脱了所得非所见的困境。

3D 体感试衣镜是一种结合体感技术和 3D 建模技术的应用，如图 3-9 所示，只要购物者站在虚拟试衣镜前，3D 体感试衣镜即可自动显示试穿新衣以后的三维图像，不仅可以使顾客试穿衣服更加方便和快捷，而且还可以让顾客根据自己的体型挑选合适的衣服。目前 3D 体感试衣镜主要在商场和服装专卖店应用，随着大数据、建模技术和宽带网络的发展，未来类似的线上应用将更为普及。

图 3-9　3D 体感试衣镜

2016 年 4 月，淘宝推出全新购物方式"Buy +"。"Buy +"通过使用虚拟现实技术，利用计算机图形系统和辅助传感器，生成可交互的三维购物环境。"Buy +"将突破时间和空间的限制，利用三维动作捕捉技术捕捉消费者的动作并触发虚拟环境的反馈，最终实现虚拟现实中的互动。"Buy +"可以让用户直接与虚拟世界中的人和物进行交互，甚至将现实生活中的场景虚拟化。

练习题

一、单选题

1. （　　）是指将有限的地理区域内的各种通信设备互连在一起的通信网络，其覆盖范围一般在10km之内。

A. 局域网　　　　　　B. 城域网　　　　　　C. 广域网　　　　　　D. 国际互联网

2. （　　　）是因特网中广为使用的一种服务，这种服务主要用于两个主机之间的文件传输。

      A. BLOG   B. IP   C. TCP   D. FTP

3. （　　　）是用电子通信手段"张贴"各种公告和消息，是Internet上著名的服务之一，是由许多人参与的论坛系统。

      A. TCP   B. BBS   C. FTP   D. EDI

4. （　　　）是对信息重新编码，隐藏信息内容，使非法用户无法得到真实信息的一种技术。

      A. 大数据技术   B. 防火墙技术   C. 认证技术   D. 数据加密技术

5. （　　　）面向所有用户提供服务，用户通过互联网就可以使用。

      A. 私有云   B. 公有云   C. 混合云   D. 以上均不正确

二、多选题

1. 常用的网络拓扑有（　　　）。

      A. 星形   B. 总线形   C. 环形

      D. 树形   E. 网状形

2. 根据网络的覆盖范围的大小，计算机网络可分为（　　　）。

      A. 局域网   B. 有线网   C. 城域网

      D. 无线网   E. 广域网

3. 每个IP地址由（　　　）组成。

      A. 网络标识   B. 电子标识   C. 电子证照

      D. 主机标识   E. 域名标识

4. 云计算具有的特点包括（　　　）。

      A. 计算能力强   B. 可靠性高   C. 按需使用

      D. 价格低廉   E. 可扩展性弱

5. 大数据的"4V"特征是指（　　　）。

      A. Volume   B. Velocity   C. Variety

      D. Variance   E. Value

三、名词解释

1. 计算机网络

2. 广域网

3. 防火墙

4. 数字证书

5. 大数据

四、简答及论述题

1. 分布式网络有何特点？

2. Internet的主要应用服务有哪些？

3. 云计算的核心概念是什么？

4. 试论述电子商务中认证技术主要涉及的内容。

5. 试论述虚拟现实的特点。

案例讨论

❖

阿里巴巴与亚马逊的市值之争

作为分别主导中、美电商市场的两家公司，投资者经常将阿里巴巴与亚马逊进行比较。两家公司都在为在线交易提供平台，商业模式却是各不相同的。从主营业务来看，亚马逊的零售商"基因"更浓，其业务主要是围绕零售周边进行扩张，如手机等硬件业务。而阿里巴巴并无直接参与的零售业务，以平台模式进行运作，在投资方面也更为广泛。就业务范围而言，亚马逊更聚焦于零售，阿里巴巴更倾向于做电商平台，主要任务是"引流"。

这两种商业模式各有利弊，阿里巴巴的轻资产模式使得它的盈利状况更好，但不收平台手续费、没有自建仓的模式也相对容易被复制。亚马逊的重资产模式打牢了企业"护城河"，但短期内利润可能不那么理想。

据机构分析，就目前的盈利能力来说，阿里巴巴是强于亚马逊的，但亚马逊具有先发优势，对云计算的投入不小而且正在产生回报。从这个角度看，将两家商业模式不同的公司进行比较其实没有太大的必要。

不过，两家公司的共同点也是很明显的，那就是对科技的投入。当下，中西方零售业都面临同样的挑战，即线上流量的枯竭。为了获取可持续增长的利润空间，两家公司都在积极布局线下，并且不断尝试技术创新。

阿里巴巴已经打造了完全属于自己的线下购物中心，并植入了一系列阿里巴巴推出的新零售技术。此前天猫还批量展示了AR天眼、未来试妆镜、虚拟试衣间等由一系列技术驱动的新零售产品。

此外，亚马逊也在发掘技术创新的增长动力。亚马逊自主研发的全球领先的无人机原型曝光，也引发大量对无人机送货的关注。

可以说，阿里巴巴与亚马逊在科技创新上的竞争是你追我赶的，双方都试图巩固地盘、扩大疆土。后电商时代，大数据、人工智能等技术将全面渗透到零售领域。新技术的应用将从效率、成本、消费者体验等各个环节重塑企业核心竞争力。

比起阿里巴巴与亚马逊的市值竞争，我们更应关注新零售业态下，双方在技术创新上的进步。创新是企业核心竞争力的所在，也是现代市场经济的内在要求。两大电商巨头在新零售上的探索和对科技的投入，相信会给更多企业带来启示。

资料来源：证券时报。

思考讨论题

1. 技术创新对电商的发展有何推动作用？
2. 结合案例谈谈阿里巴巴和亚马逊两家电商巨头在技术创新方面各自的优势。

第4章 | 电子支付

本章导读

电子支付是电子商务发展不可或缺的重要环节，是实现资金快速流转的先进手段。伴随着网络技术，尤其是网络安全技术的快速发展，电子支付已经得到广泛的普及和应用。本章首先介绍电子支付的概念、特点与电子支付系统，接下来对电子支付方式进行阐述，之后比较、分析几种主要的电子支付工具，最后对第三方支付做了简要介绍。通过对本章内容的学习，读者可以全面了解电子支付系统，熟悉现阶段主要的电子支付工具和支付方式。

知识结构图

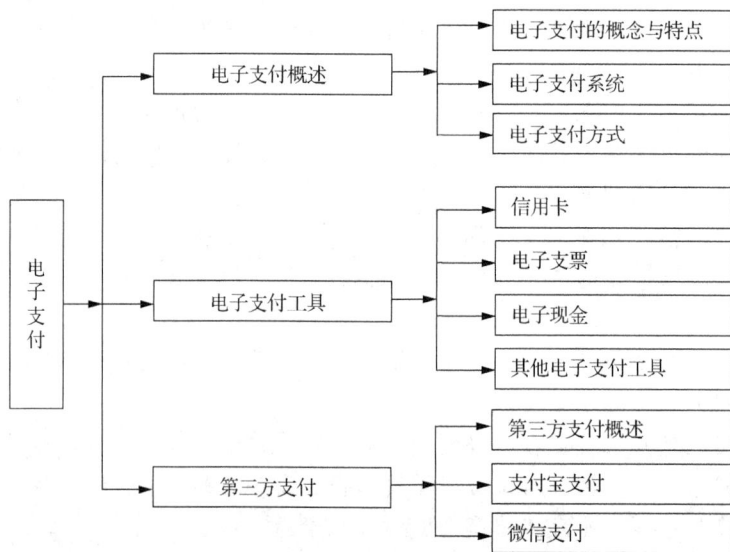

开篇引例

天津高速推出"无感支付"

2018年12月18日10时起，天津市京津高速和津港高速全部收费站试点运行高速公路人工收费车道"无感支付"业务（车牌付）。该功能的上线不仅缩短了单车通行时间，还满足了高速出行对便捷、高效、个性化服务的需求。

据了解，"无感支付"此前已在多地停车场得到应用，司机通过将支付账户与车牌绑定，使车牌号变成"付款码"，在车辆进出停车场时，实现摄像头在识别车牌后自动抬杆、自动扣费。相比ETC收费模式，"无感支付"不仅开通简单，而且不需要安装车载单元（On Board Unit，OUB）设备。

2018年9月，天津市高速公路开通了手机扫码支付业务，截至当年12月，覆盖天津市联网路段108座收费站，576条收费车道，覆盖率达97%。天津市交通运输委相关负责人介绍，"无感支付"与扫码支付相比，省去了用户扫码及打印发票等步骤，用户可以自助打印增值税电子发票。"无感支付"目前暂只支持7座以下（含7座）小型客车，司机仍需在高速入口领卡、出口交卡。

该负责人表示，"无感支付"的推出将丰富用户的支付方式，减少现金找零及假币等诸多问题，从而打造高效便捷、客户满意的高速公路通行费支付新模式。下一步随着试点路段的不断完善，逐步覆盖全市收费站人工收费车道。

资料来源：北京晚报。

4.1 电子支付概述

进入 21 世纪以来，随着网络技术的不断发展，我国的电子支付系统也日臻完善。一方面，当前的网络交易和大宗商品交易都是通过电子支付系统完成的。另一方面，高效的电子支付可以全面记载公民和法人的经济行为信息，是非常重要的社会管理和行业监管工具，对于维持我国金融秩序稳定具有显著意义。

4.1.1 电子支付的概念与特点

1. 电子支付的概念

电子支付是电子商务的重要组成部分，指的是电子交易的当事人（涉及消费者、商家和金融机构）之间通过电子支付方式和工具进行的货币支付或资金流转。

从历史的角度看，电子支付的发展经历了以下五个不同的阶段。

第一阶段是银行内部电子管理系统与其他金融机构的电子系统连接起来，如利用计算机处理银行之间的货币汇划、办理结算等业务。

第二阶段是金融机构与非金融机构之间实现资金的电子结算，如银行为企事业单位代发工资、代扣公积金、代缴养老保险费等。

第三阶段是银行利用网络终端向客户提供各项银行自助服务，如客户在自动柜员机（Automated Teller Machine，ATM）上进行取款、存款、查询、转账等操作。

第四阶段是利用银行销售终端（POS 机）向消费者提供自动扣款服务。

第五阶段是网上支付阶段。在这一阶段，用户可随时随地通过互联网进行直接的转账、结算，我们称它为网上支付。网上支付又包括网上银行支付和第三方平台支付等。

2. 电子支付的特点

电子支付主要依托于网络，有实时支付、支付便利等优势，与传统的支付方式相比，电子支付存在以下特点。

（1）支付方式数字化

电子支付是采用先进的技术通过数字流转来完成信息传输，通过数字化的方式完成款项支付的；而传统的支付方式则是通过现金的流转、票据的转让及银行的汇兑等物理实体的流转来完成款项支付的。

（2）开放的系统平台

电子支付的工作环境基于一个开放的系统平台（互联网），而传统支付则是在较为封闭的系统中运作。

（3）在其他方面具有优势

电子支付具有方便、快捷、高效、经济、安全的优势。用户只要拥有一台能上网的计算机或移动智能终端，便可随时随地在很短的时间内完成整个支付过程，支付的费用低于传统支付方式，而且支付更加安全。

学习思考

为什么说电子支付比传统支付方式更加安全？

4.1.2 电子支付系统

电子支付系统是采用数字化、电子化形式，通过网络完成电子货币数据交换和结算等金融活动的业务系统。电子支付系统能够把新型支付手段，包括电子现金（E-Cash）、信用卡（Credit Card）、借记卡（Debit Card）、智能卡等的支付信息通过网络安全传送到银行或相应的处理机构，实现电子支付。电子支付系统是实现网上支付的基础。

1. 电子支付系统的构成

电子支付系统是集购物流程、支付工具、安全技术、认证体系、信用体系及金融体系为一体的、综合的大系统，分为支付服务系统、支付清算系统、支付信息管理系统三个层次，具体包括参与者、支付工具与支付协议几个部分。电子支付系统的基本构成如图4-1所示。

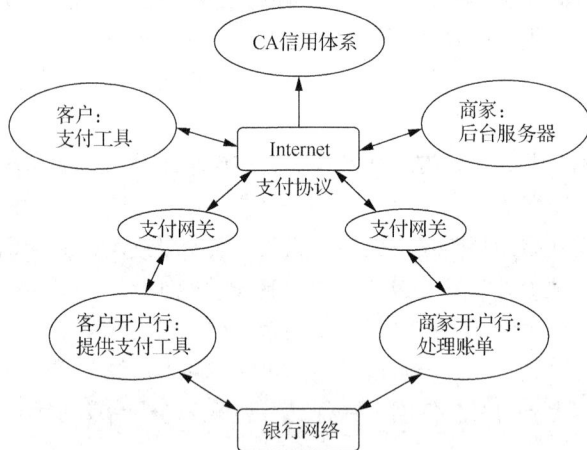

图4-1 电子支付系统的基本构成

（1）参与者

客户（Client）是指网上消费者，他们申请取得银行认可的电子支付工具，由银行委托认证机构发放数字证书后，具备上网交易资格，在网上挑选商家的产品并发起支付，这也是支付体系运作的起点。

商家（Merchant）则是网上商店的经营者，他们在收单行开设账户，由收单行对其进行审定，通过审定后由收单行委托认证机构向商家发放数字证书。获得数字证书后，商家即可网上营业，营业过程中根据客户发起的支付指令向收单行请求获取货币给付。商家需要优良的服务器来处理这一过程，包括认证及不同支付工具的处理。

客户的开户行（Issuing Bank）是指客户开设账户、申请支付工具的银行，开户行在给客户提供支付工具的同时也提供了一种银行信用，即保证支付工具的兑付。

商家开户行是商家开设账户的银行，其账户是商家在整个交易中归集资金的地方，也称收单行（acquiring bank）。商家将客户的支付指令提交给其开户行后，就由开户行进行支付授权的请求及银行间的结算等工作。

支付网关（Payment Gateway）用来连接公用网和银行专用网的接口服务器，主要起着数据转换与处理中心的作用，从而完成两者之间的通信、协议转换和数据加密、解密的行为。其主要功能如下：将互联网传来的数据包解密，依据银行系统内部的通信协议重新打包数据，接收银行系统内部反馈的响应消息；将数据转换为互联网传送的数据格式，并对其进行加密。支付信息必须通过支付网关才能进入银行支付系统，进而完成支付结算活动。支付网关的建设关系着支付结算及银行自身的安全，必须十分谨慎，需要由收单行授权，再由认证机构发放数字证书，方可参与网上支付活动。

认证机构（Certificate Authority，CA）接受客户开户行和收单行的委托，为参与的各方发放数字证书，确认各方的身份，保证网上支付的安全性，它必须是参与交易各方都信任的第三方中立组织。

（2）支付工具

电子支付中客户拥有的、银行发行的电子支付工具，包括银行卡、电子现金、电子支票等。其实质是通过网络模拟传统现金交易的支付方式，可以模拟转账、汇兑、委托收款等业务，而且还在不断地创新。

（3）支付协议

支付协议是对公用网上支付信息的流通规则及安全性负责的合约。一般不同的支付对应不同的协议。支付协议对交易中的购物流程、支付步骤、支付信息的加密、认证等方面做出规定，以保证在网上交易的双方能快速、有效、安全地实现支付与结算。目前在电子支付中常用的支付协议有：安全套接层（Secure Sockets Layer，SSL）协议和安全电子交易（Secure Electronic Transaction，SET）协议。

2. 电子支付系统的功能

（1）实现对各方的认证

网上交易商场是一个虚拟的、开放的市场，为保证交易的安全性，电子支付系统可以通过认证机构或注册机构对网上参与交易活动的各方发放数字证书，并在交易过程中使用数字签名来进行身份的有效性认证，以防止交易欺诈。

（2）实现对数据的加密

网上交易传输的信息都是关于各方身份、交易内容、资金等的私密内容，为了防止这些信息泄露，电子支付系统可以使用私有密钥加密法和公开密钥加密法进行信息加密与解密，并采用数字信封、数字签名等技术来加强数据传输的保密性，以防止未被授权的第三者获取信息的真正含义。商家一般可以利用加密和消息摘要算法进行数据的加密，以确保数据的完整性。

（3）确保业务的不可否认性

在交易过程中双方出现纠纷时，如果某一方对交易情况予以否认，如客户对他所发购买消息的否认、支付金额的否认，以及商家对他接收订单的否认等，就会使另一方的权益受到威胁。电子支付系统可以采用数字签名等技术保证业务的不可否认性。

（4）确保数据的完整性

在网上传输交易信息的过程中，数据有可能被未授权者非法篡改，为保护数据完整无缺地到达接收者，电子支付系统可以采用消息摘要算法以确保数据的完整性。

（5）支持多方交易

由于网上交易牵涉客户、商家和银行等多个对象，商家只有确认了订单信息后才会继续交易，银行也只有确认了支付信息后才会支付相应金额，因此，买卖信息与支付结算信息的传送必须连接在一起。同时，商家不能读取客户的支付信息，银行不能读取商家的订单信息，电子支付系统可以采用双联签字等技术来处理这种交易中多边支付的问题。

4.1.3　电子支付方式

传统的支付方式无法适应新型的商务形态，电子支付方式以其便捷、高效的优势越来越受到消费者的欢迎。本节介绍的电子支付方式，包括网上支付、移动支付、销售网点终端支付、自动柜员机支付等几种常见的电子支付方式和其他电子支付方式。

1. 常见的电子支付方式

（1）网上支付

网上支付是指用户通过互联网实现的资金转移，也称互联网支付。网上支付采用先进的技术通过数字流转来完成信息传输，客户和商家足不出户即可完成交易。网上支付的手段主要有银行卡网上支付与第三方网上支付。

① 银行卡网上支付。银行卡网上支付是指通过商业银行提供的银行卡为网上交易的客户提供电子结算的手段。客户先向银行申请银行卡并开通网上支付；在网站购物或消费时，通过网站提供的接口，进入网银在线支付页面；使用开通了网上支付功能的银行卡，单击立即支付后，输入银行卡号及验证码；按照提示进行操作即可在银行支付系统中进行交易付款，将消费金额转入商家对应的银行账户。银行卡网上支付具有方便、快捷、高效、经济、安全、可靠的优势，是目前应用广泛的电子支付模式。

② 第三方网上支付。第三方网上支付是指具备一定实力和信誉保障的第三方独立机构采用与银行签约的方式，提供与银行支付结算系统接口的交易支持平台的网上支付方式。有关第三方支付的内容我们将在本章第 3 节中重点介绍。

（2）移动支付

移动支付（Mobile Payment），是指用户使用移动终端设备（包括智能手机、掌上电脑、移动 PC 等）为载体进行支付的一种支付方式。移动支付允许用户借助其移动终端对所消费的商品或服务进行款项支付，同时允许单位或个人通过移动设备、互联网或者近距离传感，以直接或间接的方式向银行发送支付指令，进而进行货币支付与资金转移。整个移动支付价值链包括移动运营商、支付服务商（如银行、银联等）、应用提供商（如公交、校园、公共事业等）、设备提供商（如终端厂商、卡供应商、芯片提供商等）、系统集成商、商家和终端用户。

根据移动支付的使用场景，移动支付可以分为近场移动支付和远程移动支付两类。近场移动支付也称为近端支付，是指通过带有支付功能的手机和其他设备，实现购物、签到、刷公交卡、支付门票价款等功能；远程移动支付是指通过手机上的 App（如支付宝等）直接支付的功能，输入账号、密码来完成支付。按照业务模式和产品形态的不同，远程移动支付还可以进一步分为手机银行、手机钱包、终端 POS 机、手机圈存以及手机一卡通等。

学习思考

近场移动支付的方式都有哪些？刷脸支付和指纹支付属于此类吗？

手机是目前移动支付中使用最普遍的移动设备，利用手机进行支付的支付方式称为手机支付。移动支付系统为每个移动用户建立一个与其手机号码关联的支付账户，为移动用户提供了一个通过手机进行交易支付和身份认证的途径。另外，类似公交卡、校园卡等能够进行刷卡支付的支付工具也都属于移动支付的范畴。

（3）销售网点终端支付

销售网点终端支付是指通过销售场所的 POS 机实现电子资金转账的电子支付方式。POS 机是一种多功能终端，可被安装在信用卡的特约商家和受理网点中与计算机联成网络，为客户提供现场购物刷卡服务，实现电子资金的自动转账。销售网点终端 POS 机具有消费预授权、查询支付名单等功能，避免了验钞、找零等手续，使购物方便、安全、快捷。

（4）自动柜员机支付

自动柜员机支付是指通过商业银行的自助银行系统与银行的网络完成资金转账的支付方式。自动柜员机是一种高度精密的机电一体化装置，利用磁性代码卡或智能卡实现金融交易的自助服务，代替银行柜面人员的工作。自助银行借助 ATM 等设备为客户提供实时的现金支取、资金转账等金融服务，还可以完成现金存款、存折补登等工作。自动柜员机支付是被消费者较早接受的电子支付方式，并且在大中型城市中已经得到普及。

2．其他电子支付方式

随着网络的发展，越来越多的新型电子支付方式应运而生，如电视银行就是目前正在发展中的电子支付方式之一。电视银行是依托数字电视运营商的双向数字网，是以有线电视机与机顶盒作为客户终端，以电视遥控器作为操作工具的"家居银行"。通过技术创新，增加浏览器软件二次加密技术，保证了客户信息的安全，解决了跨系统、跨网络的数据安全问题，使广大市民在欣赏电视节目的同时，足不出户就可以享受费用交纳、电视购物、资金转账等现代金融服务。

案例讨论

"刷脸支付有望迎来大规模"商用

作为人脸识别技术广泛应用的一种方式，"刷脸"支付在2018年全面提速商用，正不断融入日常生活。2019年以来，随着AI技术的不断落地，以"刷脸"支付为代表的生物支付将成为主流，并有望在实体店里迎来大规模商用，"靠脸吃饭"的时代或许为时不远。

"刷脸"支付在我国多地开始实施，有"刷脸"功能的自助收银机在零售、餐饮、医疗等大型商业场景中得到使用。与扫描二维码等移动支付方式相比，"刷脸"支付的使用更为方便，效率更高，确实解决了一些现有的痛点问题。

尽管如今移动支付已经相当普及，但在线下场景，用户常会遇到不方便掏手机的时候，如手里拿着很多东西、抱着孩子等，或者在用户忘带手机、手机没电等情况下，"刷脸"支付能够为用户提供更便利的选择方式。

而从商家角度来看，"刷脸"支付降低了人力成本，提高了一定的支付效率。

对于用户普遍关心的安全性问题，业内专家认为，"刷脸"相比指纹支付，安全性能更为可靠。蚂蚁金服资深算法专家李亮表示，通过软硬件的结合，智能算法与风控体系综合保证准确性和安全性，目前识别的准确率为99.99%。

分析：

在当下的人工智能大潮中，人脸识别技术是最早走向应用的技术之一。其应用场景日益丰富，并不断刷新着人们的想象力。应用场景的丰富和行业需求的高涨，使得人脸识别技术能够在更多行业落地。不过，相比其他"刷脸"应用的普及程度，"刷脸"支付的商业化进程则略显滞后，难点在于支付环节的应用安全性要求更高、线下场景更为复杂，以及对公开环境、公共设备的挑战更大。

资料来源：36氪。

4.2 电子支付工具

电子支付工具是信息社会必不可少的支付工具，它由传统的支付方式衍生而来，依附于非纸质电磁介质存在，通过计算机网络系统以传输电子信息的方式进行电子数据交换来实现支付。如今，传统的现金支付已经"退居二线"，各种电子支付工具成为人们日常消费的主要支付工具。本节主要介绍信用卡、电子支票、电子现金等电子支付工具。

4.2.1 信用卡

信用卡于1915年起源于美国，至今已有100多年的历史。最早发行信用卡的机构并不是银行，而是一些百货商店、餐饮店、娱乐公司和汽油站。美国的一些商店、餐饮店为招徕顾客，推销商品，提高营业额，有选择地在一定范围内发给顾客一种类似金属徽章的信用筹码（后来演变成为用塑料制成的卡片），作为顾客购货、消费的凭证，开展了凭信用筹码在本商店、公司或汽油站购货的赊销服务业务，顾客可以在这些发行信用筹码的商店及其分号赊购商品，约期付款。这就是信用卡的雏形。

1951年，美国富兰克林国民银行向其客户发行了一种卡片，这种卡片记录着顾客的账户及存款数额，顾客可以用这种卡片在当地的零售商店进行交易。这种支付方式深深受到顾客的喜爱，其他银行纷纷效仿。

信用卡只要求持卡人在既定的结算日前将债务全部归还，并不收取费用和利息。

1. **信用卡的概念**

"信用"一词来自英文单词 credit，它具备信用、信誉、贷款、信任及声望等含义。信用卡是由银行向资信良好的个人和机构签发的一种信用凭证，持卡人可以在银行特约商场、饭店及其他场所中购物、消费和向银行存取现金。

信用卡一般是长85.60毫米、宽53.98毫米、厚1毫米（尺寸大小由 ISO 7810、7816系列标准规定），正面印有发卡银行名称、有效期、号码、持卡人姓名等内容，背面有磁条、签名条的用特殊塑料制成的卡片。我国几乎所有的商业银行都发行各自的信用卡，如中国建设银行的龙卡、中国工商银行的牡丹卡、中国农业银行的金穗卡、中国银行的长城卡、中国邮政储蓄银行的普卡等。

2. 信用卡的特点

信用卡将支付与信贷融为一体，按照性质与功能可划分为：借记卡——先存款，后支用；贷记卡——先消费，后还款；综合卡——结合两种功能的卡，偏重"借记"。其主要特点如下。

（1）享有资金上的优惠。信用卡不需要提前存款即可消费，享有 25～56 天的免息期，按时还款不收利息；消费金额可以积分，并有礼品赠送；持卡在银行的特约商家消费，可享受折扣优惠。

（2）易于携带，使用方便。信用卡小巧轻薄，不易损坏，便于携带，还可通过联网设备进行在线刷卡记账、POS 机结账、ATM 取款等，全国通行无障碍。

（3）积累个人信用。用户在还信用卡贷款的过程中能够积累个人信用。

（4）安全性强。信用卡支付使用公钥系统、消息摘要、数字签名等技术，保护信息不被泄露、丢失与篡改，安全系数比较高。每月可免费邮寄对账单，让用户掌握自己的每笔消费支出。

信用卡是目前电子支付中常用的工具。信用卡方便、快捷、安全的支付方式为它的推广和普及打下了良好的基础，信用卡的出现使人们的结算方式、消费模式和消费观念发生了改变。

3. 信用卡的支付流程

信用卡支付流程中的参与者包括：发卡行，即向持卡人签发信用卡的银行；收单行，即接收商家账单并向商家付款的银行；信用卡组织，由于发卡行和收单行往往不是同一家银行，需要通过信用卡组织的国际清算网络进行身份信息的认证及授权信息的传递，如 VISA 国际组织等。

信用卡的支付流程如图 4-2 所示。

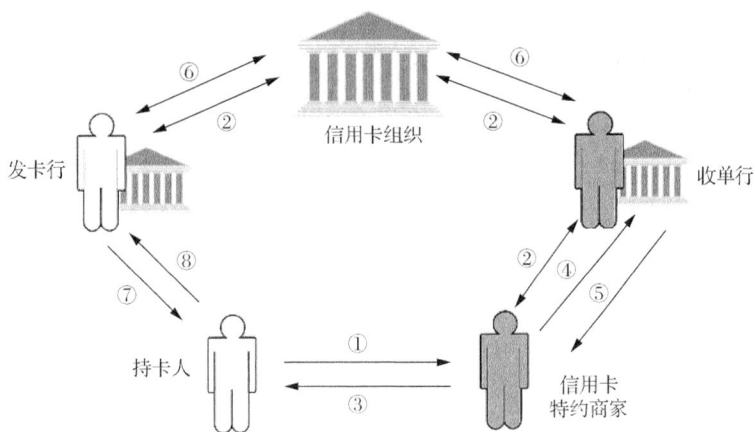

图 4-2 信用卡的支付流程

从图 4-2 中可以看出，信用卡的支付流程共有 8 个环节，具体如下：①持卡人到信用卡特约商家处消费。②特约商家向收单行要求支付授权，收单行通过信用卡组织向发卡行要求支付授权。③特约商家向持卡人确认支付及支付金额。④特约商家向收单行请款。⑤收单行付款给特约商家。⑥收单行与发卡行通过信用卡组织的清算网络进行清算。⑦发卡行向持卡人发送账单。⑧持卡人付款。

4.2.2 电子支票

电子支票是纸质支票的电子替代物，它与纸质支票一样是用于支付的一种合法方式，完成与纸质支票相同的结算功能，在提高结算速度、减少处理成本和增强安全性方面有着纸质支票无法比拟的优势。

1. 电子支票的概念

电子支票（Electronic Check）是支票的新形式，是由客户向收款人签发的、无条件的数字化支付指令，是通过 Internet 或无线接入设备来完成钱款从一个账户转移到另一个账户的电子付款形式。电子支票的支付是凭借商家与银行相连的网络以密文传递的方式完成的。电子支票是电子银行常用的一种电子支付工具。

电子支票的签发人需要在网络上生成一张电子支票，其中包含支付人姓名、支付金融机构名称、支付人账户名、被支付人姓名、支票金额。像纸质支票需要本人签名一样，电子支票需要经过数字签名，然后通过网络以电子函件形式发送给收款人。收款人从电子邮箱中取出电子支票，并用电子签名签署收到的证实信息，再通过电子函件将电子支票送到银行，银行使用数字凭证确认支付者和被支付者的身份、支付银行及账户，就可以使用签过名和认证过的电子支票进行账户存储。

2. 电子支票的特点

电子支票是一种适合用于网上支付的电子结算工具，其特点如下。

（1）易于接受。电子支票与传统支票工作方式相同，因而易于理解，能够被迅速采用。

（2）节省时间。电子支票的发行不需要填写、邮寄或发送，而且处理起来也很方便。商家将电子支票即时发送给银行，由银行为其入账。同时，电子支票减少了支票被退回的次数，因为商家在接收前，会先得到客户开户行的认证，可节省时间。

（3）安全性更强。加密的电子支票使它们比基于公共密钥加密的数字现金更易于流通，买卖双方的开户银行只要用公共密钥认证支票即可，数字签名也可以被自动验证，解决了传统支票中大量存在的伪造问题。电子支票也不容易丢失或被盗，不仅支付的时候不必担心发生这样的情况，而且即使被盗，接收者同样可以要求支付者停止支付。

（4）适用范围广。电子支票适用于各种市场，可以很容易地与 EDI 应用结合，尤其适用于 B2B、B2G 等大额电子商务交易。

（5）具有第三方收益性。第三方金融机构不仅可以从交易双方收取固定交易费用或按一定比例抽取费用，它还可以以银行身份提供存款账目，且电子支票存款账户很可能是无利率的，因此给第三方金融机构带来了收益。

4.2.3 电子现金

电子现金（Electronic Cash）自 1982 年由大卫·乔姆（David Chaum）提出以来，已经是一种比较成熟的电子支付手段，它从根本上改变了纸币在安全性、方便性和隐私性方面的缺陷，开辟了一种全新的货币流通形式。

1. 电子现金的概念

电子现金是纸币现金的电子化，是指那些以电子形式储存并流通的货币，它可以直接用于电子购物。用户只要在开展电子现金业务的银行开设账户并在账户内存钱，就可以在接受电子现金的商店购物了。

2. 电子现金的特点

电子现金是以数据形式流通的在线即时支付工具，包括商家、用户、银行三个主体，以及初始化协议、提款协议、支付协议、存款协议四个安全协议，适用于通过网络进行支付的小额交易。其特点如下。

（1）货币价值性。电子现金与纸币一样，代表了一定的货币价值，可用于网上交易。

（2）可转移性。电子现金作为一种支付结算方式，可以在消费者、银行与商家之间转移，促使交易实现；也可以和其他电子现金、纸币、货物或服务、信用贷款银行存款、银行票据或契约等进行交换。

（3）安全性。电子现金的复制或重复使用可以被预防或检测到，因此电子现金不容易被复制或篡改。

（4）协议性。应用电子现金要求银行和商家之间有协议和授权关系。

（5）依赖性。消费者、商家和电子现金银行都需使用电子现金软件，形成的电子现金应当存储于一个不可修改的专用设备中，并且其安全性必须由电子现金自身使用的各项密码技术来保证。

（6）不可重复性。电子现金和纸币一样，只能支付一次。对电子现金的复制和重复使用很容易被发现。

（7）匿名性。电子现金与纸币一样，具有匿名性，买卖双方在使用电子现金时不用暴露自己的身份，其转移过程不可跟踪；即使银行和商家相互勾结，电子现金的使用也无法被跟踪，从而防止泄露电子现金用户的购买历史。

（8）可分解性。这是电子现金与纸币的一个重要区别。电子现金不仅可以作为整体使用，还可以根据交易双方达成的支付协议上的金额部分多次使用，只要各部分的面额之和与原电子现金面额相等即可。

（9）支付快捷方便。电子现金用于小额零星支付，具有纸币的基本特点，又由于和网络结合而具有互通性、多用途、支付快捷方便等特点。在网上交易中，电子现金比银行卡更为方便。

需要注意的是，虽然电子现金使用起来具有方便、灵活、费用低的优点，但存在着不利于追踪违法用户、用户承担的风险较大等问题。

4.2.4　其他电子支付工具

除了以上几种常见的电子支付工具外，随着市场竞争的日益激烈、网络技术的不断发展，一些新型的电子支付工具逐渐涌现，如储值卡、虚拟卡等。

1. 储值卡

储值卡（Value Card），又称预付卡、消费卡、智能卡、积分卡等，是发卡银行或者其他经中央人民银行认可有权发卡的企业单位将持卡人预先支付的货币资金转至卡内储存，交易时直接从卡内扣款的电子支付卡片。图 4-3 所示为各种储值卡。

图 4-3　各种储值卡

储值卡正在不断发展与创新，使用领域越来越广。除了银行发行的储值卡外，还有电信行业发行的移动、联通手机卡；商场、超市，以及餐饮、娱乐、美容、理发等商业机构发售的优惠卡、购物卡、会员卡、加油卡等；事业单位发行的公交 IC 卡、水费卡、天然气费卡、电费卡、医疗卡、社保卡等；不销售商品或提供服务的机构发行的第三方机构储值卡等。

储值卡应用范围广泛、灵活多样，但是安全性较差，对发行计划、管理模式、风险控制等的监管还不规范，如果发卡方倒闭，消费者权益会受到损害。

2. 虚拟卡

虚拟卡是互联网服务提供商为了方便消费者网上购物（包括购买实体物品和增值服务）而设立的虚拟账户，代替实物卡片成为电子商务中重要的支付工具。一些知名的网络服务商纷纷推出了自己的虚拟货币，如腾讯的 Q 币、百度的百度币、新浪的 U 币等，虚拟卡作为网络虚拟货币的载体，使用账户中的虚拟货币进行网上消费。

4.3 第三方支付

4.3.1 第三方支付概述

第三方支付主要是为了解决虚拟市场上买卖双方的信用问题而产生的一种新型网络支付方式。在早期，支付问题是电子商务发展的瓶颈之一，卖家不愿先发货，怕货发出后不能收回货款；买家不愿先支付，担心支付后拿不到商品或商品质量得不到保证。博弈的结果是双方都不愿意先冒险，网上购物无法进行。而第三方支付平台的出现，完美地解决了这一难题。

第三方支付概述

第三方支付平台是买卖双方在缺乏信用保障或法律支持的情况下的资金支付"中间平台"。第三方支付本质上是一种支付中介，扮演着代替收款人向付款人收取款项，并最终将款项支付给收款人的角色。在使用第三方支付的交易中，消费者选择商品并进行支付，将相应的货款交到第三方支付平台，由第三方支付平台通知商家发货，消费者在收到货检验无误后就可以通知第三方支付平台将货款打给商家。第三方支付平台需要与各个银行都签订相应的协议，帮助第三方机构和银行进行信息与数据的相互确认。第三方支付平台在消费者、商家、银行之间建立了一个支付流程，确保电子商务的安全有效运行。第三方支付流程如图 4-4 所示。

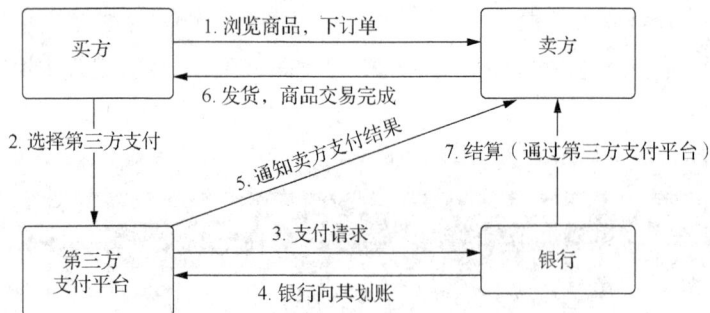

图 4-4 第三方支付流程

第三方支付大致可分为两种模式。一是支付网关模式，第三方支付网关是完全独立的网站，由第三方投资机构为网上签约商家提供围绕订单和支付等多种增值业务的共享平台。此模式下，消费者并不是其客户，网站商家和银行才是它的客户，消费者最终还是要使用网上银行进行付款。这种模式以首信易支付、百付通、腾讯财付通为代表。二是账户支付模式。此种模式的买家和卖家在同一个支付平台上开设账户，买家选购商品后，通过平台在各个银行的接口，将购买货物的货款通过网络转账到平台的账户上，支付平台收到货款之后通知卖家发货，买家收到货物之后再通知支付平台付款给卖家，支付平台这时才把钱转到卖家的账户上。这种模式以支付宝、贝宝为代表，一定程度上增加了网民对网上购物的可信度，减少了网络交易欺诈。

目前我国主要的第三方支付平台有支付宝、微信、百度钱包、拉卡拉等，其中支付宝支付和微信支付是最为常用的第三方支付方式，下文将分别进行介绍。

4.3.2　支付宝支付

支付宝（Alipay）（中国）网络技术有限公司（以下简称"支付宝"）是国内独立的第三方支付平台，由阿里巴巴集团创办，致力于为我国电子商务提供"简单、安全、快速"的在线支付解决方案。支付宝从 2004 年建立开始，始终以"信任"作为产品和服务的核心，旗下有"支付宝""支付宝钱包"两个独立品牌。2013 年，余额宝上线，"双 11"期间支付宝交易量增加，手机交易量突破100 多亿次。2013 年 11 月 30 日，12306 购票网站和支付宝合作，支付宝新增购买车票业务。自 2014年第 2 季度开始，支付宝成为全球最大的移动支付平台之一。

2018 年 8 月 21 日，支付宝官方微博、蚂蚁金服安全中心官方微博宣布，支付宝延时到账功能全面升级，使用户被骗的资金有望追回。截至 2018 年 4 月，支付宝的注册用户有 8.7 亿人之多。这是支付宝第一次公布其用户数量。根据易观此前公布的数据，2017 年年末，支付宝以大约 44.51%的份额领先于其他支付平台。根据其之后的报告，在 2019 年第 3 季度移动支付市场中，支付宝市场份额占比为 53.58%。

支付宝在覆盖绝大部分线上消费场景的同时，也正在大力拓展各种线下场景，包括餐饮、超市、便利店、出租车、公共交通等。2016 年支付宝与华为合作，在 P9 手机上推出了扫码秒付的功能。同年，支付宝与上海市第一人民医院合作实现医保结算功能。2017 年，支付宝和复旦大学附属华山医院在上海推出第一家"信用就医"。2017 年 4 月，支付宝开始与共享单车合作，用户使用支付宝扫一扫便可骑行共享单车。2018 年 12 月，上海、杭州、宁波三地地铁自由来往，用户用支付宝可以在这三个城市支付。除了为国内用户提供服务之外，支付宝还为全球商户提供专业网上支付方案，业务范围涵盖实物海淘、国际航旅、退税、留学交费等多种应用场景。2018 年 10 月 4 日，支付宝发布 40 个境外扫码支付目的地。境外支付目的地包括 10 个机场、10 个商圈、10 个中国城、10 个奥特莱斯。2019 年 11 月 5 日，支付宝向外国游客开放使用权限。游客一次充值就可以在 90 天内使用支付宝应用，而不需要使用当地的银行账号或手机号码。

在金融理财领域，支付宝为用户购买余额宝、基金等理财产品提供支付服务，2017 年 1 月，余额宝总规模已突破 8 000 亿元，用户人数超 3 亿人。2019 年 8 月 23 日，天弘余额宝发布 2019 年半年度报告。报告显示，截至 2019 年 6 月 30 日，余额宝总份额为 1.03 万亿份，上半年共为客户赚 123.68 亿元。支付宝在电子支付领域以其稳健的作风、先进的技术、敏锐的市场预见能力及极大的社会责任感赢得银行等合作伙伴的认同。目前工商银行、农业银行、建设银行、招商银行、上海浦发银行等各大商业银行，以及中国邮政储蓄银行、VISA 国际组织等各大机构和支付宝建立了深入的战略合作关系，不断根据用户需求推出创新产品，支付宝因此成为金融机构在电子支付领域最为信任的合作伙伴之一。

4.3.3　微信支付

微信（WeChat）支付是腾讯公司和财付通联合推出的移动支付平台，通过微信支付平台，微信用户和商家可进行无现金的支付活动。2014 年 3 月，微信 5.0 版开放微信支付功能，使用户可以通过手机快速完成支付。微信支付以绑定银行卡的快捷支付为基础，向用户提供安全、快捷、高效的支付服务。微信支付不需要使用实体的银行卡和 POS 机，这样可以使支付和接收的过程更为简洁、便利。2015 年我国很多大型连锁超市、小型便利超市和快餐连锁都与微信支付达成合作共识。用户在超市或餐饮店无须现金即可进行支付。根据 2018 年 5 月 10 日国家互联网信息办公室发布的《数字中国建设发展报告（2017 年）》，2017 年我国全年信息消费规模达 4.5 万亿元，移动支付交易规模超过 200 万亿元，位居全球第一。作为国内最大的移动流量平台之一，微信 2017 年的登录人数达 9.02 亿人，比 2016 年增长了 17%，用户日均发送微信次数为 380 亿次。凭借其大量的用户，微信支付已经成为移动支付的重要组成部分。据《2018 微信年度数据报告》，2018 年，每天有 10.1 亿用户登录微信；日均发送微信消息达 450 亿条，较 2017 年增长 18%；每天音视频通话次数达 4.1 亿次，较上年增长 100%。

在微信 App 中，用户只要将自己的一张开通了网银的银行卡与微信的钱包绑定，并完成相应的身份认证，就可以将作为社交工具的微信软件变为具有支付、转账、提现等功能的钱包。

目前微信支付已实现刷卡支付、扫码支付、公众号支付、App 支付等方式，并提供企业红包、代金券、立减优惠等营销新工具，支持用户及商家的不同支付场景。微信通过扫描二维码获取交易数据并跟踪消费者行为，通过大数据分析以实现店铺的精准营销。这对商家和微信平台都非常有利。另外，跨境支付的时候，微信用户不再需要兑换外币，在结账时使用微信支付，系统将自动使用外币支付，省去了兑换货币的麻烦。

练习题

一、单选题

1. 以下属于传统支付方式的是（　　　　）。
   A. 储值卡　　　　　B. 现金　　　　　C. 虚拟卡　　　　　D. 电子现金

2. （　　　　）是指消费者、商家和金融机构三者之间通过网络进行的货币支付或资金流转。
   A. 网络交易　　　　B. 电子支付　　　　C. 即时支付　　　　D. 即时金融

3. （　　　　）就是允许用户使用其移动终端（包括智能手机、掌上电脑、移动 PC 等）对所消费的商品或服务进行款项支付的方式。
   A. 移动支付　　　　B. 电子支付　　　　C. 即时支付　　　　D. 电子支票

4. （　　　　）是一种高度精密的机电一体化装置，利用磁性代码卡或智能卡实现金融交易的自助服务，代替银行柜面人员的工作。
   A. POS 机　　　　　B. 掌上电脑　　　　C. 电子钱包　　　　D. 自动柜员机

5. （　　　　）是国内独立的第三方支付平台，由阿里巴巴集团创办，致力于为我国电子商务提供"简单、安全、快速"的在线支付解决方案。
   A. 支付宝　　　　　B. 储值卡　　　　　C. 微信支付　　　　D. 卡拉卡

二、多选题

1. 第三方网上支付大致可分为（　　　　）这两种模式。
   A. 支付网关模式　　B. 分期支付模式　　C. 信息支付模式
   D. 账户支付模式　　E. 借贷支付模式

2. 电子支付方式包括（　　　）。
    A. 银行卡网上支付　　　　　　　　B. 移动支付
    C. 第三方网上支付　　　　　　　　D. 销售网点终端支付
    E. 自动柜员机支付

3. 电子支付工具包括（　　　）。
    A. 电子支票　　　　B. 电子现金　　　　C. 信用卡
    D. 储值卡　　　　　E. 虚拟卡

4. 信用卡的特点包括（　　　）。
    A. 享有资金上的优惠　　　　　　　B. 适用范围广
    C. 易于携带，使用方便　　　　　　D. 积累个人信用
    E. 安全性强

5. 电子支付的特点包括（　　　）。
    A. 通信手段更加先进　　　　　　　B. 支付方式数字化
    C. 容易被窃取，不安全　　　　　　D. 开放的系统平台
    E. 复杂烦琐

三、名词解释

1. 电子支付
2. 信用卡
3. 电子支票
4. 电子现金
5. 移动支付

四、简答及论述题

1. 电子支付的特点主要有哪些？
2. 电子支付系统的基本构成有哪些？
3. 电子支付系统具有哪些功能？
4. 试论述第三方网上支付模式。
5. 试论述电子支票的特点。

案例讨论

阿里巴巴无人超市全体验

2017年7月8日，一个购物时不用掏钱包、不用掏手机也能完成支付的超市"淘咖啡"在淘宝造物节上开门迎客。

进店前的操作非常简单，掏出手机打开淘宝，扫一扫店外随处可见的二维码，进行身份授权（同意支付宝代扣等协议）即可生成一张入场码。该入场码5分钟内有效，过期作废。拿到入场码后，通过超市闸机即可入场。

顾客选购完毕后来到"支付门"前，门便会自动打开。但如果顾客没有选购商品，该门是不会打开的，这时就需要顾客从一旁的无购物通道离开。而带着商品从无购物通道离开，则会

触发警报，强行离开则会影响以后再次进入无人超市购物。如果该方案商用落地，不排除引入芝麻信用，损坏、盗窃都将对用户的信用造成消极影响。未来在无人超市、便利店的发展中，关系到的并非只有技术，整个社会的诚信环境也至关重要。

"支付门"打开后，顾客进入了一个"小黑屋"，屋里装满了摄像头和传感器。从第一道门打开到离店，整个过程需要5～6秒。在识别人和商品上，蚂蚁金服表示混合使用了计算机视觉和传感器感应技术，又叠加了一些非配合生物识别技术（"非配合"的意思是在用户无感知的状况下就能完成身份核实），以降低误判率。第二道门打开后，交易已经完成，淘宝随即生成订单，支付宝也显示了支付信息。整个过程中，支付悄无声息。

在无人超市的另一头，是售卖咖啡、饮料等非标商品的区域。顾客点单时通过人脸识别，然后告诉店员选择哪款饮料，之后店员再通过声纹识别确认，整个过程也无须支付，直接划扣。这个过程涉及会员账号打通、商品链路和支付方案。其中，支付方案是由蚂蚁金服技术实验室完成的。2016年年底，蚂蚁金服发布的VR支付技术，也出自这个实验室。

现阶段由于技术、成本等因素，无人超市的实际应用还存在各种各样的问题，蚂蚁金服相关人士表示："无人超市目前暂未投入商用。但是人类不能止于眼前的利益，还有远方和梦想。正如千百年来，我们对支付手段的不满，才造就了如今百花齐放的支付环境。我们有理由相信，完全无感的支付在未来可以成为现实。我们也期待，科技公司、金融机构未来在技术、商业模式上带来更多的支付创新。当然，这一切都得建立在足够的安全之上。"

资料来源：移动支付网。

思考讨论题

结合案例谈谈电子支付在新零售发展中的重要作用。

本章导读

订单履行与物流是决定企业电子商务成败的关键。本章在介绍电子商务订单的特点、履行程序以及电子商务订单履行支持技术的基础上，讲述电子商务物流的有关知识，包括电子商务物流概述、电子商务物流模式及电子商务物流配送等内容。

知识结构图

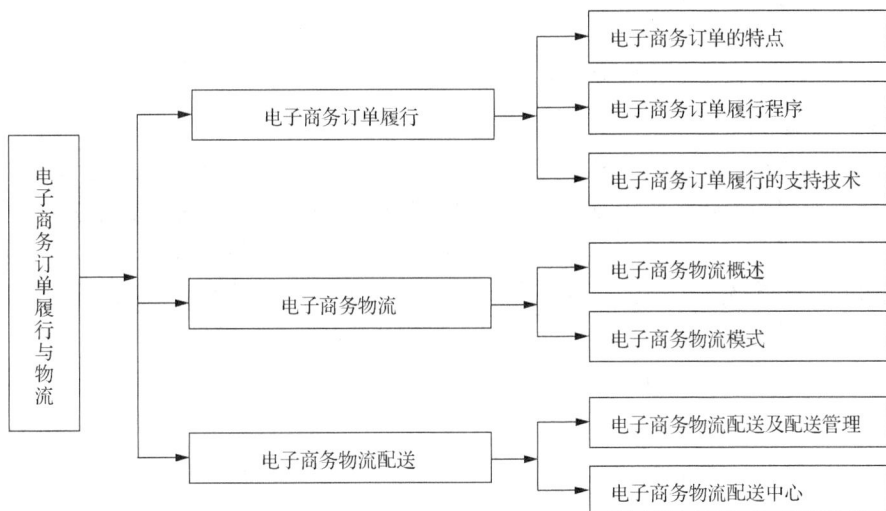

开篇引例

京东物流收购德邦或将开创双赢新局面

2022年3月13日，京东物流在港交所发布公告以89.76亿元收购德邦快递66.49%股份。双方将在快递快运、跨境、仓储与供应链等领域展开深度战略合作。

德邦物流成立于1996年，曾一度在国内快运市场叱咤风云。随着"互联网+"时代的到来以及电商的迅猛发展，快递行业疯狂成长，因此德邦物流从2018年开始对原有业务结构进行优化、并改名为德邦快递，全力拓展大件快递业务。然而，也正是这次转型，让德邦开始陷入颓势。随着市场同业竞争的愈发激烈，快递行业逐步通过大件快递、大件包裹，向快运领域攫取市场。高额的运营管理成本使德邦在近几年的市场竞争中逐步掉队，德邦陷入了困境。

对京东来说，此前快运网络方面一直是其较为薄弱的环节，德邦作为快运市场中曾经的零担之王，多年积累的优势以及运营经验、底蕴、车辆、网点数都是京东迫切需要的。此外，德邦素有物流行业"黄埔军校"的美称，这也是京东所看重的。

京东物流长期深耕一体化供应链物流服务，在数智化升级、供应链技术研发与应用等方面具有强有力的竞争优势。同时，京东物流的商业洞察能力能够帮助德邦有效渗透一体化供应链物流服务，促进仓网规划、供应链技术的研发与应用，更为灵活、科学地提升综合运营效率，降低成本。

因此，此次收购对于京东物流和德邦来说，或将产生双赢局面。

资料来源：改编自2022年3月23日《中国城市报》官方账号。

5.1 电子商务订单履行

电子商务订单履行（Order Fulfillment）是指电子商务企业在接到客户订单后，将订单中的产品按时送达客户手中，并根据合同提供产品安装、操作培训及其他售后服务的过程。

5.1.1 电子商务订单的特点

当前，电子商务订单主要有以下特征。

1. 订单具有随机性

电子商务给客户购物带来极大的便利，客户可以不受时间、空间限制，随时随地下单购物。因此，电子商务订单具有按地域分布的随机性和按时间分布的随机性，这对电子商务订单履行提出了更高的要求。尤其是偏远地区的订单履行，这使电子商务企业的商品运输配送和售后服务能力面临考验；而如果遇到恶劣天气、节假日所下的订单，则要考虑订单执行速度是否能够满足客户需求。例如，"双 11"的节日促销，会导致淘宝、天猫出现短时间的订单堵塞，需要企业提前与客户沟通以取得客户的理解，避免发生纠纷。

2. 订单呈现多品种、多 SKU 的特点

库存单位（Stock Keeping Unit，SKU），也被称为存货单元，是计量库存进出的最小单位，可以件、盒、托盘等为单位。SKU 本是大型连锁超市配送中心物流管理的一个必要方法，现在被引申为产品统一编号的简称，电子商务物流中每种产品均对应唯一的 SKU 号。例如，纺织品中 SKU 通常表示规格、颜色、款式，一件衣服，有红色、黑色、蓝色，所对应的 SKU 编号应不同；如果 SKU 相同就会混淆，导致发错货。可见，尽管商品种类丰富可能为电子商务企业赚取更多收益，但多品种也会产生多 SKU 的情况，加大库存压力。因此，电子商务企业应注意在产品上线前正确制订 SKU 计划：对商圈环境进行分析判断，根据自己所擅长零售业态的市场定位、顾客的需求情况，判断未来的销售情况；然后根据运营过程，计划未来电子商务的发展状态，确定每一个品类 SKU 数量的基数。

3. 订单的响应时间紧迫

客户对物流配送的时效性要求越来越高，当日达或隔日达渐成主流趋势。响应时间在很大程度上影响着客户体验，而客户体验是影响订单履行成效的一个关键因素。配送效率除了与企业自身工作流程、设施设备有关，也受到外部环境的影响。目前，我国的电子商务物流园遍地开花，带来运输车辆集中进出问题，对整个城市交通运输造成巨大的压力，也直接影响电子商务的订单履行效率。比较合理的观点是，订单的响应时间应该符合成本优势和竞争优势，而不是越快越好。为了解决响应时间问题，很多电子商务企业建立了本地化的区域分发中心（Regional Distribution Center，RDC）以适应配送时间的要求，这具有明显的效果。

5.1.2　电子商务订单履行程序

电子商务的订单履行程序一般包括订单生成、订单处理、订单分拣、订单配送、售后服务与退换货等环节。

1. 订单生成

销售人员对订单进行录入，根据快速决策信息系统，针对客户订单的特点，对订单的经济效益、交货期等进行可承接性分析和审核。在必要时与合作伙伴进行沟通，共同评估订单承接风险，并决定是否需要展开协同设计与外包生产。如客户不满意交付周期，可取消订单。

2. 订单处理

确认订单后，如有库存，通知客户实施支付、结算。如无库存，生产企业则进入生产系统，如 ERP 系统、供应链管理（Supply Chain Management，SCM）系统、准时生产（Just In Time，JIT）系统组织生产，进行订单产品的加工；零售企业则进入采购系统进行采购。

3. 订单分拣

货物备好后，相关人员将其送达配送中心，完成检验、核对、清点、入库等操作，并安置储存；然后依据客户的订单要求或配送计划进行分拣和包装。货品分拣有两种典型的作业方式，分别是按时间顺序拣选和按路线拣选。目前许多配送中心采用第一种方式，其一般流程是：按顺序打印拣选单，管理人员将拣选单按一定数量分发给拣选人员，拣选人员再按单拣选。这种方式的最大问题是不能优化拣选路线，从而导致作业效率较低。而按路线拣选的方法采用波次技术，每天排定拣选路线时刻表，在每个时段仅处理一个或几个路线，并在一个波次下按照区域组单，然后进行拣选。显然，按路线拣选的效率较高。

4. 订单配送

货物分拣包装后，需要通过合理的运输、配送，才能最终到达客户手中。订单配送是按照订单要求完成货物从配送中心到客户的过程，一般按照区域和路线进行。

5. 售后服务与退换货

电子商务企业在售出产品后，要保证对客户提供远程支持，帮助他们顺利地安装、使用产品，同时还要保证客户在对产品不满意时能够方便地换货或退货。当前，也有一些商家联合当地的服务提供商向客户提供上门安装及使用指导服务，让用户"买得安心，用得省心"，这在很大程度上提升了客户对产品的体验、评价。一般来说，家电、家具等大件商品较适合这种服务。对于退货的处理，首先要考虑业务层面的处理。在物流层面，还存在退货上架的问题。采购退货主要是从配送中心到供应商的退货，其操作比较简单。

5.1.3　电子商务订单履行的支持技术

互联网技术、无线通信技术和动态优化技术的结合使物流过程的彻底重组成为可能，为重新设计订单履行系统提供了机会。这些技术中最主要的是连接性结构技术、供应链可视化技术和动态优化技术，它们可以帮助企业建立高效的电子订单履行网络。

1. 连接性结构技术

为实时管理供应链，企业需要拥有包括收集实时源数据的电子订单履行网络。收集实时源数据的手段主要有射频识别（Radio Frequency Identification，RFID）终端、条形码扫描仪、Web 表格、全球定位系统（Global Positioning System，GPS）、无线遥感等。连接性结构技术把不同的系统连接在一起，为信息传输提供了智能化支持。

2. 供应链可视化技术

供应链可视化技术涉及整个供应链中产品和信息移动的实时监测和例外提示，它就像一个订单履行网络的指挥与控制系统，可以发挥检测和控制的职能。供应链可视化技术可以帮助订单履行网络实施过程控制和全面质量管理。

3. 动态优化技术

由于电子订单履行周期的缩短，制订履行计划的时间也大大缩短。订单履行企业需要动态优化技术完成实时的重新制订计划、重新排序、重新确定优先级。

由于面临订单处理难度大、响应时效性要求高的问题，越来越多的电子商务企业关注到，引入自动化物流设备不失为一个有力举措。因为相比人工作业来讲，自动化设备具有准确、高效的优势，能够大幅提升订单履行效率。不过，考虑到自动化物流系统初期投入成本较高，电子商务企业需要把握好从人工作业到应用自动化物流系统的临界点，即企业究竟该用多少人、多少自动化设备。这需要借助强大的数据分析系统进行统筹控制。同时，电子商务自动化物流系统的应用关键在于设备导入之后的稳定性，如果设备不能持续稳定运行，将带来一连串"后患"，甚至会影响正常业务处理。因此，电子商务企业应按照发展规划，一步步导入自动化物流设备，不能一蹴而就。

5.2 电子商务物流

电子商务的发展给贸易方式、消费方式和服务方式带来了巨大的变化。这就要求包括物流、商流、资金流、信息流的电子商务物流体系的建设要适应电子商务的发展。2020 年我国电子商务交易额为 37.21 万亿元，比上年增长 4.5%。电子商务的发展为物流业的发展提供了空前的机遇。

5.2.1 电子商务物流概述

1. 物流的含义

根据《中华人民共和国国家标准物流术语》对物流的定义，物流是指物品从供应地向接收地的实体流动过程中，根据实际需要，将运输、储存、装卸、搬运、包装、流通加工、配送、信息处理等基本功能实施有机结合。

该定义强调了物流是一个由多种活动要素构成的过程，而不是只包括商品运输这一个环节。这可能与我们大多数人的认识不同。

2. 现代物流的功能要素与特征

（1）现代物流的功能要素

现代物流业是一个融合了运输业、仓储业、信息业等产业的复合产业，物流的功能也是由与物流活动相关的运输、仓储等各种活动共同实现的。因此，现代物流的功能要素包括运输、仓储、包装、流通加工、装卸、配送及传递物流信息等。各种物流的功能要素是物流功能实现的根本保证，各种功能之间不是独立的，而是相辅相成的，只有各种功能相互协调、有机结合才能有效提高物流效率，降低物流成本。

（2）现代物流的特征

随着现代物流技术和市场需求的不断发展，物流业取得了长足的进步。与传统的物流相比，现代物流具有如下特征。

① 物流反应快速化。激烈的市场竞争要求物流服务在速度上再上新台阶。物流服务提供者对上游、下游的物流、配送需求的反应速度越来越快，前置时间及配送间隔越来越短，物流配送速度越来越快，商品周转次数也越来越多。

② 物流功能集成化。现代物流着重于将物流与供应链的其他环节进行集成，包括物流渠道与商流渠道的集成、物流渠道之间的集成、物流功能的集成、物流环节与制造环节的集成等。物流功能的集成包含生产、管理和商务等方面，是一项综合性的系统工程。

③ 物流技术现代化。物流业的快速发展依赖于先进的技术与设备的使用和现代化管理手段的应用。计算机技术、通信技术、语音识别技术等在物流业中得到普遍应用，实现了物流系统的自动化、机械化、无纸化和智能化。此外，由于计算机信息技术的应用，物流服务的需求方与供给方之间的联系愈加密切，库存积压、延期交货等问题大量减少，物流的效率大大提高。

④ 物流过程绿色化。现代物流采用可降解材料制造包装；将托盘、包装箱、货架标准化，提高重复利用率；缩短供应链，减少包装材料的使用量。

⑤ 物流活动国际化。随着经济全球化的发展，企业面向的不再是地区的、国内的市场，而是全球市场，在全球范围内配置资源和销售产品与服务。

3. 电子商务与物流

电子商务的出现大大推动了物流产业的发展，物流业的快速发展也为电子商务的发展提供了有力的保障。

（1）物流在电子商务中的地位和作用

物流是实现电子商务的根本保证。在电子商务中，要在虚拟的网络卖场获得现实的物品，当然离不开物流。电子商务的发展带来了交易方式，特别是流通模式的创新。在电子商务的发展中，物流的作用至关重要。没有一个高效、畅通的物流体系，电子商务就难以发挥其独特的优势。

① 高效的物流体系保障了电子商务的市场范围。随着经济国际化的发展，尤其是我国加入世界贸易组织（World Trade Organization，WTO）后，电子商务更加重视跨区域物流，甚至是跨国物流。只有建立完善的物流系统，才能保障电子商务中跨国物流、跨区物流的顺利实现，真正扩大电子商务的市场范围。

② 物流支持电子商务的快速发展。通过互联网，电子商务中的信息流、商流和资金流的问题得到了更高效的解决。但只有将商品安全、及时、准确地送到消费者手中，电子商务过程才能完成。因此，物流系统效率的高低是电子商务成功与否的关键，只有不断地提高物流系统的效率，才能保证电子商务快速发展。

📚 **案例讨论**

"快递进村"工程助力"黔货出山"

2020年7月，贵州省启动"快递进村"工程，开始积极探索符合实际的"快递进村"模式，统筹利用邮政、快递、交通运输、电商等企业农村网络资源，采取邮快合作、快商合作、驻村设点、交快合作等模式进行推进，加快推进农村地区末端快递服务网络建设。截至2021年7月31日，贵州省共13 299个建制村中有9 020个实现了快递服务到村，覆盖率达67.82%。数据显示，2021年1月至7月，贵州省邮政快递业带动各类农产品外销1 870.40万件，带动农产品外销价值22.02亿元，为贵州省"黔货出山"提供了强大助力，为实现乡村振兴贡献强有力的行业力量。

分析：

"快递进村"工程的全速推进，完善了农村地区快递服务网络，把电子商务和农村快递站点有机融合，很好地解决了农村电子商务发展"最后两公里"的问题，让快递更好地融入农业生产发展，助力乡村振兴，直接带动了贵州农村产业发展。

（2）电子商务对物流业发展的影响

① 电子商务扩大物流业市场范围。电子商务是一场空前的商务革命，开辟了网上商业市场，给物流产业的发展提供了有力的市场保障。电子商务贸易没有地域与国界之分，互联网可以使处于全球任何地方的买卖双方快速达成交易，但买卖的成交最终要依赖物流。未来电子商务交易额将以数十倍的速度增加，物流量也将随之以这个速度递增。

② 电子商务带动物流实现信息化、自动化和智能化。电子商务能保证企业与客户间的即时沟通，这就要求物流系统中每一个功能环节的即时信息支持。在信息化的基础上，物流才能实现自动化，从而大大提高物流的效率。物流的智能化也已成为电子商务环境下物流发展的一个新趋势，电子商务的存在使企业可以寻求物流的合理化，使实体商品在从销售者到购买者的物流过程中达到效率最高、距离最短、时间最少的要求。

③ 电子商务改变物流企业的竞争状态。电子商务时代，物流企业的竞争状态发生了变化。以往物流企业之间的关系是单纯的竞争关系，各个物流企业为了在竞争中生存，所采取的往往是压缩物流成本、提高服务水平等手段。在电子商务时代，商品交易突破了时间与空间的限制，这就需要建立一个全球性的物流系统来保证商品顺利流通，单个物流企业很难满足这一要求。在这一前提下，物流企业的关系将由以前的单纯竞争转化为协作竞争，通过协作满足全球化物流的需求。

④ 电子商务促进了物流设施的改善和技术水平与管理水平的提高。基础设施建设是物流业提高效率的基础，但是仅有基础设施是不够的。电子商务高效率和全球性的特点也要求物流业要全面提高技术水平和管理水平。只有基础设施、技术水平与管理水平协调发展，才能确保物流的畅通，实现物流的合理化和高效化，促进物流的发展。

5.2.2 电子商务物流模式

电子商务物流模式是指在电子商务环境下的企业物流方式的选择，包括企业自营物流、第三方物流和创新型物流模式。

1. 企业自营物流模式

（1）自营物流的含义

企业自营物流即企业自己开展物流活动。在电子商务发展的初期，电子商务

电子商务物流模式

企业规模不大，从事电子商务的企业多选用自营物流的方式，自行组建物流配送系统，经营管理企业的整个物流运作过程。在自营物流模式下，企业会自建仓库、组建运输车队，也会向仓储企业购买仓储服务，向运输企业购买运输服务，但是这些服务都只限于一次或一系列分散的物流功能，而且是临时性的纯市场交易的服务。

（2）自营物流的优势

① 掌握控制权。企业自营物流，可以对物流活动的各个环节进行有效的调节，对企业整体的物

流运作系统进行全程控制；能够快速、准确地取得整个供应链及最终顾客的第一手信息，及时解决物流活动过程中出现的问题，实现企业内部物流及外部物流的协同管理。

② 避免泄露商业机密。企业在正常的生产与运营过程中，都会存在一些不愿向外公开的商业机密，如原材料的构成、生产工艺等，这些商业机密是企业构建不同于竞争对手的核心竞争力的根本。企业将物流业务外包给第三方物流供应商，尤其是生产环节中的内部物流外包，就可能会导致商业机密外泄，削弱企业的竞争能力。因此，很多企业为了防止商业机密外泄，选择自营物流模式。

③ 降低交易成本。选择物流外包，企业很难全面掌握第三方物流服务提供商的完整、真实的信息。选择自营物流，企业自己完成物流业务，可以通过内部行政权力控制原材料的采购和产成品的销售，而不必与物流供应商进行运输、仓储、配送和售后服务等问题的谈判，减少交易结果的不确定性，降低交易风险，减少交易费用。

④ 提高企业品牌价值。企业选择自营物流，自主控制生产经营中的物流环节，可以更近距离地与顾客接触与沟通，使顾客了解企业、熟悉产品，进而提升企业形象；同时，企业自营物流可以掌握最新、最全面的市场信息和顾客的动向，从而及时调整经营战略方案，增强企业的竞争力。

（3）自营物流的劣势

① 资源配置不合理。运输和仓储是物流活动最主要的环节，企业自营物流必须具备与生产能力相符的运输能力和仓储容量。企业为了维持物流系统的运转，需要花大量的人力、财力及物力，这必然会减少企业其他重要环节的投入资金，分散企业的资本，削弱企业的市场竞争能力，不利于企业抵御市场风险。

② 企业物流效率低。相对于第三方物流公司提供的专业化物流服务而言，企业自己开展物流活动的效率较低。通常来看，物流并不是企业所擅长的活动，再加上缺乏专业的物流工具与技术，以及物流管理水平相对低，导致企业的物流活动效率低。

③ 物流成本较高。企业自营物流，物流规模较小，专业化程度低，很难形成规模效应，这导致物流成本过高。物流成本是产品总成本的一部分，尤其在我国的企业中，物流成本居高不下导致产品成本升高、企业市场竞争力降低是很常见的现象。

2. 第三方物流模式

（1）第三方物流的含义

《中华人民共和国国家标准物流术语》将第三方物流定义为："由供方与需方以外的物流企业提供物流服务的业务模式。"第三方物流是相对于"第一方"发货人和"第二方"收货人而言的，是指由发货人和收货人之外的第三方来完成物流服务活动，满足物流服务需求的物流运作模式。第三方物流提供商通过与第一方或第二方的合作来提供专业化的物流服务，其不拥有商品所有权，不参与买卖过程。

第三方物流的产生是社会分工的结果。随着信息技术的发展和经济全球化趋势日益明显，越来越多的企业在全球范围内从事商品的生产流通活动，物流活动日益繁杂，原有的自营物流模式已很难满足经济社会对物流服务的需求。此外，在新型管理理念的影响下，各企业为增强市场竞争力，将企业的资源投入其核心业务上，而许多非核心业务从企业生产经营活动中分离出来，其中就包括物流活动。因此，越来越多的企业选择将物流业务委托给第三方专业的物流公司负责。

（2）第三方物流服务的内容

第三方物流企业可以提供多种服务，既可以是简单的货品存储、运输等服务，也可以是复杂的物流设计、实施和运作乃至建设整个物流体系等服务。到底提供什么样的服务取决于客户的具体需求。

① 基本业务。第三方物流企业通过自建或整合外部物流资源，向顾客提供诸如仓储、运输、装卸搬运、配送等基本物流服务，这类服务是第三方物流企业的基本业务。

② 附加值业务。除基本业务外，第三方物流企业还可为客户提供附加值业务。其附加值业务主要是仓储、运输、配送等基本物流服务的延伸。例如，在提供仓储服务的基础上增加商品质检、自动补货等服务；在提供配送服务的基础上增加集货、分拣包装、贴标签等服务；在提供运输服务的基础上增加运输方式和运输路线选择、配载，以及运输过程中的监控、跟踪等服务。

③ 高级物流服务。随着市场对物流需求的变化，第三方物流企业还可为客户提供从供应链角度对物流进行一体化整合和集成等高级服务，如库存管理与控制、采购与订单处理、构建物流信息系统、物流系统的规划与设计、物流系统诊断与优化等。

（3）第三方物流的特征

① 个性化服务。每个物流服务需求者对物流服务的需求都是独特的，这就要求第三方物流企业为其提供个性化的物流服务。第三方物流企业应从客户的具体需求出发，选择和组合仓储、运输、包装、配送、信息处理、流通加工等物流活动，并根据所运产品的特点选择运输工具、运输路线、堆放方式、包装方法等。

② 专业化服务。第三方物流企业是专门为客户提供专业化的物流服务的企业。其服务的专业化表现在物流设施的专业化、物流技术的专业化、物流管理的专业化及物流人才的专业化等方面。这既是客户对第三方物流企业的要求，也是第三方物流企业发展的基本要求。

③ 系统化服务。物流服务是复合型服务，只能提供运输、仓储等单一性服务的企业不能称为物流企业。第三方物流企业必须能为物流服务的需求者提供包括基本业务、附加值业务乃至高级物流服务在内的各种服务。

④ 信息化服务。信息技术是第三方物流企业发展的基础。在物流服务过程中，信息技术的发展实现了数据的快速、准确传递，也提高了仓库管理、装卸运输、采购、订货、配送发运、订单处理的自动化水平，极大地提高了物流效率。第三方物流企业常用的信息技术有 EDI 技术、地理信息系统（GIS）、全球卫星定位系统（GPS）、智能交通系统（ITS）等。

📖 **学习思考**

为什么绝大多数电商平台都选用第三方物流，而京东却坚持自营物流模式？

---

3. 新型物流模式

（1）第四方物流

① 第四方物流的含义。

1998 年，美国埃森哲咨询公司提出了第四方物流的概念。第四方物流企业与第一方物流企业、第二方物流企业及第三方物流企业的最大不同在于，它本身不承担具体的物流活动，它是一个供应链的集成商，通过调配和管理企业自身，以及具有互补性的服务供应商的资源、能力和技术，为客户提供一整套综合的供应链物流解决方案。

② 第四方物流的特征。

资源集成。第四方物流的出现弥补了物流发展过程中的缺陷，采用供应链集成模式，依靠技术、管理咨询和第三方物流等企业，整合相关物流资源，为物流服务的需求方提供整套的有针对性的供应链物流解决方案。

价值增值。物流运营成本是企业运营成本的重要组成部分，第四方物流企业通过整合供应链，提高物流运作效率，降低物流运营成本，能够为整条供应链的所有客户都带来利益，增加价值。

标准化运营。物流是一个系统，标准化的运营能大大提高系统内部的运营效率，降低运营成本。第四方物流的发展应注重技术标准、工作标准的统一，以系统为出发点，研究各分系统与分领域中技术标准与工作标准的配合性，以实现提高效率、降低成本的目标。

③ 第四方物流的运作模式。

协助第三方物流企业提高运营效率。以这种模式运营的第四方物流企业是为第三方物流企业提供服务的，它为第三方物流企业提供其缺少的技术和战略技能。

协助物流服务需求方设计物流方案。以这种模式运营的第四方物流企业主要是为物流服务需求方提供服务的，它与第三方物流企业及其他物流服务提供商联系，为物流服务需求者设计合理的物流方案，提高物流运作效率。

协助供应链成员运作供应链，实现产业革新。第四方物流企业通过整合技术、管理咨询和第三方物流等企业，为众多的产业成员运作供应链。

④ 第四方物流与第三方物流的主要区别。

第三方物流发展历史悠久，理论与实践经验比较丰富，第四方物流则发展历史较短。第三方物流企业一般拥有提供物流服务所必需的固定资产和设备。第三方物流企业为客户提供所有的或一部分供应链物流服务。第三方物流企业提供的服务既可以是帮助客户安排一批货物的运输，也可以是复杂到设计、实施和运作一个企业的整个分销和物流系统。第四方物流企业是供应链的集成者，通过对整个供应链的优化和集成来降低企业的运行成本。

（2）物流联盟

物流联盟是以物流为合作基础的企业战略联盟，它是两个或多个企业之间，为了实现自身的物流战略目标，通过各种协议、契约而结成的优势互补、风险共担、利益共享的松散型网络组织。其目的是实现联盟参与方的共赢，具有相互依赖、核心专业化、强调合作的特点。物流联盟是介于自营物流和第三方物流之间的物流组建模式，可以降低前两种模式的风险，且更易操作。

物流联盟可分为以下几种类型：①纵向联盟。即垂直一体化联盟，这种联盟方式是基于供应链一体化管理的基础形成的，即从原材料到产品生产、销售、服务形成"一条龙"的合作关系。垂直一体化联盟在按照最终客户的要求为其提供最大价值的同时，也使联盟总利润最大化。但这种联盟一般不太稳固，主要是因为在整个供应链上，不可能每个环节都同时达到利润最大化，因此一些企业的积极性受到影响，随时可能退出联盟。②横向联盟。即水平一体化联盟，是由处于平行位置的几个物流企业结成的联盟，包括第三方物流。这种联盟能使分散物流获得规模经济和集约化运作，降低了成本，并且能够减少社会重复劳动。但也有不足的地方，如它必须在有大量商业企业加盟，并有大量产品存在的条件下才可发挥整合作用和集约化的处理优势。③混合模式。这种联盟中既有处于上、下游位置的物流企业，也有处于平行位置的物流企业。④项目中心联盟。以项目为中心，由各个物流企业进行合作，形成一个联盟。这种联盟方式只限于一个具体的项目，联盟成员之间合作的范围不广泛，优势不太明显。⑤基于网络的动态联盟。面对复杂的市场竞争，供应链成为一个动态的网络结构，以适应市场变化、柔性、速度、革新、知识的需要。不能适应供应链需求的企业将被联盟淘汰，外部优秀的企业则被选入供应链，供应链从而成为一个能快速重构的动态组织，但这种联盟方式缺乏稳定性。

（3）绿色物流

① 绿色物流的定义及内涵。

绿色物流是指在开展物流活动时以降低对环境的污染、减少资源消耗为目标，利用先进物流技术规划和实施运输、仓储、装卸搬运、流通加工、配送、包装等物流活动。

从以上对绿色物流的定义中可以看出，绿色物流具有其独特的内涵。

绿色物流是环境共生型物流。绿色物流注重环境保护和可持续发展，力求环境与经济发展的共存，改变了以往经济发展与物流、消费与物流的单向作用关系，形成了一种既能促进经济的发展，又能抑制环境危害的绿色物流过程。

绿色物流是资源节约型物流。绿色物流强调对资源的节约，在物流过程中，充分利用先进技术及各种市场信息，提高物流管理水平，最大限度地减少资源的浪费。

绿色物流是循环型物流。传统物流关注的焦点集中于"正向物流"，而绿色物流除了关注"正向物流"之外，也关注废旧物品的回收、再生资源的利用等形成的"逆向物流"，实现经济活动的闭环式流程。

② 绿色物流的管理。

绿色物流管理，即将环境保护及可持续发展的理念导入物流的全过程中。

选择绿色包装。绿色包装指对生态环境和人类健康无害，能重复使用和再生，符合可持续发展要求的包装。绿色包装是在绿色浪潮冲击下对包装行业实施的一种革命性的改变，绿色包装一方面保护环境，另一方面节约资源。绿色包装不仅要求对现有包装的不乱丢、乱弃，而且要求对现有包装不符合环保要求的要进行回收和处理，更要求按照绿色环保标准采用新包装和新技术。

绿色运输管理。绿色运输是指以节约能源使用、减少环境污染为目标开展的运输活动。绿色运输管理实施的途径主要包括：合理选择运输方式和运输工具；合理安排运输路线，克服迂回运输和重复运输，以实现节能减排的目标；建立高效的物流运输网络；选择绿色货运组织形式等。

绿色储存管理。储存是物流的中心环节之一，在物流系统中起着缓冲、调节和平衡的作用。仓库是储存的主要设施，仓库布局过于密集，会增加运输的次数；仓库布局过于松散，则会降低运输的效率。绿色仓储要求仓库布局合理，以节约运输成本。实现绿色储存还应注意现代储存技术的采用，如气幕隔潮、气调储存和塑料薄膜封闭等技术。

绿色流通加工管理。流通加工是在流通过程中继续对产品进行生产性加工，包括包装、分割、计量、分拣、组装、价格贴付、标签贴付、商品检验等简单作业。绿色流通加工的途径主要有两个：第一是变用户分散加工为专业集中加工，以规模作业方式提高资源利用效率；第二是集中处理用户加工中产生的边角废料，以减少用户分散加工所造成的废弃物污染。

绿色物流是 21 世纪我国物流发展的新方向，不但可抑制物流对环境造成的危害，还能使物流业走上可持续发展的道路。

③ 绿色物流的实施。

第一，树立绿色物流观念。绿色经济要求物流企业综合考虑社会的近期需求和长远利益、企业利益和社会利益，策划绿色物流活动。这就要求企业管理者尽快提高认识、转变观念，把绿色物流作为绿色革命的重要组成部分，确认绿色物流的未来。

第二，开发绿色物流技术。绿色物流的发展离不开绿色物流技术的应用和开发，没有先进的绿色物流技术的发展，就没有绿色物流的立身之地。目前，我国物流技术与绿色物流的发展要求有较大的差距，因此需要物流企业提高自主创新能力，大力开发新型能源、新型材料、新型物流信息技术等绿色物流技术，加快物流技术创新。

第三，制定绿色物流政策和法规。制定绿色物流政策和法规，便于物流企业管理者进行分析研究，明确方向，克服障碍，推动绿色物流的顺利发展。

第四，加强对绿色物流人才的培养。要实现绿色物流的目标，熟悉绿色理论和实务的物流人才是关键，因此培养绿色物流人才是当务之急。企业应有针对性地开展绿色物流人才的培养和训练活动，为绿色物流业培养更多合格人才；还可以通过产学研的结合，使大学与科研机构的研究成果能转化为指导实践的基础，提高企业物流从业人员的理论业务水平。

学习思考

电商该如何实施绿色物流？网络消费者的购买行为会对绿色物流实施产生哪些影响？

5.3 电子商务物流配送

5.3.1　电子商务物流配送及配送管理

1. 配送的含义

配送是指在经济合理区域范围内，根据客户的要求，对物品进行拣选、加工、包装、分割、组配等作业，并按时送达指定地点的物流活动。配送是物流活动的主要功能要素，属于末端物流。配送几乎包括所有的物流功能要素，是物流活动的一个缩影或某个小范围中物流活动的完全体现，因此有人称配送为"小物流"。一般的配送集装卸、包装、保管、运输于一体，通过这些活动将货物送达目的地。特殊的配送（如生鲜食品）则还要辅以配送加工活动，涉及的范围更广。

配送不能等同于物流。配送强调的是小范围、短距离的物流活动。同时，配送的主要工作和一般物流活动不同：一般物流活动的主要工作是运输和仓储，而配送的主要工作是分拣配货和短途运输。分拣配货是配送的独特要求，它以送达最终客户为目的并采取与之相适应的方法。

配送的一般流程如图 5-1 所示。

图 5-1　配送的一般流程

2. 电子商务物流配送的概念及特征

（1）电子商务物流配送的概念

电子商务物流配送是在传统物流配送概念的基础上，利用计算机和互联网技术来完成整个物流过程的协调、控制和管理，是根据用户的订货要求，按照约定的时间和地点将确定数量和符合规格要求的商品送达客户的过程，包括网络前端到最终客户端的所有中间过程。

（2）电子商务物流配送的特征

与传统的物流配送相比，电子商务物流配送具有以下特征。

① 物流配送具有网络性。一方面，电子商务物流配送源于网络，物流配送系统运用计算机通信网络开展工作。物流配送中心通过计算机网络与供应商、制造商及下游客户进行联系。例如，在配送中心向供应商提交订单这个过程中，就可以使用计算机通信方式。另一方面是物流组织的

网络化，如我国台湾地区的计算机业在 20 世纪 90 年代创造的"全球运筹式产销模式"，就是按照客户订单组织生产，生产采取分散形式，将全世界的计算机资源利用起来，采取外包的形式将一台计算机的所有零部件、元器件、芯片外包给世界各地的制造商生产，然后通过全球的物流网络将这些零部件、元器件和芯片发往同一个物流配送中心进行组装，由该物流配送中心将组装的计算机迅速发给客户。

② 物流配送实现信息化。条形码技术、数据库技术、电子订货系统、电子数据交换技术、企业资源计划等新技术在物流管理中的广泛应用，使物流配送的信息化水平大大提高，主要表现为物流配送信息收集的数据库化和代码化、信息处理的电子化、信息传递的标准化和实时化、信息存储的数字化等。

③ 物流配送具有实时性。信息化不仅能让管理者获得高效的决策信息支持，也可以实现对配送过程的实时管理。物流信息化和配送数字化、代码化，使物流配送突破了时空限制，通过物流信息共享平台，物流服务的需求方和供给方都能及时、准确地获取相应的信息，减少了物流配送过程中的不确定性，实现对物流配送活动的全程监控。

④ 物流配送个性化管理。随着市场的变化，物流服务供给方面对市场的需求转化为以"多品种、小批量"为特点的个性化需求，还有些物流服务的需求方对物流服务提出一些独特的要求。因此，作为一种新型的运输服务类型，满足个性化的配送需求是电子商务物流配送的重要特性。

⑤ 物流配送具有增值性。电子商务物流配送除了可以完成传统的分拣、备货、配货、加工、包装、送货等作业以外，还可以利用计算机和网络完成市场调研、采购及订单处理、物流方案的规划与选择、库存控制决策等。

3. 电子商务物流配送模式

配送模式是指企业对配送所采取的基本战略和方法。目前，主要存在以下三种电子商务物流配送模式。

（1）自营物流配送模式

自营物流配送模式由生产企业或连锁经营企业创建自营配送中心，只为本企业的生产经营提供配送服务。较典型的例子是连锁企业的配送。这种"自给自足"的配送模式，容易造成资源浪费。

（2）共同配送模式

共同配送模式是若干相关联或相类似的企业在充分挖掘、利用企业现有物流资源的基础上，联合创建配送组织的形式。这是一种配送经营企业为实现整体配送的合理化，利用区域网络及相应物流配送信息系统，以互惠互利为原则，互相提供便利配送服务的协作型配送模式。

（3）第三方配送模式

第三方配送模式是由物流服务的供方和需方之外的第三方提供服务的配送运作模式，是专业化的物流中心和配送中心在一定市场范围内提供物流配送服务以获取盈利和自我发展的物流配送模式。

4. 电子商务物流配送管理

相比传统模式，电子商务极大地压缩了供应链，减少了中间流通环节，直接面对客户，这带来了配送流程的变化。传统模式下，商品从生产厂商配送到批发商或者零售商，然后再由零售商交付给终端购买客户；商品在配送的过程中很少有拆零配送，大多是整箱、整批配送。而在电子商务模式下，订单呈现多批次、小批量的特点，仓库或配送中心需要进行大量的拆零拣选。另外，相对于传统模式，电子商务模式可以增加前端销售平台（网站）上的商品品类，同时要合理设置后端仓库各类商品的库存。因此，尽管电子商务物流配送流程与传统配送的环节类似，但其作业管理的内容和重点却存在差异。

电子商务物流配送管理主要包含进货入库作业管理、在库保管作业管理、加工作业管理、理货作业管理及配货作业管理。

（1）进货入库作业管理

进货入库作业主要包括收货、检验和入库三个流程。收货是指电子商务企业向供应商发出进货指令后，配送中心对运送的货物进行接收。收货检验工作一定要谨慎，因为商品一旦入库，配送中心就要对商品的完整性负责。配送中心收货员应做好以下准备：及时掌握电子商务企业计划进货量、可用空储仓位、装卸人力等情况，并与有关部门、人员沟通，做好收货准备。检验包括核对采购订单与供货商发货单是否相符、开包检查商品有无损坏、对商品进行分类、比较所购商品的品质与数量等。经检查商品信息准确无误后方可在厂商发货单上签字将商品入库，并及时录入有关入库信息，转达采购部，经采购部确认后开具收货单，从而使已入库的商品及时进入可配送状态。

配送中心的进货作业流程如图 5-2 所示。

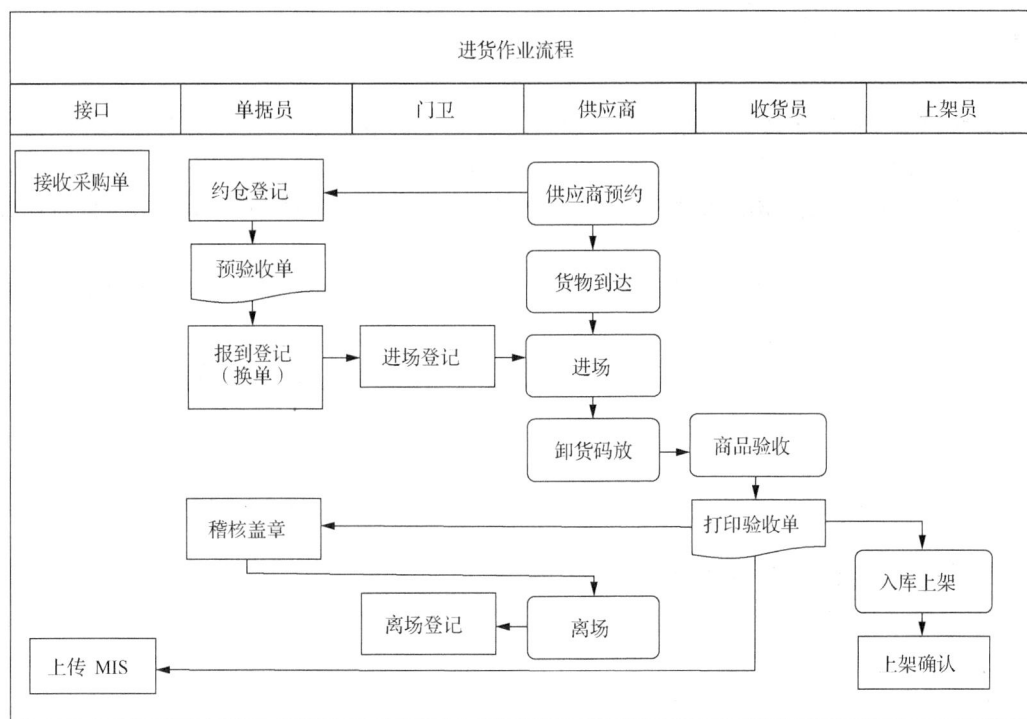

图 5-2　配送中心的进货作业流程[①]

（2）在库保管作业管理

商品在库保管的主要目的是加强商品养护，确保商品质量；同时还要加强储位合理化工作和储存商品的数量管理工作，商品储位合理与否、商品数量管理精确与否将影响商品配送作业的效率。

---

① 王绍军. 电子商务与物流[M]. 3 版. 上海：上海交通大学出版社，2012：112.

商品储位可根据商品属性、周转率、理货单位等因素来确定；储存商品的数量管理则需依靠健全的商品账务制度和盘点制度。目前，新型电子商务配送中心已经实现了仓储管理自动化，保管差错率极低。

（3）加工作业管理

加工作业管理主要是指对即将配送的产品或半成品按销售要求进行再加工，包括分割加工、分装加工、分选加工、促销包装、贴标加工。加工作业完成后，商品即可进入可配送状态。

（4）理货作业管理

理货作业，即配送中心接到配送指示后，及时组织理货作业人员，按照出货优先顺序、储位区域、配送车辆趟次、门店号、先进先出等整理配货商品，经复核人员确认无误后，放置到暂存区，准备装货上车。

理货作业主要有两种方式：一是播种方式，二是摘果方式。播种方式是把所要配送的同一品种货物集中搬运到理货区，然后按每一货位（通常按门店区分）所需的数量分别放置，直到配货完毕。这种方式适用于货物较易移动、门店数量多且要货量较大的情况。摘果方式是搬运车辆巡回于保管场所，按理货要求取出货物，然后将配好的货物放置到指定的位置，或直接发货。摘果方式适用于商品不易移动、门店数量较少且要货比较分散的情况。在实际工作中，可根据需要采用其中一种方法或两种方法同时运用。

（5）配货作业管理

配送作业过程包括计划和实施两个阶段。配送计划是根据配送的要求，事先做好全局筹划并对有关职能部门的任务进行安排和布置，主要包括制订配送中心计划、规划配送区域、规定配送服务水平等，以此来决定配送时间，选定配送车辆，规定装车货物的比例和最佳配送路线、配送频率。配送计划制订后，需要进一步组织落实，完成配送任务。先将到货时间、品种、规格、数量以及车辆型号通知各门店，使其做好接车准备；同时向各职能部门，如仓储、包装、运输及财务等部门下达配送任务，各部门做好配送准备，然后组织配送发运。理货部门按要求将各门店所需的各种货物进行分货及配货，进行适当的包装并详细标明门店名称、地址、送达时间及货物明细，按计划将各门店货物组合、装车，运输部门按指定的路线将货物运送至各门店，完成配送工作。

各门店在收到货物后，安排人员分区域派送，直至货物送达最终消费者手中。

5.3.2 电子商务物流配送中心

1. 配送中心的概念

根据物流企业操作指南对配送中心的定义，配送中心是指接受并处理末端用户的订货信息，对上游运来的多品种货物进行分拣，根据用户订货要求进行拣选、加工、组配等作业，并进行送货的设施和机构。

配送中心是从事货物配送活动的场所，集加工、理货、送货等职能于一体。配送中心的功能主要有核心功能、基础功能和其他功能。

（1）核心功能

① 与分拣作业有关的核心功能：分拣功能和理货功能。

a. 分拣功能。分拣功能是指在配送之前将货物按照不同的要求，分别拣开、集中在一起。例如，快递公司分拣快递包裹按送达目的地分开，是典型的分拣作业。在商品批次很多、批量很小、客户要货时间很紧时，分拣任务十分繁重，分拣是配送中心不可缺少的一个环节。

b. 理货功能。理货功能是指在分拣完成以后，配送中心要按照订单对分拣后的货物完成查点数量、检查外观、分类集中等作业活动。

② 与配送有关的核心功能：分装、配货功能和送货功能。

a. 分装、配货功能。分装、配货是指把经过分拣和检查的货物，包装并做好标识，送到配货准备区，等待装车发送的活动。配送中心的分装、配货可以满足用户多批次、小批量的进货要求，将不同客户所需要的货物进行有效的组合包装，依据送货次序在配送车辆上进行有效码放。

b. 送货功能。送货功能是配送中心的末端职能，配送运输中的关键在于最佳路线的设计与选择及货物配装与路线的有效搭配。

（2）基础功能

① 与流通有关的基础功能：采购功能、集货功能。

a. 采购功能。要做到及时、准确地为用户供应其所需物品，配送中心必须先采购所要供应配送的商品。配送中心须根据市场的供求变化，制订采购计划，并由专门的人员与部门组织实施采购。

b. 集货功能。为了能够按照用户的要求配送货物，配送中心必须从众多的供应商处按各用户的需要组织货源。集货功能是配送中心的基础职能，是配送中心取得规模优势的基础。

② 与储存保管有关的基础功能：储存功能、保管功能、装卸搬运功能。

a. 储存功能。配送中心要能在用户规定的时间和地点把商品送到用户手中，就必须储存一定数量的商品。无论何种类型的配送中心，储存功能都是其最重要的功能之一。

b. 保管功能。商品保管的主要目的是加强商品养护，确保商品质量。同时还要加强储位合理化工作和储存商品的数量管理工作。这些都会影响商品配送作业的效率。

c. 装卸搬运功能。配送中心的各项工作都需要装卸搬运的帮助，它是配送中心的基础性职能，有效的装卸搬运能大大提高配送中心的工作效率。配送中心为了提高装卸搬运作业效率，通常配有各种专业化的装卸搬运机械。

（3）其他功能

① 与运输有关的其他功能：集散功能、衔接功能。

a. 集散功能。集散功能是将不同企业的各种产品、货物集中到一起，经过分拣、配装，形成经济、合理的配货向各用户发送。

b. 衔接功能。配送中心衔接着生产与消费，它通过集货和储存平衡供求，且能有效地协调产销在时间、空间上的分离。

② 与提升物品附加价值有关的其他功能：流通加工功能。

配送中心通常配备各种加工设备，具有一定的流通加工能力。配送中心的基本加工功能有拆包、组配、贴标及条形码制作等。

③ 信息交换和处理功能。

完备的信息处理系统使配送中心在集货、储存、拣选、流通加工、分拣、配送等一系列物流环节，以及物流管理等方面实现了信息共享。配送中心是整个流通过程的信息中枢。

2. 配送中心的分类

（1）按内部特性分类

① 储存型配送中心。储存型配送中心是指有很强的储存能力的配送中心。我国目前建设的一些配送中心，都采用集中库存形式，库存量较大，多为储存型配送中心。瑞士 GIBA—GEIGY 公司的

配送中心拥有世界上规模居于前列的储存库，可储存 4 万个托盘；美国赫马克配送中心拥有一个 163 000 个货位的储存区，它们都属于储存型配送中心。

② 流通型配送中心。流通型配送中心是以暂存或随进随出方式进行配货、送货的配送中心。日本阪神配送中心只有暂存功能，大量储存则依靠大型补给仓库。

③ 加工型配送中心。加工型配送中心是指可以根据用户的需要对配送物进行加工的配送中心。在这种配送中心内，一般有分装、包装、初级加工、组装产品等加工活动。

（2）按流通职能分类

① 供应配送中心。供应配送中心是指专门为某个或某些客户组织供应的配送中心。配送中心配送的用户有限并且稳定，用户的配送要求范围也比较确定，且用户多为企业型用户。例如，为大型连锁超市组织供应的配送中心就属于此类。

② 销售配送中心。销售配送中心是以销售为目的的配送中心。目前，国内外的配送中心多向销售配送中心方向发展。销售配送中心的用户一般是不确定的，而且用户的数量很大，每一个用户购买的数量较少。

（3）按配送区域的范围分类

① 城市配送中心。城市配送中心是以某城市为配送范围的配送中心，这种配送中心可用汽车将货物直接配送给最终用户，多数从事多品种、小批量、多用户的配送。

② 区域配送中心。区域配送中心的辐射能力和库存准备能力较强，向区域、全国乃至国际的用户配送货物。

3. 影响配送中心选址的因素

① 产业布局。配送中心的选址首先要考虑产业布局，这是配送中心高效运转的保障。例如，制造业配送中心选址应在制造企业集中的区域，农副产品配送中心应选在农副产品的生产及加工基地。

② 货物分布和数量。货物是配送中心配送的对象，因此，配送中心应该尽可能距生产地和配送区域较近。配送中心选址合理，可以减少浪费。

③ 运输条件。配送中心应接近交通运输枢纽。一般的配送中心，可在高速公路、国道、快速道路及城市主干道路附近选址；综合型配送中心，应尽可能在两种以上运输方式的交汇地选址。

④ 政策法规。政策法规包括产业政策、土地政策等，既要考虑现在的发展情况，也要考虑今后的扩展空间。

⑤ 环保要求。配送中心可能会给周边居民的生活带来影响，对当地交通也会造成较大的干扰，因此选址时还要考虑周边的人文环境和城市景观的协调程度，以免给社会带来负面影响。

📚 **阅读资料**

盒马鲜生的商品配送

"日日鲜"是盒马的自营品牌。日日鲜的产品只在当天售卖，没有卖出的商品当天就要被店员按规章处理。去过盒马鲜生的用户都知道，在逛超市的时候，头顶上方有多条轨道，上面挂着盒马鲜生的购物袋，那就是盒马鲜生的送货渠道之一。用户在官方软件上下单后，店员根据订单，从货架上取货，然后放进购物袋中，送上传送带，最后汇总到后台打包。盒马鲜生没有后置仓库，分拣好的商品由配送员送往用户家中。那么，在天猫购买让快递公司的快递员配送与在盒马鲜生购买让盒马鲜生的配送员配送有什么区别呢？二者几乎没差别，只是配送人员、公司不同罢了。货架上用户能看到的商品就是盒马鲜生所有的库存，店员一天内要补好几次货，以最大限度地保证商品新鲜，减少运输环节。

　　资料来源：蔬东坡。

4. 新型电子商务物流配送中心

从物流配送的发展过程来看，在企业经历了以服务自身为目的的企业内部配送中心的发展阶段后，政府、社会、零售业、批发业及生产厂商都积极投身于物流配送中心的建设。专业化、社会化、国际化的物流配送中心显示了巨大的优势，有着强大的生命力，代表了现代科技物流配送的发展方向，新型电子商务物流配送中心将是未来物流配送中心发展的必然趋势。

新型电子商务物流配送中心具有以下特点。

（1）自动化作业

物流配送流程自动化是指货物运送规格标准，货物仓储、货箱排列装卸及搬运等按照自动化标准作业，商品按照最佳路线配送等。新型电子商务物流配送业务由网络系统连接，当系统的任何一个神经末端收到一个需求信息的时候，该系统都可以在极短的时间内做出反应，并可以拟订详细的配送计划，通知各环节开始工作。也就是说，新型电子商务物流配送业务可以实现整个过程的实时监控和实时决策，并且这一切工作都是由计算机根据人们事先设计好的程序自动完成的，这与电子商务的自动化、网络化特征相对应。

（2）快速准确反应

新型电子商务物流配送中心对上、下游物流配送需求的反应速度越来越快，前置时间越来越短。在物流信息化时代，速度就是效益，快速反应、准确送达成为物流配送的核心竞争力。例如，新型电子商务物流配送中心基于 RFID 技术的仓库管理，改变了传统的仓库管理方式与流程，把所有关键的因素贴上 RFID 标签，在仓库管理的核心业务流程（出库、入库、盘点、库存控制）上实现更高效、精确的管理。物流配送管理 RFID 系统如图 5-3 所示。

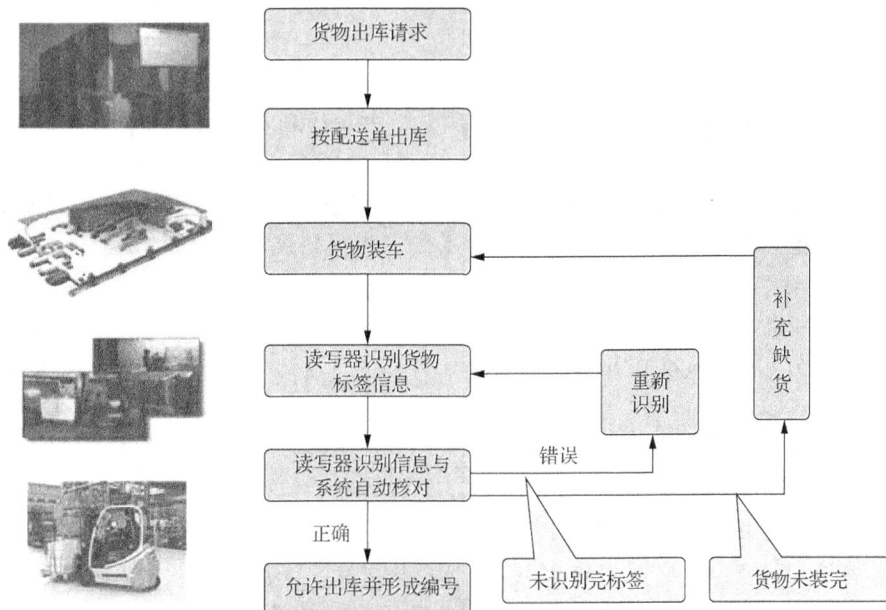

图 5-3　物流配送管理 RFID 系统

（3）整合功能

新型电子商务物流配送中心将物流与供应链的其他环节进行整合，如物流渠道与商流渠道整合；物流环节与制造环节整合；物流功能整合；物流渠道之间整合。

（4）规范化作业

新型电子商务物流配送中心强调物流配送作业流程和运作的标准化、程式化和规范化，使复杂的作业简单化，从而大规模地提高物流作业的效率和效益。

（5）系统化目标

不同于传统物流配送仅着眼于单个物流配送活动的做法，新型电子商务物流配送中心从系统的角度统筹规划整体物流配送活动，不求单个物流配送活动最优，而求整体物流配送活动最优，使整体物流配送达到最优。

（6）市场化经营

新型电子商务物流配送经营融入市场机制，无论是企业自己组织物流配送，还是通过社会物流配送，都实行市场化经营。充分利用市场化这只"看不见的手"指挥调节物流配送，来取得更好的经济效益和社会效益。

建设新型电子商务物流配送中心对装备、人员和物流管理水平都有较高的要求。首先，新型电子商务物流配送中心面对的是瞬息万变、竞争激烈的市场及成千上万的供应厂商和消费者，因此配备现代化的物流装备是建设新型电子商务物流配送中心的基本条件。例如，自动分拣输送系统、自动化仓库、自动旋转货架、自动装卸系统、自动导向系统、自动起重机、商品条形码分类系统、输送机等新型高效现代化、自动化的物流配送机械化系统。其次，建设新型电子商务物流配送中心必须配备数量合理的具有物流专业知识的管理人员、技术人员及操作人员，以确保物流作业活动的高效。最后，配送中心的管理必须实现科学化和现代化，只有科学合理的管理制度、现代化的管理方法和手段，才能确保新型电子商务物流配送中心的功能和作用有效发挥。

练习题

一、单选题

1.（   ）是按照订单要求完成将货物从配送中心送到客户的过程，一般按照区域和路线进行。

    A. 订单配送   B. 分拣   C. 运输   D. 订单履行

2.（   ）指由物流的供方和需方之外的第三方提供物流服务的物流运作方式。

    A. 物流联盟   B. 供应链   C. 第三方物流   D. 物流一体化

3.（   ）本身不承担具体的物流活动，它是一个供应链的集成商，通过调配和管理企业自身，以及具有互补性的服务供应商的资源、能力和技术，为客户提供一整套综合的供应链解决方案。

    A. 企业自营物流   B. 第三方物流   C. 第四方物流   D. 物流联盟

4. 按内部特性分类，配送中心可分为（   ）。

    A. 供应配送中心、销售配送中心

    B. 城市配送中心、区域配送中心

    C. 储存型配送中心、流通型配送中心、加工型配送中心

    D. 供应配送中心、销售配送中心、加工型配送中心

二、多选题

1. 电子商务订单的履行程序一般包括（　　　）。
   - A. 订单生成
   - B. 订单处理
   - C. 订单分拣
   - D. 订单配送
   - E. 售后服务与退换货

2. 以下属于现代物流特征的有（　　　）。
   - A. 物流反应速度快
   - B. 物流功能集成化
   - C. 物流技术现代化
   - D. 物流过程绿色化
   - E. 物流活动国际化

3. 以下属于新型物流模式的有（　　　）。
   - A. 企业自营物流
   - B. 第三方物流
   - C. 第四方物流
   - D. 物流联盟
   - E. 绿色物流

4. 第三方物流的特征包括（　　　）。
   - A. 信息化服务
   - B. 个性化服务
   - C. 专业化服务
   - D. 系统化服务
   - E. 资源集成

5. 电子商务物流配送中心的核心功能包括（　　　）。
   - A. 分拣功能
   - B. 理货功能
   - C. 分装功能
   - D. 配货功能
   - E. 送货功能

三、名词解释

1. 电子商务订单履行
2. 第三方物流
3. 物流联盟
4. 配送中心
5. 自营物流配送模式

四、简答及论述题

1. 当前电子商务订单主要有哪些特征？
2. 电子商务对物流业的发展有哪些影响？
3. 企业自营物流主要有哪些优劣势？
4. 试论述电子商务物流配送的模式。
5. 试论述影响配送中心选址的因素。

案例讨论

顺丰，不做电商局外人

2020年2月，顺丰快递经营业绩逆势而上，速运业务量同比上涨118.89%。同时，顺丰1月和2月的累计市场份额5年来首次超越韵达、圆通和申通。

"直营"模式运营的顺丰早期由于专注商务件的定位，错过了电商的高速发展时期。在竞争此消彼长的环境下，近3年，顺丰都维持着7.6%的小规模市场占有率。排名从2014年的行业第4降至2019年的行业第6。事实上，早在2013年10月，顺丰就宣布以"标准件6折"的价格进军电商快递领域。每个月2 000票以上的月结客户，可以享受顺丰特惠电商同城件首重8元、省内件首重9元、省外件首重10～17元的优惠。虽然这一价格已经低于顺丰常规定价，但对比之下，同年通达系的单件均价只有9元。在顺丰发展电商件的2014年，公司的收入虽然增长了116亿元，但归属母公司的净利润却减少了13.6亿元，同比上一年的18.3亿元大幅下滑，毛利率也下降了7.6个百分点。

2020年，顺丰2月速运业务总票数达到4.75亿票，同比增长118.89%。1月和2月，其累计市场份额达15.9%，1～2月顺丰的速运物流收入累计为198亿元，同比增长32%。这一年，顺丰采取两方面行动重新入局电商件市场。特惠专配产品是顺丰的第一个大动作。2019年5月，顺丰为日均货量较大的客户提供特惠专配服务，主攻下沉市场。开展特惠专配后，顺丰的业务量增速从6月开始明显反弹。8月，顺丰的业务量增速超过30%，首次超过行业均值。另一个动作则是顺丰与互联网电商唯品会的合作。2019年11月下旬，唯品会终止旗下自营快递品骏的业务，宣布与顺丰达成业务合作，由顺丰公司提供包裹配送服务。订单量上，唯品会全年订单量同比增长29%，达到5.66亿件。顺丰也受益于这一合作。2020年2月，顺丰快递整体份额升至15.9%，业务量达到4.75亿件，同比增长118.9%，带来收入86.4亿元，同比增长77.3%。

资料来源：腾讯新闻。

思考讨论题

结合案例分析顺丰快递的成功之道。

网络营销 | 第6章

本章导读

网络营销是伴随着互联网技术高速发展、消费者消费观念转变及商业竞争模式演变而兴起的一种全新的营销模式，近年来发展速度惊人，应用也越来越广泛。本章主要讲述网络营销的策略、网络调研与网络消费者行为分析、网络营销方法等。其中，网络营销方法是本章讲述的重点。

知识结构图

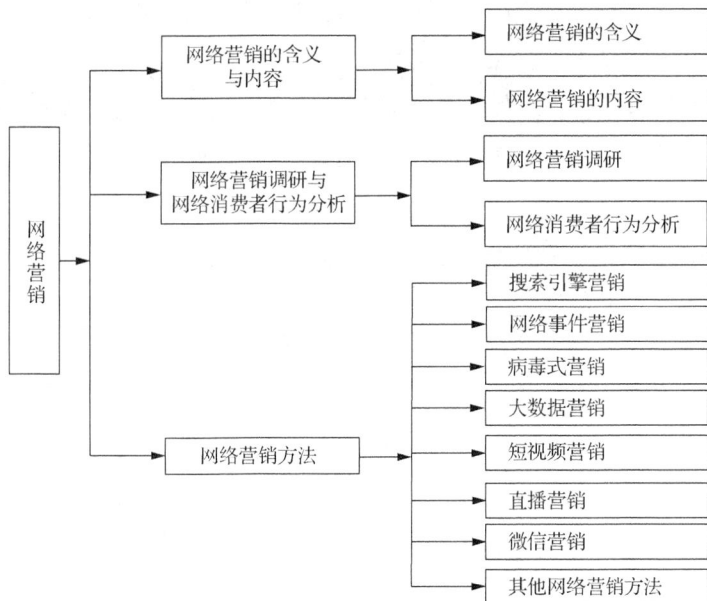

开篇引例

拼多多助力"家乡好货"热销

2020年国庆期间最大的电影票房黑马非《我和我的家乡》莫属。10月9日，国庆档电影榜单出炉，《我和我的家乡》以18.7亿元的票房成绩、4 732万的观影人次独占鳌头。消费者在感受家乡巨变的同时，也纷纷以在线下单、实地旅游等形式支持家乡的好货与美景。

作为这部电影的官方合作伙伴，新电商平台拼多多特别上线了"家乡好货"专区，并对应影片故事分别设置了京津冀、云贵川、江浙沪、西北和东三省销售专场，通过特色产品的集中展示、大规模的补贴让利，进一步带领消费者体验家乡风貌的深刻变化。消费者可在拼多多App内"家乡好货"专区页面选购各地的特色产品，如图6-1所示。

图 6-1 拼多多"家乡好货"专区页面

受电影感召，不少消费者对影片涉及的陕西、贵州、浙江、辽宁等地产生了浓厚的兴趣。相关地区特色农产品和农副产品的销量随着电影票房一路上涨，国庆期间拼多多"家乡好货"专区的产品订单量已突破1亿单。

从各地热销产品上看，拼多多数据显示，10月1日至8日期间，北京的糕点、河北的山楂等在京津冀专场中销量靠前。在假期消费的带动下，拼多多北京糕点类产品的订单量同比上涨近70%。

云贵川专场的产品种类最多，从四川的丑橘、石榴，到云南的鲜花饼、土豆，再到贵州的辣椒、牛肉粉，热门产品不一而足。值得一提的是，电影中《天上掉下个UFO》章节描述的黔货运输难题近年来已随着道路交通和物流基础设施的不断完善而逐步得到解决。

在拼多多"家乡好货"江浙沪专场中，江苏的螃蟹、糯米藕，以及浙江的梅干菜、水磨年糕等产品较受欢迎。此前，在长三角区域合作办公室和沪苏浙皖一市三省农业主管部门的共同指导下，包括太湖、固城湖、洪泽湖、长荡湖等在内的长三角大闸蟹优质产区联合拼多多共同成立了"长三角大闸蟹云拼优品联盟"，为消费者带来了众多优质产区的源头好蟹。

电影里陕西苹果在《回乡之路》章节中频繁曝光，现实中陕西苹果、冬枣、猕猴桃等牢牢占据着西北专场产品销量前三的位置；东三省专场则几乎是黑龙江大米、红肠，辽宁小米、果梨和吉林人参的天下。

随着平台商品补贴力度的不断加大、优惠举措的不断丰富，"家乡好货"专区的产品订单量仍在快速上涨。在拼多多5周年庆之际，平台希望与消费者分享生日的喜悦，助力家乡好货一起拼。

资料来源：经济日报-中国经济网。

6.1 网络营销的含义与内容

6.1.1 网络营销的含义

网络营销（Online Marketing 或 E-Marketing）是指以现代营销理论为指导，以国际互联网为基础，利用数字化的信息和网络媒体的交互性来满足消费者需求的一种新型的市场营销方式。可见，网络营销的实质仍然是市场营销，是传统的营销方式在网络时代的变革与发展。

与传统营销相比，网络营销具有可以降低营销成本、突破市场的时空限制、满足消费者的个性化需求、提供更好的购物体验、实现与消费者的实时互动等优点，因而成为当前最受企业重视的主流营销方式。

> **学习思考**
>
> 网络营销的核心是什么？其理论基础与传统营销有何不同？

6.1.2 网络营销的内容

网络营销涉及的范围较广，所包含的内容也较为丰富。与传统营销相比，网络营销的目标消费者和营销手段均有所不同，因此，网络营销活动的内容也有很大的差异。具体来说，网络营销的内容主要包括以下几个方面。

1. 网络营销调研

网络营销调研是开展网络营销活动的前提和基础，也是企业了解市场、准确把握消费者需求的重要手段。网络营销调研的重点是充分利用互联网的特性，提高调查的效率和改善调查效果，以求在浩瀚的网络信息资源中快速获取有用的信息。

2. 网络消费者行为分析

网络消费者是伴随着电子商务的蓬勃发展而产生的一个特殊消费群体，这类群体的消费行为有着自身的典型特征。因此，企业开展网络营销活动前必须深入了解网络消费者不同于传统消费者的需求特征、购买动机和购买行为模式。网络消费者行为分析的内容主要包括分析网络消费者的用户特征、需求特点、购买动机、购买决策等。

3. 网络营销策略制定

为实现网络营销目标，企业必须制定相应的网络营销策略。与传统营销类似，网络营销策略也包括产品策略、价格策略、渠道策略和促销策略 4 个方面，但企业在具体制定时应充分考虑互联网的特性、网络产品的特征和网络消费者的需求特点。例如，企业在制定网络营销的价格策略时，通常可以对某些在线体验类产品，如在线培训、远程医疗、虚拟旅游、游戏等采取免费或部分免费的价格策略。

4. 营销流程改进

与传统营销相比，网络营销的流程发生了根本性的变化。利用互联网，企业不仅可以实现在线销售、在线支付、在线服务等，还可以通过网络收集信息并分析消费者的特殊需求，以生产消费者需要的个性化产品。例如，美国著名的李维斯（Levi's）公司，就是利用互联网为消费者量身定做个性化产品的典范。消费者可以在 Levi's 公司的网站直接输入所需服装的尺寸、款式和喜欢的颜色等信息，如此公司就可为其量身定做，从而使消费者的个性化需求得以满足。

5. 网络营销管理

营销管理是企业为了实现营销目标而采取的计划、组织、领导和控制等一系列管理活动的统称。传统营销管理的许多理念和方法虽然也适用，但网络营销依托全新的网络平台开展营销活动，难免会遇到新情况和新问题，如网络消费者的隐私保护问题以及信息安全问题等，这些都要求企业必须做好有别于传统营销的网络营销管理工作。

6.2 网络营销调研与网络消费者行为分析

6.2.1 网络营销调研

1. 网络营销调研的含义与内容

（1）网络营销调研的含义

网络营销调研是指企业通过互联网开展收集市场信息、了解竞争者及调查消费者对产品或服务的意见等市场调研活动，企业以此为制定营销策略提供数据支持和依据。目前，在网站上要求用户注册、填写免费服务申请表格、填写问卷等是企业开展网络营销调研的基本手段。

网络营销调研包含对信息的判断、收集、记录、分析、研究等活动，其对象是市场信息，且为企业开展网络市场营销活动服务。与传统的市场调研相同，网络营销调研主要在于探索市场可行性、分析不同地区的销售机会和潜力、研究影响销售的各种因素，如分析产品竞争优势、目标消费者心态、市场变化趋势，以及广告监测效果、广告效果等方面的问题。

（2）网络营销调研的内容

网络营销调研包含对信息的判断、收集、记录、分析、研究等活动，其对象是市场信息，主要任务是探索市场可行性，分析不同地区的销售机会和潜力以及研究影响销售的各种因素，目的是为企业开展网络市场营销活动提供决策依据。

2. 网络营销调研的优势与不足

（1）网络营销调研的优势

概括来讲，网络营销调研主要具有以下几个优势。

① 经济、高效。企业开展网络营销调研不受时空限制，仅在网络上即可完成问卷的发布、回收及信息的分析等工作；不需要派出专人开展实地调查，也不需要印制问卷；信息的收集和录入也可通过网上用户的终端完成，大大提高了市场调研的效率。

② 准确、及时。网络营销调研的受访者多数是企业网站的访问者或对产品感兴趣的人，他们填写的内容更可能是经过认真思考和亲身体验得出的。因此，网络营销调研的结果相对真实可靠。同时，由于在网络上传递信息十分迅速，网络营销调研可以保证企业及时获得调研信息。

③ 易于接受。美国的唐纳·米切尔教授曾对网络营销调研的效果与传统调研的效果进行对比研究，结果表明，被调查者认为网络调研更方便、更有趣，在网络营销调研中他们愿意回答更多的问

题，而且回答的内容更真实。此外，网络营销调研使用匿名提交的方法，可以更好地为受访者保密，使受访者更易接受此类调研。

（2）网络营销调研的不足

① 覆盖范围受限。在某些时候、某些地方，网络营销调研可能会因网络问题而导致调研覆盖范围受限。

② 调研对象缺乏代表性。网络营销调研的结果一般只反映网民中对特定问题有兴趣的人的意见，调研对象缺乏代表性。

③ 过程难控制。由于网络的虚拟性，调研人员很难控制调研过程，如无法控制调研对象以外的人填写调研问卷等，而这些问题可能导致调研结果出现偏差。

由于网络营销调研存在以上局限性，因此并非所有的营销调研都可以只通过互联网实现，营销管理者在开展市场调研之前要先考虑调研范围是否适合网络营销调研。

（3）网络营销调研过程

与传统营销调研一样，网络营销调研应遵循一定的方法和步骤，才能保证调研质量。通常网络营销调研的实施过程如下。

① 确定调研目标。明确调研问题和调研工作所要达到的目标是网络营销调研的首要任务。调研目标既不可过于宽泛，也不能过于狭窄，企业要明确地界定调研目标并充分考虑网络营销调研成果的实效性。企业在确定网络营销调研目标时，应考虑企业的顾客或潜在顾客是否上网，企业的顾客群体规模是否足够大，网络顾客群体是否具有代表性等一系列问题，以保证网络营销调研结果的有效性。

② 制订调研计划。网络营销调研的第二个步骤是制订可行的营销调研计划，包括确定资料来源、调研对象、调查方法、调查手段等。网络营销调研计划的制订者及相关管理者必须具有丰富的网络营销调研知识，以便全面、周密地策划与审批调研计划，预测调研结果。

③ 收集资料。网络通信技术的迅速发展，使搜集信息的方法变得非常简单。在传统的调研过程中，调研人员需整理纸质问卷，手工录入数据；而在网络营销调研中，企业只需下载、归集访问者反馈的信息，或直接从网上下载相关数据即可。

④ 分析资料。这一阶段需要调研人员具有耐心、细致的工作态度，善于归纳总结，去粗取精，去伪存真。同时，调研人员分析资料时还需要掌握相应的数据分析技术和借助先进的统计分析工具。常用的数据分析技术包括交叉列表分析、概括分析、综合指标分析和动态分析等；目前国际上较为通用的分析软件有 SPSS、SAS 等。

⑤ 撰写调研报告。撰写调研报告是整个网络营销调研活动的最后一个步骤。调研报告一般包括标题、摘要、目录、报告主体、结尾、附录等部分。

调研人员撰写调研报告不应简单堆砌数据和资料，而应在科学分析数据后，整理出相应的有价值的结果，为企业制定营销策略和营销决策提供依据。在撰写调研报告前，要先了解报告阅读者希望得到的报告形式及期望获得的信息。调研报告要清晰明了、图文并茂。调研人员在写作的过程中还要注意语言规范，不能太过口语化，以免使阅读者对调研报告的准确性产生怀疑。

3. 网络营销调研方法

网络营销调研的方法主要有网络问卷调查法、网络讨论法和网络文献法。其中，网络问卷调查法和网络讨论法属于一手资料调研法，网络文献法属于二手资料调研法。

（1）网络问卷调查法

网络问卷调查法在网络营销调研中应用最为广泛。网络问卷调查法是调查人员将其所要获取的信息，设计成调查问卷发布在网上，让访问者通过网络填写问卷的一种调查形式。

调查问卷一般包括卷首语、问题指导语、问卷的主体及结束语四个组成部分。其中，卷首语是说明由谁执行此项调查、调查目的和意义的内容。问题指导语，即填表说明，用来向受访者解释怎样正确地填写问卷。问卷的主体包括问题和选项，是问卷的核心部分。问题分为封闭型问题（问题后有若干备选答案，受访者只需在备选答案中做出选择即可）、开放型问题（只提问题，不设相关的备选答案，受访者有自由发挥的空间）和半封闭型问题（在采用封闭型问题的同时，再附上开放型问题）三类。结束语用来表示对参与者的感谢，或提供一些奖品、优惠券等。

发布网络调查问卷是将设计好的问卷通过一定的方式发布在网上，让受访者参与调查。常见的发布方式主要有网站（页）发布、E-mail 调查、讨论组调查、专业的问卷调查平台调查等。

（2）网络讨论法

网络讨论法是互联网上的小组讨论法，它通过新闻组、邮件列表讨论组、BBS 或互联网中继交谈（Internet Relay Chat，IRC）、网络会议等进行讨论，从而获得资料和信息。网络讨论法实施的一般步骤是：首先，确定要调查的目标市场，识别目标市场中可参与调查的讨论组；其次，准备好需要讨论的话题；再次，登录相应的讨论组发布调查项目，请组内成员参与讨论，发表各自的观点和意见；最后，通过过滤系统发现有用的信息，或发布新的话题深入挖掘信息。网络讨论的结果需要调研人员加以总结和分析，因此网络讨论法对信息收集和数据处理的模式设计要求很高，难度较大。

（3）网络文献法

网络文献调研是利用互联网收集二手数据的调研方法，也称网络文献法。网络文献搜索主要借助搜索引擎、网络社区、新闻组和 E-mail 等途径实现。

4．网络营销调研策略

（1）提高用户参与度

首先，网络营销调研人员应采取一些手段激励用户参与调研。例如，企业调研人员通过在网站提供免费咨询服务等，增加注册、登录网站的用户数量，并激励用户填写调查问卷，参与网站互动活动，从而达到网络营销调研的目的。

其次，企业应关注访问者在网上的浏览路线，分辨其感兴趣的企业、产品及相关信息，为访问者定制信息并及时发送给对方，从而吸引其访问企业网站，完成调查问卷填写。目前，许多购物网站都会依据访问者的搜索记录或者购物记录，预测其未来可能需要购买的商品，有针对性地为其推荐相关商品。此方法同样可用于开展网络营销调研。

最后，调研人员通过访问者网站注册或其他途径获得顾客或潜在顾客的电子邮件地址，企业可以通过电子邮件与其联系，向他们发送有关产品或服务的问卷或其他调研相关信息，并请求他们回复。针对有沟通欲望的受访者，也可在调查问卷中设置一些开放型问题，让受访者自由发表意见和建议，以了解他们对企业、产品、服务等各方面的感受、意见和建议等。调研人员可以根据受访者回复的信息，了解其心理及消费行为的变化趋势，并据此调整企业的市场营销策略。

（2）提升网络问卷调查效果

提升网络问卷调查效果的方法和技巧主要有：清楚描述问题、注意问题排序、注意提问的艺术性、避免提有诱导性的问题、尽量避免使用专业术语、合理设置有奖问卷的奖品等。

6.2.2　网络消费者行为分析

1．网络消费的需求特点和趋势

网络消费是一种全新的消费方式，与传统的消费方式相比，网络消费需求呈现如下的特点和趋势。

（1）回归个性化消费

在早期手工作坊式生产阶段，产品无法实现标准化、大规模、批量式生产。在这一时期，消费者获得的产品是定制化的，消费属于个性化消费。工业革命之后，机器生产取代了手工生产，现代工厂代替了手工作坊，工业化和标准化的生产方式使得个性化消费被湮没于大量低成本、单一化的产品洪流之中。伴随着 Internet 的迅速普及及现代制造技术的高速发展，企业满足消费者的个性化消费需求成为可能。因此，在网络时代个性化消费再度成为消费的主流。

（2）消费需求的差异化明显

消费需求的差异是始终存在的，但当前消费者的需求差异比任何一个时期都要明显。这是因为网络营销没有地域限制，不同的消费者有较大的需求差异。因此，从事网络营销的电子商务企业要想取得成功，必须认真思考这种差异，并针对不同消费者的需求差异，采取有针对性的方法和措施。

（3）消费者获取的商品信息更加全面

消费者在做出购买决策之前，可以通过 Internet 主动获取欲购买的商品的信息并进行比较，从而做出最佳的购买决策。

（4）消费者对购物便利性的要求越来越高

购物便利性是影响消费者购买行为的一个重要因素。一般而言，消费者的购买成本除了货币成本外，还有时间成本等。网络为消费者提供了便利的交易平台，也促使消费者对购物便利性产生了更高的要求。

2. 影响消费者购买决策的因素

影响消费者购买决策的因素除个人因素，如个人收入、年龄、职业、学历、心理、对网络风险的认知等因素之外，还有商品的价格、购物便利性、商品选择的范围、商品的时尚与新颖性等因素。

（1）个人因素。一般来说，年轻的、对网络风险有着正确认知（受消费者网络知识、学历、职业等因素影响）的消费者更倾向于在网上购物。不过随着网络的不断普及，越来越多的消费者加入网购群体。

（2）商品的价格。价格是影响消费者购买心理及行为的重要因素。网络的开放性和共享性，使得消费者可以在第一时间方便地获得众多不同商家的报价，因而具有价格优势的商品更容易获得消费者的青睐。

（3）购物便利性。购物便利性是影响消费者购物的重要因素之一。网络购物满足了消费者的便利性需求。在网络购物模式下，消费者可以坐在家中与卖家达成交易，足不出户即可获得所需的商品或服务。网上购物顺应了现代社会中消费者对便利性的追求，因而为越来越多的消费者所接受。

（4）商品的选择范围。商品的选择范围也是影响消费者购物的重要因素。借助于网络平台，消费者挑选商品的范围大大拓宽，因而网络购物广受消费者青睐。网络为消费者提供了多种搜索途径，借助搜索功能，消费者可以方便、快速地获得所需商品的信息，通过比较和分析，消费者很容易做出购买决策。

（5）商品的时尚与新颖性。追求商品的时尚与新颖性是许多消费者重要的购买动机。这类消费者特别重视商品的款式、格调等。他们是时髦的服饰、新潮的数码产品的主要追随者。因此，时尚、新颖的商品更能激发部分消费者的购买欲望。

3. 网络消费者的购买过程

与线下购买行为相似，网络消费者的购买行为在实际购买之前就已经开始，并且延长到购买后的一段时间，有时甚至是一个较长的时期。具体的购买过程大致可分为诱发需求、收集信息、比较选择、购买决策和购后评价等不同的阶段。

（1）诱发需求。对于网络营销来说，诱发需求的动因局限于视觉和听觉。文字的表述，图片、声音的配置成为诱发网络消费者购买的直接动因。这就要求从事网络营销的企业注意了解与自己产品有关的实际需求和潜在需求，了解在不同时间段消费者产生这些需求的程度，了解这些需求是由哪些刺激因素诱发的，进而采取相应的促销手段去吸引更多的消费者浏览网页，激发他们的需求欲望。

（2）收集信息。消费者在网上购物过程中，主要通过互联网收集商品信息。与传统购买方式不同，消费者在网上收集信息具有较大的主动性。一方面，消费者可根据已了解的信息，通过互联网进行查询；另一方面，消费者也可利用互联网寻找新的购买机会。

（3）比较选择。比较选择是购买过程中必不可少的环节。消费者对通过各种渠道收集而来的信息进行比较、分析、研究，从而了解各种商品的特点及性能，从中选择最为满意的商品。

消费者网购时，不直接接触实物，因此消费者对商品的比较主要依赖于商家对商品的描述，包括文字、图片和视频等。若商家对自己的商品描述得不详细，就不能吸引更多的消费者；反之，过分夸张的描述或虚假描述，则可能导致失去消费者。对于这种分寸的把握，是每个商家都必须认真考虑的。

（4）购买决策。消费者做出购买决策一般有三个条件：第一，信任商家；第二，信任支付平台；第三，对商品有好感。所以，树立企业形象、改进货款支付办法，完善商品物流方式，以及提高产品质量，是每个商家必须重点做好的三项工作。

（5）购后评价。消费者购买商品并使用后，往往会对商品效果、服务水平等进行评价。这种购后评价往往会影响其他消费者的购买行为。

学习思考

如何运用大数据技术对消费者行为进行分析？

6.3 网络营销方法

为实现网络营销的目标，企业可采用多种营销方法，如搜索引擎营销、病毒式营销、网络事件营销、大数据营销、短视频营销、直播营销、微信营销等，下面分别进行介绍。

6.3.1 搜索引擎营销

1. 搜索引擎营销的含义与特点

（1）搜索引擎的含义

搜索引擎营销（Search Engine Marketing，SEM）是基于搜索引擎平台，通过一整套的技术和策略，利用人们对搜索引擎的依赖和使用习惯，在人们检索信息的时候尽可能将营销信息传递给目标客户的一种营销方式。搜索引擎营销要求以最少的投入，获得最大的来自搜索引擎的访问量，并产生相应的商业价值。用户通过搜索引擎进行信息搜索是一种主动表达自己真实需要的方式，因此搜索与某类商品或某个品牌相关的关键词的用户就是该商品或品牌所寻找的目标客户或潜在目标客户，这也是搜索引擎应用于网络营销的基本原理。

（2）搜索引擎营销的特点

搜索引擎营销的实质就是通过搜索引擎工具向用户传递他所关注对象的营销信息。与其他网络营销方法相比，搜索引擎营销有以下特点。

① 用户主动创造营销机会。搜索引擎营销和其他网络营销方法最大的不同点在于，在这种方法下用户主动创造了营销机会。以关键字广告为例，只有用户输入了关键字，相关广告才在搜索结果中出现。

② 以用户为主导。搜索引擎检索出来的是网页信息的索引，而不是网页的全部内容，所以这些搜索结果只能发挥引导的作用。在搜索引擎营销当中，使用什么搜索引擎、通过搜索引擎检索什么信息完全是由用户自己决定的，在搜索结果中单击哪些网页也取决于用户的判断。这种以用户为主导的搜索引擎营销极大地减少了营销活动对用户的干扰，贴合了网络营销的基本思想。同时，以用户为主导的这种特点使搜索者的访问更有针对性，从而使搜索引擎营销可以产生很好的营销效果。

③ 按效果付费。搜索引擎营销是按照点击次数来收费的，而展示则是不收费的。这意味着企业的广告只有被用户检索到并单击后才会产生费用，而用户的单击则代表用户对该广告展示的产品或服务具有一定的兴趣。因此，这种按效果付费的方式更为合理、科学，避免了企业广告费的无效投入。

④ 分析统计简单。企业借助搜索引擎开展营销活动，可以很方便地从后台看到广告每天的点击量、点击率，有利于企业分析营销效果，优化营销方式。

⑤ 用户定位精准。搜索引擎营销在用户定位方面表现突出，尤其是搜索结果页面的关键词广告，它与用户检索所使用的关键词高度相关，从而提高营销信息被关注的可能性，最终达到增强网络营销效果的目的。

除此之外，门槛低、投资回报率高、动态更新、使用广泛等都是搜索引擎营销的特点。

但需注意的是，搜索引擎营销的效果表现为网站访问量的增加而不是销量的直接增加，其目的是提高访问量，至于访问量最终是否可以转化为收益，不是搜索引擎营销可以决定的。要想提高销量，企业还要做好各方面的工作。

2. 搜索引擎营销的模式

搜索引擎营销追求高性价比，以最少的投入，获得最大的来自搜索引擎的访问量，并产生相应的商业价值。搜索引擎营销模式主要有以下几种。

(1) 登录分类目录

登录搜索引擎的方法比较简单，只需要按照搜索引擎的提示逐步完成即可。通常利用网站登录搜索引擎需要提供网站名称、网站地址、关键词、网站的描述和站长联系方式等信息。大部分的搜索引擎要对所收到的信息进行人工审核。管理员在收到用户提交的信息后会访问网站，判断用户所提交的信息是否属实，所选择的类别是否合理，并决定是否收录该网站。登录审核通过后，搜索引擎数据库更新后会显示收录信息。

搜索引擎登录有免费登录分类目录和付费登录分类目录之分。免费登录分类目录是传统的网站推广手段。目前多数搜索引擎都已开始收费，只有少数搜索引擎可以免费登录。但网站访问量主要来源于少数几个重要的搜索引擎，即便企业登录多个低质量的搜索引擎，网络营销效果也一般。搜索引擎的发展趋势表明，免费搜索引擎登录的方式将逐步退出网络营销舞台。

付费登录分类目录与免费登录分类目录相似，只是网站交纳费用后才可以获得被收录的资格。一些搜索引擎提供的固定排名服务，通常也是在收费登录的基础上展开的。此类搜索引擎营销与网站设计本身没有太大关系，主要取决于费用。因此，一般情况下，只要交费，信息都可以被收录。但与免费登录分类目录一样，这种付费登录搜索引擎的营销效果也正日益降低。

(2) 搜索引擎优化

搜索引擎优化（Search Engine Optimization，SEO）是通过对网站栏目结构和网站内容等基本要素的优化设计，提升网站对搜索引擎的友好性，使得网站中尽可能多的网页被搜索引擎收录，并且在搜索中获得好的排名，进而在搜索引擎的自然检索中吸引尽可能多的潜在用户。具体来说，可以采取以下优化措施。

① 关键词优化。在搜索引擎中检索信息都是通过输入关键词来实现的，它是整个网站登录过程中最基本也是最重要的一步，是网页优化的基础。然而，选择关键词并非一件轻而易举的事，要考虑诸多因素，如关键词与网站内容的关联性、词语间组合排列的合理性、与搜索工具要求的符合度、与热门关键词的区分度等。

② 网站栏目结构优化。网页级别（Page Rank，PR）是谷歌搜索排名算法中的一个组成部分。PR 值越高，说明该网页在搜索结果中的排名越靠前。网站内容不完善会导致网站结构散乱，不利于提高 PR 值，并会影响搜索引擎收录。尽管网站结构问题在中小型站点中并不突出，但对于存在较多二级域名的大型网站来说，网站结构非常重要。

③ 网页优化。静态网页是指网页文件中没有程序，只有 HTML 代码，一般以.html 或.htm 为后缀名的网页。静态网页内容在制作完成后不会发生变化，任何人访问都显示一样的内容，如果需要内容产生变化就必须修改源代码，然后再上传到服务器。静态网页都有一个固定的 URL，且网页 URL 以.htm、.html、.shtml 等常见形式为后缀，不含有动态网页的"？"。而搜索引擎一般不会从一个网站的数据库中访问全部网页，搜索引擎蜘蛛也不会抓取网址中"？"后面的内容，所以采用静态网页的网站在开展搜索引擎营销时，需要做一定的技术处理才能适应搜索引擎的要求。

④ 内部链接优化。网站的内部链接，简称网站内链，是指在一个网站域名下的不同内容页面之间的互相链接，内链可以分为通用链接和推荐链接。合理的内链布局有利于提升用户体验和搜索引擎蜘蛛对网站的爬行索引效率，利于网站权重的有效传递，从而增加搜索引擎的收录与提升网站权重。内部链接的优化，包括相关性链接、锚文本链接、导航链接等的优化。如果网站有两个以上的域名，要避免两个或更多域名同时指向一个空间。因为搜索引擎可能会认为这是网页复制，从而收录其中一个 URL，将另一个 URL 列为复制站点。当网站存在复制站点时，搜索引擎会认为网站有作弊的嫌疑，这对网站排名极为不利。

（3）关键词广告

关键词就是用户输入搜索框中的文字，其形式多样，可以是中文、英文或中英文混合，可以是一个字、两个字、三个字，甚至一句话。按照搜索目的不同，关键词大致可以分为导航类关键词、交易类关键词和信息类关键词。

关键词广告是当用户利用某一关键词进行检索时，在检索结果页面出现与该关键词相关的广告内容的一种搜索引擎营销手段。关键词广告是在用户检索特定关键词时才出现在搜索结果页面的显著位置的，其针对性比较强，被认为是性价比较高的网络营销方式，发展较快。

用户通过关键词在互联网搜索引擎中查找相关信息，这些相关信息能否被找到和关键词的选择、使用分不开。搜索引擎公司通过分析用户使用关键字、词、句的内容、种类、频率，可以分析用户的搜索行为，发现用户感兴趣的信息。

关键词广告的形式比较简单，不需要复杂的广告设计过程，因此极大地提高了广告投放的效率。同时，较低的广告成本和门槛使得个人店铺、小企业也可以利用关键词广告推广。关键词广告通常采用点击付费计价模式，广告主只为被点击的广告付费。

关键词广告还有一种竞价排名的方式，即将出价高的关键词排在前面，这为经济实力比较强而且希望排名靠前的网站提供了方便。广告主可以方便地对关键词广告进行管理，并随时查看流量统计。传统的搜索引擎优化中，缺乏关键词流量分析手段，并不能准确统计所有访问者来自哪个搜索引擎，以及使用的关键词是什么。付费的关键词广告可以提供详尽的流量统计资料和方便的关键词管理功能，企业可以根据自身的营销策略更换关键词广告。

此外，基于网页内容的网络广告是关键词广告搜索引擎营销模式的进一步延伸，这使得广告载体不仅可以是搜索引擎搜索结果网页，也可以延伸到合作伙伴的网页。

6.3.2　网络事件营销

随着信息技术与互联网的不断发展，网络已经成为汇集民意的新渠道。在网络这一传播媒介的协助下，网络事件营销方式成为企业及时、有效、全面地向大众宣传产品或服务的新型营销模式。

1. 网络事件营销的含义

网络事件营销（Internet Event Marketing，IEM），是指企业通过策划、组织和利用具有新闻价值、社会影响及名人效应的人物或事件，以网络为传播载体，吸引媒体、社会团体和消费者的兴趣与关注，以求提高企业或产品的知名度、美誉度，树立良好品牌形象，并最终促成产品或服务的销售的一种新型营销模式。

网络事件营销

2. 网络事件营销的特征

（1）网络事件营销投入少、产出大。网络事件营销利用现代社会非常完善的传播媒介进行传播，达到宣传企业产品或服务的目的。由于所用的传播媒介都是免费的，所以这种营销方式的投入成本较低。如果企业能够提出好的创意并选择合理的时机开展网络事件营销，不仅可以得到较高的回报，还可以迅速提升企业、品牌的知名度。

（2）网络事件营销影响面广、关注度高。互联网的及时性和普及性使得信息传播的速度和广度都大为提升。事件一旦被关注，借助互联网的口碑传播效应，可以引发极高的社会关注度，甚至可由网络事件上升到被其他媒体关注的事件。

（3）网络事件营销具有目的隐蔽性。企业策划的网络事件营销都有商业宣传的目的，但一般情况下该目的是隐蔽的，大量高明的网络事件营销都隐藏了自己的推广意图，让消费者根本感觉不到该事件的目的是产品推广。

（4）网络事件营销具有一定的风险性。网络事件营销是一把"双刃剑"。由于传播媒介的不可控制性及事件接受者对事件理解程度的不确定性，网络事件营销很可能引起公众的反感和质疑，使企业不仅达不到营销的目的，反而可能面临生存危机。例如，肯德基的"秒杀门"事件（注：2010 年4 月 6 日，肯德基中国公司推出"超值星期二"三轮秒杀活动——64 元的外带全家桶只要 32 元，于是在全国引发消费者的购买热情。但当消费者拿着从网上辛苦秒杀回来的半价优惠券购物时，却被肯德基单方面宣布无效。与此同时，公司发表声明称，由于部分优惠券是假的，所以取消优惠兑现。消费者认为是肯德基忽悠了大家，网友称肯德基这次陷入了"秒杀门"），不仅没有达到企业推广的目的，还暴露了企业信息化建设不足、危机处理能力欠缺、不能与公众进行良好沟通等缺陷。

3. 网络事件营销策划

"水可载舟，亦可覆舟"，网络事件营销可以让企业"一夜成名"，也可能使企业"一夜败北"。网络媒体传播速度快、范围广、关注度高的特性，造就了网络事件营销的独特优势，利用网络事件营销可以有效地提高企业、品牌的知名度。但由于网络媒体及消费者的接受度等存在不可控的风险，也可能引起消费者对企业、品牌的反感。"凡事预则立，不预则废"，在实际的营销过程中，企业应该细致策划网络事件营销活动，以发挥网络事件营销的作用。

（1）良好的创意

良好的创意是网络事件营销成功的首要条件。近些年，很多成功的网络事件营销都有较好的创意。它们通过"唱反调"、制造悬念等方式引起网民的广泛关注，提高了相关企业的知名度。"吃垮必胜客"事件营销就是一个非常值得我们学习的案例。

前些年，一则"吃垮必胜客"的帖子一度在网上热传。该帖主要用于对水果蔬菜沙拉的高价表示不满，并提出了许多盛取食物的"秘籍"。随着帖子的点击量和转载量的急速上升，必胜客的客流量迅速增长。其实，这不过是必胜客为了吸引更多的客户而发起的一场成功的网络事件营销活动。

有一位网友这样在网上留言："我当时马上把帖子转发给我爱人了，并约好去必胜客'一试身手'。到了必胜客我们要了一份自助沙拉，并马上开始按照帖子里介绍的方法盛取沙拉。努力了几次，终于发现盛沙拉用的夹子太大，做不了那么精细的搭建工艺，最多也就搭2~3层，不可能搭到15层。"

真正装满那么多沙拉的热心网友，会在网上发帖，介绍自己"吃垮必胜客"的成功经验，甚至有网友从建筑学角度，用11个步骤来论述如何"吃垮必胜客"。

"吃垮必胜客"事件抓住了公众的好奇心理，许多消费者看到帖子后都纷纷前往必胜客一探究竟。其结果可以想象，随着帖子点击量的急速上升，必胜客的客流量迅速增加，这一事件营销达到了出奇制胜的效果。

（2）把握网民关注的动向

网络事件营销想做到有的放矢，就必须把握好网民关注的动向。大多数网民具有较强的好奇心，喜欢关注新奇、反常、有人情味的事件。麦当劳在巴西的做法就是牢牢抓住公众及媒体关注动向的典型案例。

2020年新冠肺炎疫情肆虐，保持距离成了人们防范病毒感染的重要措施。为了鼓励公众养成保持安全距离的习惯，麦当劳（巴西）在2020年3月20日更改了其在某社交网站上的图片，如图6-2所示。

麦当劳的金色"M"标志浓缩着品牌价值信息、承载了无数人童年的美好回忆。这次麦当劳标志的更改，一时间引发了网友们的强烈关注。

图6-2　麦当劳（巴西）在某社交网站的图片

虽然这个标志只是在新冠肺炎疫情下暂时出现的产物，但是"患难见真情"，在这一时刻愿意将公众利益放在优先地位的品牌，更能获得认可。

麦当劳从标志入手，既达到了呼吁公众做好新冠肺炎防护的目的，也进一步提升了品牌在大众心中的良好形象。

（3）抓住时机，善于借势

所谓借势，是指企业及时地抓住广受公众关注的事件、社会新闻等，结合企业或产品的宣传目的而开展的一系列相关活动。企业如果可以充分调动公众的好奇心，则取得网络事件营销成功的概率更大。如果企业自身不具备引起社会关注的新闻价值，需要采用借势的手段，利用已有关注度的事件，将公众及新闻媒体的视线吸引到本企业。

（4）诚信为本

"巧妇难为无米之炊。"企业的行为会影响企业的信誉，企业要采取实际行动，用事实说话，为公众做实事，网络事件的传播才"有米下锅"。因此，网络事件营销策划，必须做到实事求是，不弄虚作假，才能真正让公众信服。这是企业进行网络事件营销的基本原则。恶意的炒作会严重影响网络事件营销的效果，损害企业的社会形象。

6.3.3　病毒式营销

1. 病毒式营销的概念

病毒式营销是一种常用的网络营销方法，其原理是利用口碑效应、网络的快速传播功能让企业所要传递的营销信息在互联网上像病毒一样迅速扩散。病毒式营销常被用于网站推广、品牌推广、为新产品上市造势等营销实践中。需要注意的是，病毒式营销成功的关键是要关注用户的感受。

2. 病毒式营销的特点

病毒式营销通过自发的方式向用户传递营销信息，因此它有一些区别于其他营销方式的特点与优势。

（1）推广成本低。病毒式营销与其他网络营销方式最大的区别就是它利用了用户的参与热情，由用户自发地对信息进行二次传播，这样原本应由企业承担的推广费用就转嫁到了外部媒体或用户身上，他们充当着免费的传播媒介，因此大大节省了企业的广告宣传费用。

（2）传播速度快、传播范围广。在当今的网络社会，信息传播极为迅速，几乎所有信息都可以做到实时传播。而且随着自媒体的兴起，网民对感兴趣的信息可借助博客、微博、微信、短视频平台等进行转发，相当于无形中组建了一支强大的"信息传播大军"，因而能大大拓展信息传播的范围。

（3）效率高、更新快。病毒式营销广告的信息传递者是"身边的人"，相比大众媒体广告，病毒式营销广告更容易被大众接受，因此病毒式营销广告传播的效果更好。

同时，由于病毒式营销的信息传递者对"病毒"的记忆与关注，所以随着信息传递过程的继续，最开始的传播力已经慢慢转化为购买力，而新一波的"病毒"也会相继而来，因此在整个病毒式营销的过程中，不仅有旧营销信息的传递，还有营销信息的转化与新营销信息的接力，信息更新速度相比大众媒体广告更快。

3. 病毒式营销的策划

病毒式营销策划的核心是制造能迅速吸引眼球的话题。话题只有足够新鲜、有趣，才能激起网络用户的兴趣和转发的热情。病毒式营销的话题有很多种，常见的有三种，分别是情感性话题、利益性话题和娱乐性话题。

借情感性话题营销是指开展病毒式营销的企业以情感为媒介，从受众的情感需求出发，寓情感于营销之中，激发他们的消费欲望，并使之产生心灵上的共鸣。例如，前些年异军突起的白酒江小白，就是靠一手漂亮的营销"情感牌"赢得了消费者，尤其是青年消费者的心，如图 6-3 所示。江小白的情感营销，总是让人们心里充满了温情。

我在杯子里看见你的容颜，却已是匆匆那年。

图 6-3　江小白的情感营销

借利益性话题营销是指开展病毒式营销的企业以引人注目的利益话题来激起受众的关注和参与热情。例如，2018 年 9 月 29 日，支付宝官方微博推出了一个转发"中国锦鲤"的活动，支付宝会在转发该条微博的网友中抽出 1 位"中国锦鲤"。奖品包括鞋包服饰、化妆品、各地美食券、酒店等的优惠券。2018 年 10 月 7 日，支付宝从 300 万左右转发者中抽出了唯一的"中国锦鲤"。这位幸运者获得了"中国锦鲤全球免单大礼包"。而后，在"双 11"即将到来之际，支付宝官方微博再次发文宣布从转发者中抽取 1 名用户帮还 1 年花呗，该条微博的转发量也很多。

借娱乐性话题营销是指开展病毒式营销的企业将娱乐元素融入话题，通过营造轻松、愉快的氛围来增强受众的黏性，并最终促进产品的销售。例如，七喜通过融合一系列热门话题的极具趣味的视频，对七喜当时"开盖有奖""中奖率高达27%"等活动进行了生动的演绎，牢牢抓住了观众的眼球。其视频在优酷、土豆、校内网、开心网、微博等各大视频及社交网站被大量转发，取得了很好的营销效果。面对市场上众多大品牌饮料产品的竞争，七喜扬长避短，突出自身特色，在视频中通过传递"中奖率高"的这一信息使得消费者一下子就能记住七喜，与其他品牌进行了有效区分。随后，七喜通过视频续集的方式进行深度营销，大幅提升了品牌知名度，七喜当年的销售额也一举进入饮料行业的前三名。

4. 病毒式营销的实施过程

病毒式营销的实施一般都需要经过规划整体方案、创意和营销方案设计、制造话题和选择信息传播渠道、发布和推广话题、对营销效果进行总结和分析等阶段，下面就对每一阶段的具体工作做简要介绍。

实施病毒式营销的第一步是规划整体方案。在这一阶段，企业需制定病毒式营销的总体目标，拟订实现目标的计划，设立相应的组织部门并配备所需的人员。

实施病毒式营销的第二步是创意和营销方案设计。创意要具有独特性和原创性，人云亦云或跟风抄袭等，不仅难以激发受众的兴趣，甚至会让人反感和厌恶。因此，病毒式营销对创意人员有着很高的要求。在这一阶段的另外一个任务是设计营销方案。病毒式营销不是只抛出话题，而是要从多方面综合考虑，设计出全面、具体的营销方案。要制定应对不同情况的营销措施。例如，当话题发布，激起了受众强烈的兴趣并引发大量转发后，企业就应该制订对应的方案，借势营销，最大化营销效果。

实施病毒式营销的第三步是制造话题和选择信息传播渠道。病毒式营销的话题在前文中已经做过介绍，在制造话题时要融入情感、利益和娱乐等元素，这样更容易获得受众的关注。在选择信息传播渠道时，企业要考虑哪些是目标受众最易接触的平台，是论坛、QQ、微博、博客、微信，还是短视频平台等，然后从中进行选择。当然，企业也可采取组合策略，充分利用各种信息传播渠道。

实施病毒式营销的第四步是发布和推广话题。发布和推广话题要选准时机，要尽可能吸引有影响力的名人和意见领袖参与话题。

实施病毒式营销的第五步是对营销效果进行总结和分析。通过对营销效果进行总结和分析，企业可以发现问题，适时调整病毒式营销的策略，进而为下一次开展营销活动提供有益的借鉴。

6.3.4　大数据营销

1. 大数据营销的概念

大数据营销是通过大数据技术，对从多个平台获得的海量数据进行分析，帮助企业找到目标客户，并以此为基础对广告投放的内容、时间及形式进行预测与安排，从而实现广告精准投放的营销过程。按照大数据处理的一般流程，大数据技术可以分为大数据采集技术、大数据存储和管理技术、大数据分析技术和大数据应用技术四类。

社交网络的扩张使得数据急速增长，企业将用户在社交网络中的行为轨迹串联，进行分析，就可以了解用户的行为习惯，理解用户的需求。例如，亚马逊通过从用户身上获得的大量数据研发了个性化推荐系统，根据用户的购物喜好，为其推荐具体的书籍、产品及感兴趣的内容。

2. 大数据营销的特征

大数据带来的营销变革日益凸显,与传统营销相比,大数据营销具有以下特征。

(1) 全样本调查

大数据技术的发展,使得人们对从移动终端、网站等采集的数据进行分析,从中获取有价值的信息成为现实。在大数据时代,商务数据分析不再使用抽样调查的方式,降低了数据处理的难度,而可以对所采集的全部数据进行分析,能够有效避免抽样自身存在的误差甚至以偏概全等缺陷。

(2) 数据化决策

英国学者舍恩伯格和库克耶在其经典著作《大数据时代》一书中强调,大数据时代探索的不是"为什么"的问题,而是"是什么"的问题。在大数据时代,事物之间的因果关系已不是数据分析的重点,识别需求才是信息的价值所在。大数据营销将让一切消费行为与营销决策数据化,最终形成一个营销的闭环体系,即消费—数据分析—营销活动—效果评估—消费。预测分析成为大数据营销的核心。全面、及时的大数据分析,能够为企业制定营销决策提供有力支撑,从而提高企业的竞争力。

(3) 强调时效性

在网络时代,网民的消费行为和购买方式极易在短时间内发生变化。在网民需求最大时及时进行营销非常重要。大数据营销企业 AdTime 对此提出了时间营销策略,它可通过技术手段充分了解网民的需求,并及时响应每一个网民当前的需求,让网民在决定购买前及时接收到商品广告。

(4) 个性化营销

个性化营销 (Personalization Marketing,PM),即量体裁衣,是指企业面向消费者,按照其特殊要求制作个性化产品的新型营销方式。互联网提供了大量消费者的数据,企业可以利用这些数据,制定精准的营销策略。对于既有消费者,企业可以通过分析所采集到的信息,推断其购物偏好或倾向,进而进行定制化推送。同时,企业也可以根据消费者不同的特性对其进行细分,然后用不同的方式向这类消费者进行定向的精准营销。而对于潜在消费者,企业可以根据大数据分析获得消费者对产品特性的倾向,进而对产品精确定位、改善产品,进行有针对性的营销,使潜在消费者真正成为企业客户。

3. 大数据+网络社交媒体营销

随着社会化媒体的盛行,消费者对于企业的营销作用在日益扩大。当今,消费者通过网络媒体平台,对产品信息的反馈比以往更加及时、全面。近些年逐渐盛行的社交媒体,如微博、微信逐渐显示出其对于营销的作用。企业应利用大数据技术分析消费者的需求,并以此为依据,结合网络社交媒体做好营销活动。下面以常用的微信、微博、E-mail、移动端 App 为例进行介绍。

(1) 大数据+微信

大数据的迅猛发展对当下的网络营销产生了巨大的影响,也催生了微信的数据营销价值。由于微信拥有海量用户,微信平台会产生海量的数据。因此,微信对商家的营销有着巨大的作用。在这方面,小米手机的"9∶1 000 000"的粉丝管理模式值得商家学习。

"9∶1 000 000"的粉丝管理模式,是指小米手机的微信账号后台客服人员有 9 名,这 9 名员工的工作是每天回复 100 万名粉丝的留言。

每天早上,当 9 名小米微信运营工作人员在计算机上打开小米手机的微信账号后台,看到后台用户的留言时,他们一天的工作也就开始了。其实小米自己开发的微信后台可以自动抓取关键词回复,但小米的客服人员还是会进行一对一的回复,小米通过这样的方式大大地提升了用户的忠诚度。

此外，这种模式还使得小米的营销成本、客户关系管理成本降低。过去，小米开展活动前通常会群发短信，发 100 万条短信会产生 4 万元的成本。

（2）大数据+微博

微博营销是利用微博平台实现企业信息交互的一种营销方式，是企业借助微博这一平台开展的包括企业宣传、品牌推广、活动策划及产品介绍等一系列的市场营销活动，具有成本低廉、针对性强且传播速度快、灵活和互动性强等特点。在微博中，每一个粉丝都是企业潜在的营销对象。企业可以通过微博平台向粉丝传播企业文化、产品信息，树立良好的企业形象和产品形象。微博平台具有庞大的用户群体，为企业开展微博营销提供了坚实的基础。

（3）大数据+E-mail

E-mail 营销是在用户许可的情况下，通过 E-mail 的方式向目标用户传递信息的一种营销手段，具有操作简单、应用范围广、成本低、针对性强等特点。企业常通过 E-mail 发送电子广告、产品信息、销售信息、市场调查问卷、市场推广活动等信息。然而人们对 E-mail 的信任度较低，因为常收到垃圾邮件。随着大数据技术的发展，通过大数据分析能够获知用户的行为倾向、消费偏好，企业通过 E-mail 进行精准营销成为可能。

如今，已有越来越多的企业采用电子邮件开展产品的网络推广和客户的维护服务，精准的 E-mail 营销是互联网时代企业制胜的利器。

（4）大数据+移动端 App

北京贵士信息科技有限公司（QuestMobile）数据显示，2019 年“双 11”当天，移动购物 App 行业日活跃用户规模为 6.58 亿，同比增长 31.3%。手机淘宝、拼多多、京东的日活跃用户规模分别达到 4.6 亿、2.2 亿和 9 687 万。

目前，大数据结合移动端营销的方式主要有微店、微商、App、代购等，天猫、亚马逊、京东等各大电商都纷纷推出自己的移动 App。根据爱媒网发布的数据，2013-2020 年我国移动电商市场交易额不断提高，其中 2020 年移动电商市场交易额为 79830 亿元。当前我国移动电商用户消费习惯已逐渐形成，传统电商巨头纷纷布局移动电商，众多新型移动电商购物平台不断涌现。

现在很多商家在营销中加入了明显的移动端色彩，有的商家推出“PC 端+移动端+线下门店”等多渠道购物方式，进行线下线上联动营销，包括推出支付宝支付、微信支付等移动支付形式，既在一定程度上减少了顾客排队等候的苦恼，还使得商家的营销服务更加新颖。

大数据+移动端 App 营销使企业大大降低了广告宣传费用、运营成本。企业若想方便地与消费者进行“一对一”的交流，只需开发一款 App 或者注册微信公众号，进而精准定位消费群体，细分各个消费群体，在精准定位的基础上实现对消费者的个性化服务，让消费者获得满意的购物体验。此外，很多商家还推出了“百度春晚搜红包”“微信红包”等活动，鼓励用户在手机上抢红包，以增加自身人气。同时，商家还开展团购活动，鼓动消费者邀请自己的朋友参与。在这个过程中，越来越多的消费者关注商家的公众号、下载商家的 App。商家获得更多的用户信息，以后可以用短信等形式向消费者推送产品信息，确保与用户的长期联络。

当前通过手机购物的消费者越来越多时，商家应该努力把移动端营销活动作为重点，从而实现真正的精准营销。同时，在大数据时代，手机成了产生大数据的重要终端，商家在移动端的营销布局变得越来越重要。

大数据营销在实现精准营销的同时，也可能带来诸如侵犯消费者隐私权等问题。如何有效防范这些问题？

6.3.5 短视频营销

在如今移动互联网兴起的时代，短视频因创作门槛低、操作简单、互动和社交属性强、易于传播分享等优点而迅速成为一种新兴的网络营销载体，短视频营销也因此呈现爆发式增长之势。

1. 短视频及短视频营销的概念

（1）短视频的概念。短视频是指在各种新媒体平台上播放的、适合在移动状态和短时间休闲状态下观看的、高频推送的、时长从几秒到几分钟不等的视频。短视频是一个相对的称谓，与之对应的是长视频。长视频的时长一般不低于30分钟，主要由专业的公司制作完成，其特点是投入大、成本高且拍摄时间较长。长视频涉及的领域广泛，典型的表现形式是网络影视剧。长视频的传播速度相对较慢而且社交属性较弱，但短视频与之有很大的不同。首先为了充分利用用户的碎片化时间，短视频的时长一般都较短。其次，短视频的创作门槛低，非专业人士也能制作，非常有利于网络用户的积极参与。最后，短视频的内容聚焦于技能分享、幽默搞笑、时尚潮流、街头采访、公益教育等大家都感兴趣或关心的话题，因此很容易被用户观看和分享，因而传播速度快、社交属性强。

（2）短视频营销的概念。短视频营销是指企业或个人借助短视频平台，通过发布内容优质的短视频以吸引粉丝、推广品牌、宣传产品等，进而促进产品销售的营销活动。作为随移动互联网发展并借助短视频兴起而诞生的一种新型的网络营销方式，短视频营销具有成本低、目标精准、互动性好、传播迅速、冲击力强，以及营销效果容易预测和评估等优势，因而在当前的网络营销实践中被越来越广泛地采用。未来短视频营销将成为碎片化信息时代的主流营销形式。

2. 短视频营销的模式

短视频的营销模式主要有广告植入式、场景式及情感共鸣式等。广告植入式营销比较好理解，即在短视频中植入广告，通过短视频将广告传播给目标受众，以实现宣传品牌和促进销售的一种营销方式。场景式营销是指实施短视频营销的企业，通过在短视频中营造特定的购物场景，给用户带来身临其境的感受，并在线与感兴趣的用户实时互动，从而达到营销目的的一种新的网络营销方式。情感共鸣式营销是指企业从消费者的情感需求出发，借助短视频引发用户产生情感共鸣与反思，从而实现寓情感于营销之中的一种营销方式。例如，中国人有着很深的乡愁情结，因为乡愁不仅是人们对家乡的怀念之情，而且还蕴含着人们对过去美好的时光、情景的怀念之情。一些企业借助乡愁题材创作短视频，将购买家乡产品塑造为人们缓解乡愁的象征，很好地将产品与思乡之情融为一体，极大地提升了用户的购买欲望。

3. 短视频营销的实施流程与策略

（1）短视频营销的实施流程

短视频营销的实施主要包括以下流程。第一步是确定营销目标，并在对产品和市场竞争环境、市场定位、市场细分和目标市场选择分析的基础上制订短视频营销计划和营销策略。第二步是选择发布短视频的平台。在选择发布平台时应全面分析平台的定位、用户规模、用户黏性、使用者特征和运营模式等，以便从中遴选出最适合本企业产品开展短视频营销的平台。第三步是制作短视频。这一阶段的具体工作包括短视频创意设计、短视频策划、短视频脚本撰写及短视频的拍摄和后期剪辑等。第四步是传播短视频，除了在短视频平台上发布短视频外，企业还要充分利用其他途径广泛传播短视频，以提高短视频的曝光率，争取吸引更多的目标受众观看。第五步是做好粉丝的拓展与维护工作。可以采取组建粉丝交流社区、与粉丝在留言区互动、有奖转发等多种方式增强粉丝黏性。最后一步是对短视频数据进行分析，包括分析短视频被平台推荐的情况、用户点击观看的次数、完播率以及用户的点赞、评论和转发的情况等。这些数据是企业今后改进和优化短视频营销的重要依据。

（2）短视频营销的策略

短视频营销是一种全新的营销方式，有着鲜明的特点。在开展短视频营销活动时，以下三种策略可供选择。①

① 与关键意见领袖（Key Opinion Leader，KOL）深度合作，进行定向营销。这是指以 KOL 的品位和眼光为主导，进行选款和推广，在相关社交平台上吸引流量，依托庞大的粉丝群体进行定向营销。现代年轻人热衷于"种草""拔草"，而 KOL 的意见就是他们主要的"种草来源"，KOL 与品牌的深度合作也往往能提升其带货能力。

例如，YSL 在其秋冬系列口红上市期间，邀请了 10 位腾讯微视的 KOL 为新口红拍摄分享"种草"类短视频，并将 10 个 KOL 的视频做成微视合集，利用闪屏形式进行推广，带来了很高的商业转化率。

KOL 通过其为品牌背书，或者在其视频中进行深度植入，可以提高品牌的曝光度，推动受众对产品的关注，提高受众对品牌的信任度与好感度。

② 构建话题属性，推动短视频社交。短视频发展至今，功能逐渐强大，单向的传播已经满足不了受众的需求，具有话题属性更能激发他们的兴趣。如果品牌抓住这样的机遇，让受众充分参与品牌的创意设计，不仅可以让品牌的影响力得以延续，还能够推动短视频社交的发展。

③ 鼓励用户参与互动，品牌形象更易深入人心。随着短视频平台的崛起，用户的注意力已经从文字、图片过渡到了视频。微信也推出了小视频功能，这说明短视频时代已经到来。认识到这一趋势后，小米手机在美拍里鼓励用户"卖萌"，而且要求极其简单，只需要用户发"卖萌"短视频并加话题"卖萌不可耻"即可参与，同时要求用户关注小米手机的美拍官方账号。在短短几天内，"卖萌不可耻"的美拍相关视频播放量就突破了 1 000 万次。

小米手机通过激发美拍用户积极创造内容，品牌形象深入人心，对品牌营销起到了强有力的曝光作用。

而在微视平台上，小米手机同样发布了几个短视频。这些短视频都具备一个共同点：将创意融入产品，这样会引发受众更多的联想。例如，用品牌名称来做联想创意。这些创意短视频不仅吸引了消费者的注意，同时也增强了小米品牌与用户群体的互动。

因为短视频这一载体的特殊性，短视频营销的角色不再受以往的品牌或者代言人的桎梏。它的角色既可以是品牌，也可以是话题的发起者、参与者，因此品牌的植入更加自然和隐性，也给品牌留下了广阔的营销发挥空间。在形式和内容上，短视频较之于传统图文，形式更丰富。对于千禧一代的网络目标受众来说，这种新兴的媒体形式更易抓取他们被日益分散的注意力，并吸引他们主动参与营销。

短视频营销的一个巨大的优势是其传播范围广，在保持自身长处的同时，充分吸收了其他媒体的特点，成为集百家之长的新兴营销载体，是整个互联网和移动互联网生态链的重要一环。

---

① 节选自《短视频营销三板斧：KOL 化+话题性+深度互动》。

企业在实操过程中如果能打造出足够有创意的案例，完全可以实现"单点投放、全网裂变"的传播效果。持续化、深度化地投入短视频营销会让更多的企业、品牌从中获利。

但同时，无论是何种形式的营销，其前提都是依靠好的内容。所以在短视频领域，内容精品化将是一个长期趋势，另外，在市场趋势下，短视频如何与其他业态融合发展，如何通过多种多样的玩法实现营销效果的最大化，这都是品牌方需要思考的。

6.3.6 直播营销

随着网络直播的兴起和流行，网络直播营销逐渐成为当前广受重视的新型网络营销方式。不仅电子商务企业积极开展网络直播营销，一些传统的企业也纷纷采取这种营销方式来推动产品的销售。

1. 网络直播和直播营销的概念

（1）网络直播的概念。网络直播是最近几年兴起的一种高互动性视频娱乐方式和社交方式，具体形式有游戏直播、才艺直播、电视剧直播、电影直播和体育直播等。借助网络直播平台，网络主播可以将现场制作的视频实时传输给目标受众并与目标受众进行互动、交流。网络直播具有直观、形象、互动性强等优点，已成为如今大众娱乐消遣、获取信息的重要途径之一。

我国网络直播的发展经历了起步期（2005—2013 年）和发展期（2014—2015 年）之后，在 2016 年迎来了爆发期，各种网络直播平台如雨后春笋般涌现。在爆发期这一阶段，网络直播向泛娱乐、"直播+"演进，其巨大的营销价值开始显现。

（2）直播营销的概念。网络直播营销是指开展网络直播的主体（企业或个人）借助网络直播平台，对目标受众进行多方位展示，并与用户进行互动、交流，通过刺激消费者的购买欲望，引导消费者下单，从而实现营销目标的一种新型网络营销方式。一般来说，直播营销包括场景、人物、产品和创意四个要素。其中场景是指营销直播的环境和氛围；人物是指直播者，即主播，可以是一个人，也可以是多人；产品即营销直播中所要展示和推介的对象，可以是家电、食品、服饰等实体商品，也可以是游戏、服务等无形商品；创意是指企业在开展直播营销时要有创造性的想法和新颖的构思，并以此来吸引目标受众。

2. 直播营销的优势

直播营销的门槛低、投入少，只需借助智能手机和其他能够上网的终端设备，主播就可以通过直播平台开展适合自己的营销活动。借助网络的传播，直播营销可以覆盖任何网络所及的地域，大大拓展了营销的范围。在直播营销过程中，主播可以充分展示企业的实力，全面介绍产品的性能与优点，传递企业所能给予的优惠，以及演示产品的使用方法等，从而有效打消用户的疑虑，增强其购买的欲望。直播营销能够为用户打造一种身临其境的场景化体验。例如，用户在观看旅行直播时，只需用目光跟随主播的脚步，就能直观地感受到旅游地的自然风光、人文景观、景区设施、酒店服务等。另外，直播营销是一种互动式的营销模式，主播可以和用户在线实时交流，既能及时解答用户的疑问，增进与用户之间的友好关系，又能倾听用户的意见和建议，从而为今后更好地开展直播营销奠定良好的基础。

3. 主要的直播营销平台

直播营销平台主要包括专业垂直直播平台、短视频直播平台、电商直播平台和综合视频直播平台等。根据月活跃用户人数和直播营销平台的影响力来分类，截至 2020 年 3 月，排名前 20 的直播营销平台可以分为三个梯队。其中第一梯队为淘宝、抖音和快手；第二梯队为微博、拼多多、西瓜视频、京东、小红书和哔哩哔哩，平台类型以社交媒体、综合电商和视频平台为主；第三梯队为虎牙直播、花椒直播、斗鱼直播、YY、苏宁易购和蘑菇街，平台类型以专业垂直直播平台为主。

4. 直播营销的方式与活动实施

（1）直播营销的方式

根据"直播吸引点"划分，直播营销的常见方式包括名人或"网红"营销、利他营销、才艺营销、对比营销和采访营销等。上述营销方式的特点各异，适用于不同的产品、营销场景和目标用户。企业在选择直播营销方式时，需要站在用户角度，挑选或组合出最佳的直播营销方式。下面就对上述直播营销方式进行简要的介绍。

① 名人或"网红"营销。名人或"网红"的一举一动都会受到粉丝的关注，因此当名人或"网红"出现在直播间中与粉丝互动时，关注度较高。例如，某知名演员在 2020 年 5 月 14 日晚上走进淘宝直播间，进行首次带货直播（见图 6-4），在短短 3 个小时的直播里，累计观看人数超过 2 100万人，最高单品浏览人次达 393 万，商品售罄率达 90%，交易总额超过 1.48 亿元。

图 6-4　某知名演员直播带货现场

一般来说，这种直播营销方式投入高、出货量大，需要企业有充足的经费预算并有很强的备货能力。但是，有时高投入也未必能带来高产出。例如，某企业花费 60 万元请某名人代言，结果仅仅卖出价值 5 万元的商品，而且还有一部分卖出去的商品被退货，企业损失惨重。因此企业应在预算范围内尽可能选择最贴合产品及消费者属性的名人进行合作。

学习思考

如何看待名人直播带货的"翻车"现象？企业该如何选择最适合的带货主播？

---

② 利他营销。直播中常见的利他行为是进行知识和技能分享，以帮助用户提升生活技能或动手能力。利他营销主要适用于美妆护肤类及时装搭配类商品，如某淘宝主播经常使用某品牌的化妆品向观众展示化妆技巧，在让观众学习美妆知识的同时，提高商品曝光度。

③ 才艺营销。直播间是才艺主播的展示舞台。才艺营销适用于推广围绕才艺所使用的工具类商品，如钢琴才艺表演需要使用钢琴，钢琴生产企业则可以与具有钢琴演奏才华的主播合作开展营销

活动。

④ 对比营销。对比营销是指通过与上一代商品或主要竞品做对比分析，直观展示商品的优点，从而说服消费者购买所推荐的商品。对比营销是一种非常有效的营销方式，在直播营销时被广泛采用。

⑤ 采访营销。采访营销指主持人采访名人嘉宾、路人、专家等，以互动的形式，通过他人的立场阐述对商品的看法。采访名人嘉宾，有助于增加商品的影响力；采访专家，有助于提升商品的权威性；而采访路人，有利于拉近与观众之间的距离，增强观众的信赖感。

（2）直播营销活动的实施

直播营销需要系统的策划，合理地安排各阶段的活动。在直播营销之前，企业应首先确定营销目标并拟订直播营销计划，接下来是设计直播方案，然后是进行在线直播，最后是对活动效果进行评价和总结。在直播营销活动过程中，主播需要掌握直播开场、直播过程和直播结尾的技巧。例如，在直播开场时主播可以通过讲述有趣的小故事或提出引人深思的小问题，激起大家的兴趣，促进与观众间的互动，为直播活动营造良好的氛围。在直播过程中，主播除了全方位展示商品之外，还应设计一些抽奖、赠送礼物等环节来回馈观众，以活跃气氛，提升直播间的人气。在直播活动结束之前，主播应再次引导观众购买产品和关注企业，并约定下一次直播的时间。需要注意的是，从某种角度来说，直播营销的实质是粉丝营销，因此企业在营销活动的全程都应做好吸引粉丝和维护粉丝的工作。

6.3.7　微信营销

根据 2020 年 1 月 9 日发布的《2019 年微信数据报告》，我国 2019 年微信月活跃用户超过 11 亿人。作为时下热门的社交信息平台、移动端的一大入口，微信不仅是聊天工具，它正在演变成为一大商业交易平台，其给营销行业带来的颠覆性变化开始显现。

1．微信营销的含义

微信是腾讯公司于 2011 年推出的一个为智能终端提供即时通信服务的免费应用程序，从最初的社交通信工具，发展为连接人与人、人与商业的平台。微信营销是一种创新的网络营销模式，主要利用手机、平板电脑中的移动端 App 进行区域定位营销，并借助微官网、微信公众平台、微会员、微推送、微活动、微支付等开展营销活动。

2．微信营销的方法与技巧

（1）微信营销的方法

微信营销平台主要包括微信个人账号、微信公众平台两大部分。其中，微信公众平台又包含了订阅号、服务号、企业号及小程序，同时微信还支持接入第三方平台。

① 微信个人账号营销。

开展微信个人账号营销首先要注册微信账号。只要有手机号或者 QQ 号，就可以免费注册。注册之后要注意对个人账号进行装饰，以提高客户的信任度与好感度。开展微信个人账号营销的关键是拥有一定数量的微信好友。可以通过通讯录导入、扫描二维码、搜索添加好友等方式添加。也可以通过微博、知乎、社群等媒介宣传自己的微信账号，吸引目标客户主动添加你为好友。同时，还可以建立专门的微信群，在群里面进行商品信息推送，通过群内好友相互介绍，找到目标客户。开展微信个人账号营销要充分发挥微信朋友圈的功能，可以将其作为推送商品的一个重要窗口。同时要注意多与微信好友沟通，建立与他们的友好关系，以便达成交易。在他们购买商品之后一定要加强售后服务，以使客户满意，进而促成再次购买。

② 微信公众平台营销。

微信公众平台相当于一个自媒体平台，个人和企业均可申请公众平台账号。在公众平台上个人或企业可以通过群发图片、语音、视频和图文等信息来和特定用户进行沟通、互动，从而进行营销和宣传。

企业可以利用微信公众平台开展营销活动，通过后台的用户分组和地域控制，实现精准的产品信息推送。企业或个人通过申请微信服务号，利用二次开发展示商家微官网、微会员、微推送、微支付、微活动、微报名、微分享、微名片等，微信公众平台营销已经形成一种主流的线上线下微信互动营销方式。目前，微信公众平台主要包括服务号、订阅号、企业号和小程序四种类型。微信小程序是在服务号、订阅号及企业号之后推出的，在使用上与其他公众平台有所不同，并且一经推出就成为商家抢占市场份额的营销利器。

③ 微信接入第三方应用。

微信开放接口是微信 4.0 版本推出的功能，应用开发者可通过微信开放接口接入第三方应用，并且可以将应用的 Logo 放入微信附件栏中，让微信用户方便地在会话中调用第三方应用进行内容选择与分析。例如，消费者将企业自建网络的内容分享到微信中，由于微信用户彼此间具有亲密的关系，当企业自建网络中的商品被某个用户分享给其他好友后，相当于完成了一个有效的口碑营销。常用的第三方接口有微信商城、微社区等。

（2）微信营销的技巧

① 吸引粉丝，拉动宣传。微信营销的核心就是用户价值。高质量的粉丝不仅可以转化为企业的利润，还有可能成为企业品牌的代言人，对企业进行宣传。企业可以充分利用二维码关注有礼物、微信会员卡等功能尽可能多地吸引潜在用户。

② 社交分享，激励转发。企业要充分利用用户分享的力量，学会激励用户在朋友圈分享、转发。同时，企业应该注意提高商品及服务的质量，只有好的商品及服务，才会不断地被微信用户分享及评论，被更多的消费者关注。

③ 个性推荐，吸引用户。吸引用户对企业来说至关重要。企业可以通过微信分组功能和地域控制，对用户进行精准的消息推送。例如，当用户去陌生城市旅游或者出差时，企业可以根据用户签到的地理位置，推荐附近商家的信息。商家还可以根据海量的客户信息，利用大数据分析工具，分析用户的购物习惯，进行更加精准的营销。

④ 互动营销，强化品牌。微信平台具有基本活动会话功能，通过一对一的推送，企业可以与粉丝开展个性化的互动。企业根据用户的需求发送品牌信息，可使品牌在短时间内获得一定的知名度。

⑤ 遍地撒网，重点捞鱼。企业可以采用多渠道宣传推广方式。首先，可以利用内部推广，即通过企业的员工向外进行微信推广，激活每个员工的社交关系网络，有效利用内部资源。其次，可以利用线上推广。例如，可以利用博客、QQ 群、微博、微商城、第三方平台等发布商家信息，并且可以附带二维码，加强品牌的宣传推广。最后，还可以利用线下资源进行推广。

⑥ 促销活动，优惠不断。商家可以通过微信平台定期推出优惠活动，发放优惠券，开展转发有奖、抽奖活动来促进销售。

⑦ 内容为主，妙趣横生。如果微信内容有趣、实用、贴近用户生活，并能引起用户自发分享的欲望，微信营销就成功了一半。因此在开展微信营销时，写好微信的内容十分关键。

安居客的微信账号营销

在微信5.0上线后，安居客聚合了"（房产）百科、活动（看房、团购）、找房"三大功能，为有不同需求的找房用户提供一站式全景微服务。

很多需要买房子的人，时常会遇到一些政策、贷款和户口之类的问题。安居客在设置"百科"这个功能时，罗列了用户最关心的房产问题，包括贷款、户口问题等。另外，当用户遇到具体问题时，房产专家团队在线为用户服务，及时并权威地为用户解答疑问。

安居客微信账号中的"活动"功能为用户提供整个看房过程中的服务。这些服务大到报告、评价，小到午餐提醒，可谓无微不至。同时，安居客还不定期推出一些线上游戏，使用户可以参与并与之互动。

作为专业的找房服务账号，安居客的"找房"功能实现了新房、二手房、租房房源均可在线同步查找，节省了用户访问网站的流量。同时，支持直接输入关键字搜索房源，以及发送地理位置查看附件房源的功能。

分析：

安居客的微信账号营销在一定程度上帮助用户摆脱了PC的束缚，使用户查房、看房买房更为便利，真正实现了包含找房、看房、各类房产相关知识的一站式服务。安居客的微信账号营销不仅提升了营销的效率，还增加了与用户间的黏性并提升了客户的体验。

3. 微信营销应注意的问题

微信营销已成为一种重要的营销方式，但不同于传统营销，不能过于注重企业品牌的推广。在发布信息时，内容要有趣实用、贴近生活，切不可纯粹地推销产品，否则容易引起他人厌恶。在微信营销过程中，应注意以下几点。①装饰好自己的微信，使之完整、有趣。②注重粉丝质量。只有高质量的粉丝才有价值，才能转化为企业利润。③推送长度适中且实用、有趣的信息。④适度营销。一味地群发消息，会令人厌恶。群发过多无聊内容，就是骚扰用户。因此，企业不必滥用群发功能，只需在适当的时候利用群发功能提醒用户即可。⑤不可道德绑架或奖励用户把信息分享到朋友圈。⑥不能乱发广告。人们添加微信号或关注公众号是因为对该号所发布的产品本身感兴趣，而不是为了看广告。因此，不可乱发广告，也不可发与微信号无关的内容。⑦及时回复用户信息。及时互动是微信营销的一大优点，可以通过及时互动与消费者保持有效的沟通。⑧不可只专注于微信营销。与传统营销相比，微信营销具有快捷、成本低等诸多优势，但并不意味着微信营销是万能的。对于企业来讲，营销是多元的，只有打"组合拳"，才能收到较好的营销效果。例如，将线上线下、微博与微信、微电影与微信等进行结合。

6.3.8 其他网络营销方法

1. App 营销

（1）App 营销的概念

App 是英文单词 Application 的简写，是指在智能手机上安装的应用程序。按照不同的划分标准，App 可分为多种类型。如按照内容划分，可分为工具游戏类、网站移植类和品牌应用类；按照收费模式划分，可分为收费类、免费类及收费+免费类。企业在开展 App 营销时，第一步就应考虑选择何种类型的 App。

App 营销是指企业利用 App 将产品、服务等相关信息展现在消费者面前，利用移动互联网平台开展营销活动。

因为智能手机相对于传统计算机而言操作方式较为简便快捷，即使对计算机不熟悉的人，也能够快速熟练地使用智能手机，这也就促进了 App 的快速发展。App 包含图片、文字、视频、音频等各种丰富的元素，同时相对于网页端具有信息精练清晰的特点，所以受到越来越多人的欢迎。

学习思考

如何区分App营销和小程序营销？你觉得哪种营销方式更具优势？

（2）App 营销的特点

① App 营销的成本低，尤其是宣传成本低。App 营销的成本比传统的电视、报纸广告，甚至网络营销的成本都要低，企业只需开发一个适合本企业的 App 投放到应用市场，等待用户下载安装使用即可。

② 用户对 App 的使用持续性强。好的 App 会在应用市场上下载数量靠前，能够赢得更多更好的用户口碑，形成良性互动，让企业的 App 营销开展得更加顺利。用户使用 App 时的体验好，就会一直使用下去并成为习惯，同时还有可能向身边的人推荐。这样，企业的营销就能在用户使用 App 的过程中实现。

③ App 能够为企业销售人员提供有力支持。除了针对消费者的 App 外，企业还有专为销售人员开发的辅助销售类 App。销售人员可以利用这类 App 程序进行商品库存、物流等信息的查询，从而更好地服务消费者，促进企业销售活动的开展。

④ App 包含的信息全面而广泛。App 对企业商品信息的展示是全面的，不仅包括详细的商品介绍、尺寸等规格参数，包装售后等服务信息，还包括消费者对商品的各种评价。借助以上信息，消费者可以根据销量、价格、上市时间等各种条件进行搜索和排列，方便从海量数据中挑选自己心仪的商品。

⑤ 企业可以通过 App 来提升自身的品牌形象。品牌忠诚度、实用的工具和巧妙的创意安排是用户下载 App 的主要原因，企业可以通过 App 来传递企业文化、企业的社会责任、企业理念等企业价值信息。用户在使用 App 的同时，可能会更加认同企业的价值观，自然也就提升了企业在用户心中的形象。

⑥ App 营销灵活度高。用户可以通过手机应用市场、企业网站推送和扫描二维码等多种方式下载企业的 App。企业可以随时在 App 中推送最新的商品信息、促销优惠、针对消费者的互动活动、针对老用户的回馈服务等。

⑦ 企业可以利用 App，通过大数据技术实现精准营销。大数据、云计算等信息技术已被应用到我们日常生活的方方面面。用户的每一次查询浏览、每一次点击关注、每一次购买行为都会被大数据记录。企业通过大数据分析，能对消费者的购买偏好、喜欢的颜色款式、能接受的价格、习惯使用的支付方式等信息进行精准定位，在消费者下一次打开 App 时就可以向消费者推荐符合其审美喜好的相关商品，实现精准营销。

⑧ 企业利用 App 可以实现与用户的互动。用户可以利用 App 中的各种功能获得想要的效果。例如，对于时下流行的共享单车，用户登录 App，打开手机的定位功能，就能发现身边的共享单车。

用户甚至还可以特意寻找带有奖励红包的单车，骑行结束后还可以给好友发放奖励优惠券，从而吸引更多的使用者加入，在无意间为企业做了免费宣传。

⑨ App 可以增加用户黏性，实现口碑传播。用户提到视频 App 就会想到优酷，提到美食 App 就会想到大众点评，提到购物 App 就会想到京东、天猫，提到新闻类 App 就会想到今日头条，这就是用户黏性。一个好的 App 会牢牢绑定老用户，也会吸引更多的新用户，实现企业的营销目的。

（3）App 营销的模式

① 植入广告模式。植入广告模式是最简单的一种营销模式。App 开发者可以直接将广告嵌入 App。用户打开 App，在首页或相应的界面中就能看到广告。如果对广告感兴趣，用户就可以点击了解详细内容，从而参与企业的营销活动；如果不感兴趣，直接点击关闭或者跳过广告即可。企业可以将广告植入那些应用量大的 App，这样受众面广。但广告内容本身吸引人才是最重要的，精美的广告有时会吸引对产品本不感兴趣的消费者成为潜在用户。同时，要注意将广告投放到与企业产品或服务相关联的 App 中，如教育类广告可以植入热点新闻类 App，吸引学生家长在阅读新闻时注意。

② 用户参与模式。App 营销的用户参与模式是指企业将自身开发的 App 发布到各大应用平台，让用户下载使用（见图 6-5）。用户参与模式又可进一步划分为网站移植类和品牌应用类两种。网站移植类 App 可以使用户获得等同于网页端的使用体验，虽然信息可能不如网页端全面详细，但用户可以迅速抓住重要信息。例如，天猫 App 页面简洁而信息全面，页面下方的天猫首页、购物车、个人页面等几个重要导航按钮完全可以满足用户的需要。品牌应用类 App 需要用户使用 App 来完成购买或消费，甚至有的 App 没有对应的网页版，这是因为其需要结合一部分的手机功能来使用。例如，对于时下流行的哈啰出行，用户只有开启手机的位置服务功能，打开 App 对自己的位置进行定位，才能搜索周围的共享单车进行使用。

用户参与模式具有很强的互动性。例如，天猫 App 在每年的"双 11"购物节期间推出"红包雨"等互动小游戏，用户点击手机屏幕上掉落的红包就能抢到相应的购物优惠券，同时还能将活动的链接在社交软件中进行分享，从而使更多的人看到这个活动。哈啰出行在骑行结束后给用户发红包，用户可以通过微信将链接分享到朋友圈或分享给特定朋友，同时自己也可以领到一张骑行优惠券供下次使用，如图 6-6 所示。平时不使用哈啰出行 App 的朋友还可以通过页面中的下载按钮直接下载安装，企业通过用户的参与分享达到了营销目的。

图 6-5　某手机应用中心的"作业帮"App

图 6-6　哈啰共享单车的互动分享

③ 内容营销模式。App 营销的内容营销模式是指运营方通过优质内容吸引精准用户和潜在用户，以实现既定的营销目的。这种 App 营销模式通过在 App 上针对目标用户发布符合用户需求的图片、文字、动画、视频、音乐等以激发用户的购买欲望。采用这种营销模式，企业需要对目标用户进行精准定位，并围绕目标用户策划营销内容。如一款叫作"汇搭"的 App，通过提供实实在在的搭配技巧，吸引有服饰搭配需求的用户使用，并向其推荐合适的服饰产品。这可谓商家、消费者双赢的营销模式。

2. 许可 E-mail 营销

（1）许可 E-mail 营销的概念

E-mail 是一种利用计算机通过电子通信系统进行书写、发送和接收的信件，是一种利用电子手段进行信息交换的通信方式。电子邮件结合了电话通信和邮政信件的优势，既能像电话一样快速地传送信息，又能像邮政信件一样具备收件人信息、邮件正文等。同时用户利用 E-mail，也可以免费收到大量的新闻、专题邮件等，实现轻松的信息搜索。正是由于使用简单、投递迅速、形式多样、传递快捷、易于保存等特点，E-mail 被广泛应用。

凡是利用 E-mail 开展营销活动的商业行为都可以称为电子邮件营销，但未经用户许可而大量发送的电子邮件通常被称为垃圾邮件。发送垃圾邮件开展营销活动是一种违法的商业行为，很容易招致用户的反感。而许可 E-mail 营销则是在用户允许的情况下，通过电子邮件的方式向目标用户传递有价值信息的一种网络营销手段。用户允许商家发送电子邮件是开展许可 E-mail 营销的前提。因此，一些网站在用户注册成为会员或申请网站服务时，就会向用户询问"是否愿意接受本公司不定期发送的产品的相关信息"，或者提供一个列表供用户选择希望收到的信息，在用户确定后，才可以在提供服务的同时附带发送一定数量的商业广告。

许可 E-mail 营销具有成本低、快速实施、目标精准、主动出击等优势，因此自诞生之日起，就被众多开展网络营销的企业所重视。

（2）许可 E-mail 营销的两种基本方式

按照 E-mail 地址资源所有权的划分，许可 E-mail 营销可分为内部列表许可 E-mail 营销和外部列表许可 E-mail 营销这两种基本的方式。两者各有其侧重点和优势，并不矛盾，必要时企业可以同时采用。

内部列表就是平时所说的邮件列表，包括企业通过各种渠道获取的各类用户的电子邮箱地址资源（更具体的可以是用户的注册信息）。内部列表许可 E-mail 营销就是在用户许可的前提下，营销者利用注册用户的邮箱地址开展的 E-mail 营销。外部列表是指专业服务商或者其他可以提供专业服务的机构提供的电子邮箱地址资源，如专业的 E-mail 营销服务商、相同定位的网站会员资料、免费邮件服务商等。外部列表许可 E-mail 营销就是在用户许可的前提下，营销者利用专业服务商提供的电子邮箱地址资源开展的 E-mail 营销。

内部列表许可 E-mail 营销和外部列表许可 E-mail 营销各有优势。表 6-1 分别从主要功能、投入费用、用户信任程度、用户定位程度、获得新用户的能力、用户资源积累情况、邮件列表维护和内容设计、许可 E-mail 营销效果分析 8 个方面对两种方式进行了比较。

表 6-1 　　　　　内部列表许可 E-mail 营销和外部列表许可 E-mail 营销的比较

比较项目	内部列表许可 E-mail 营销	外部列表许可 E-mail 营销
主要功能	顾客关系、顾客服务、树立品牌形象、产品推广、在线调查、资源合作	树立品牌形象、产品推广、在线调查
投入费用	相对固定，主要是日常经营和维护费用，与邮件发送量无关，用户数量越多，平均费用越低	没有日常维护费用，营销费用由邮件发送量、定位程度等决定，发送数量越多费用越高

续表

比较项目	内部列表许可 E-mail 营销	外部列表许可 E-mail 营销
用户信任程度	用户主动加入，对邮件内容信任程度高	邮件为第三方发送，用户对邮件内容的信任程度取决于服务商的信用、企业自身的品牌、邮件内容等因素
用户定位程度	高	取决于服务商邮件列表的质量
获得新用户的能力	用户相对固定，对获得新用户效果不显著	可针对新领域的用户进行推广，吸引新用户能力强
用户资源积累情况	需要逐步积累，规模取决于已有的用户数	在预算许可的情况下，可进行多方合作，快速积累用户
邮件列表维护和内容设计	需要依靠自己的专业人员操作	由服务商专业人员负责，可对邮件发送、内容设计等提供相应的建议
许可 E-mail 营销效果分析	由于是长期活动，较难准确评估每次邮件发送的效果，需长期跟踪分析	有服务商提供专业分析报告，可快速了解每次活动的效果

内部列表许可 E-mail 营销以少量、连续的资源投入获得长期、稳定的营销资源，外部列表许可 E-mail 营销则是用资金换取临时性的营销资源。内部列表许可 E-mail 营销在顾客关系和顾客服务方面获得的效果比较显著，外部列表许可 E-mail 营销可以根据需要选择投放给不同类型的潜在用户，因而在短期内即可获得明显的效果。

（3）实施许可 E-mail 营销需要注意的问题

在实施许可 E-mail 营销时，企业需注意以下具体问题。①针对已有用户信息，分类整理用户邮件资料，按照其消费习惯，制定个性化的营销信息并定期沟通联系。②充分把握任何可以获取用户电子邮箱地址的机会，如以打折优惠作为获得用户电子邮箱地址的条件。③正确使用许可邮件列表，采用"内部期刊""信息简报"等形式定期发送最新活动通知、促销信息等。④与用户充分沟通，由用户确定接收邮件的频率与邮件的类型。⑤在用户生日或节日时发送祝福邮件，拉近与用户的关系。⑥奖励优秀用户。优秀用户值得特殊的礼遇，企业可发送邮件告知他们专享的优惠等。

（4）许可 E-mail 营销的主题设计技巧

邮件主题能让用户了解邮件的大概内容或最重要的信息，是企业许可 E-mail 营销最直观的体现。一个好的邮件主题应能够引起用户的兴趣，进而令其决定阅读邮件正文。设计许可 E-mail 营销主题时应掌握如下的技巧。

① 要把邮件最重要的内容体现在邮件主题上。即企业使用户通过邮件主题就能确定这封邮件是不是他感兴趣的，内容对他有没有价值，进而决定是否要打开邮件详细阅读。即使用户不打开邮件，通过邮件主题，企业已经把最重要的信息传达给用户了。

② 主题要明确，要和邮件内容相关联。一般来说，发件人中除了显示发件人名称和电子邮箱地址之外，很难容纳更为详尽的信息，而用户对发件人的信任还需要通过邮件主题来进一步强化。将邮件主题的空间留出一部分来推广品牌是很有必要的，尤其是在用户对于企业品牌的信任程度不高的情况下。因此邮件主题一定要明确，与邮件内容一定是相关联的。

③ 邮件主题尽量要完整地体现品牌或者产品信息。当有独特价值的产品、信息或者令人印象深刻的品牌出现在邮件主题中时，用户即使不阅读邮件内容也会留下一定的印象。

④ 邮件主题应含有丰富的关键词。除了加深用户的印象外，添加关键词也是为了让用户易于检索收件箱中的邮件，因为部分用户收到邮件后并不一定马上对邮件中的信息做出回应，有些人甚至时隔多日之后才突然想起曾经收过的某个邮件中含有自己需要的信息。

⑤ 邮件主题不宜过于简单或过于复杂。尽管没有严格的标准来限制主题的字数，但应尽量将其保持在合理的范围之内，这样的主题既能反映比较重要的信息，又不至于在邮件主题栏默认的宽度内无法展示有价值的信息。

⑥ 邮件主题要有吸引力。

是否阅读邮件，完全取决于收件人的个人意愿。因此，在保证信息明确和完整的情况下，企业还要注意邮件主题对用户是否有吸引力。例如，当当网在开学前发给用户的邮件主题"'开学季'所有教材教辅一律满 100 元减 50 元"就非常有吸引力。

（5）许可 E-mail 营销邮件内容设计技巧

如果说许可 E-mail 营销中邮件主题的作用在于吸引用户，那么邮件内容的作用则是说服用户。为了达到最终的营销目标，设计许可 E-mail 营销邮件的内容时，企业应掌握如下的技巧。

一是目标要一致。这里的一致是指许可 E-mail 营销的目标应与企业总体营销战略相一致，因此邮件内容应在既定目标的指引下进行设计。

二是内容要系统。一些开展许可 E-mail 营销的企业不能从整体上对邮件内容进行规划，发给用户的邮件内容或过多，或过少，或经常改变行文风格，让用户觉得这些邮件之间没有什么系统性、联系性，进而会怀疑邮件的真实性。经常发送这样的邮件很难培养用户的黏性，久而久之就会削弱许可 E-mail 营销提升品牌形象的效果，并且影响许可 E-mail 营销的整体效果。

三是内容来源要稳定。许可 E-mail 营销是一项长期任务，必须有稳定的内容来源，这样才能确保按照一定的周期发送邮件。邮件内容可以是自行撰写、编辑或者转载的，无论哪种来源，都需要保持相对稳定性。不过应注意的是，邮件列表是一个营销工具，并不仅仅是一些文章或新闻的简单汇集，企业应将营销信息合理地安排在邮件内容中。

四是内容要精简。内容过多的邮件不会受到欢迎。首先，用户邮箱空间有限，占用空间太多的邮件会成为用户删除的首选对象；其次，接收或打开较大的邮件耗费的时间也较多；最后，太多的信息让用户很难一下子接受，反而降低了许可 E-mail 营销的有效性。

五是内容要灵活。邮件内容应在保证系统性的前提下，根据企业营销目标的调整而做相应的改变。同时，企业也要根据用户消费行为和偏好的变化改变邮件内容的写法。

六是选择最佳的邮件格式。邮件常用的格式包括纯文本格式、HTML 格式和富媒体格式，或者这些格式的组合。一般来说，采用 HTML 格式和富媒体格式的邮件内容丰富，表现形式多样，视觉效果会更好；但存在文件过大，需要发送链接或附件，导致用户在客户端无法直接阅读邮件内容等问题。到底哪种邮件格式更好，目前并没有定论，如果可能，企业最好给用户提供不同内容格式的选择。

3．二维码营销

（1）二维码及二维码营销的概念

二维码是日本电装公司于 1994 年在一维条形码技术的基础上发明的一种新型条形码技术。二维码是根据某种特定的几何图形按照一定的规律，在二维方向上分布的记录数据符号信息的图形。在代码编制上，二维码巧妙地利用构成计算机内部逻辑基础的"0""1"比特流的概念，使用若干与二进制相对应的几何形体来表示文字数值信息，通过图像输入设备或光电扫描设备自动识读以实现信息自动处理。二维码图像指向的内容非常丰富，可以是产品资讯、促销活动、在线预订等。二维码的诞生丰富了网络营销的方式，它打通了线上线下的通道，为企业带来了优质的营销途径。

二维码营销是指将企业的营销信息植入二维码，通过引导消费者扫描二维码，来推广企业的营销信息，以促进消费者产生购买行为。在当今网络营销逐渐从 PC 端向移动端倾斜的时代，二维码营销以其低成本、应用广泛、操作简单、易于调整等优点得以迅猛发展。

（2）二维码营销的优势

从企业的角度来看，二维码营销主要具有如下优势。

① 方便快捷。用户只需用智能手机扫描二维码，就可随时完成支付、查询、浏览、在线预订、添加关注等操作。二维码营销使企业能方便快捷地开展网络营销活动。

② 易于调整。修改二维码营销内容非常简单，只需在系统后台更改，无须重新制作投放，成本很低。因此，二维码营销的内容可根据企业营销的需要而实时调整。

③ 有利于实现线上线下的整合营销。企业进行二维码营销时，可将链接、文字、图片、视频等植入二维码，并通过各种线下途径和网络平台进行投放，从而方便企业实现线上线下的整合营销。

④ 易于实施精准营销。开展二维码营销的企业，可以通过对用户来源、途径、扫码次数等进行统计分析，从而制定针对用户的更精准的营销策略。

⑤ 帮助企业更容易地进入市场。随着移动营销的快速发展和二维码在人们工作和生活中的普及，功能齐全、人性化、省时实用的二维码营销策略能够帮助企业更容易地进入市场。

（3）二维码营销的方式

从企业运营层面来看，二维码营销主要包括以下几种方式。[①]

① 植入社交软件。植入社交软件是指以社交软件和社交应用为平台推广二维码。以微信为例，微信可以让企业和用户之间建立友好的社交关系。实现基于微信的 O2O 营销，企业借助微信二维码为用户带来便捷、有价值的操作体验。

② 依托电子商务平台。依托电子商务平台是指将二维码植入电子商务平台中。企业依托电子商务平台的流量，引导用户扫描二维码。

③ 依托企业服务。依托企业服务是指在向用户提供服务时，引导用户对二维码进行扫描关注，或下载相关应用。例如，在电影院使用二维码网上取票时，通过二维码，引导用户下载相应 App，或查看相关营销信息。

④ 依托传统媒介。依托传统媒介，是指将二维码与传统媒介结合起来，实现线上营销和线下营销的互补，如在宣传海报上印刷二维码，提示用户进行预约和订购或参加相应促销活动等。

（4）二维码营销的渠道

二维码营销渠道既包括线上渠道也包括线下渠道。企业很少会选择单一的渠道开展二维码营销活动，而是选择在线上和线下同时进行。

① 二维码营销的线上渠道。可供企业选择的二维码营销线上渠道有很多，但较为适合的是社交平台和及时通信工具。因为社交平台和即时通信工具均具有很强的社交属性和分享功能，可将企业植入的二维码快速、广泛地传播，从而达到企业的营销目的。常见的二维码线上渠道包括用户基数大且与企业目标消费者定位较为吻合的论坛和贴吧，以及微信和微博等。尤其是微信，除了具有以上所说的社交和分享功能，还具有二维码扫描功能，能够非常方便地帮助用户读取二维码信息，轻松实现二维码支付、扫码订单、扫码收款、扫码骑行等多种应用。

② 二维码营销的线下渠道。与其他营销方式相比，二维码对线下渠道也有很强的适应性。随着二维码的应用场所越来越多，二维码的线下营销渠道也在不断拓展。目前主要的线下渠道包括线下虚拟商店、实体商品的包装及快递包装、宣传单、画册、报纸、杂志以及名片等。线下二维码营销的关键是吸引用户扫描二维码，这样才能有效促进企业线上营销与线下营销的融合。

---

① 许耿，李源彬. 网络营销[M]. 北京：人民邮电出版社，2019：205.

练习题

一、单选题

1. （   ）是开展网络营销活动的前提和基础，也是企业了解市场、准确把握消费者需求的重要手段。

    A. 营销流程改进
           B. 网络消费者行为分析

    C. 网络营销管理
           D. 网络营销调研

2. 以下哪一项不属于网络消费需求的特点？（   ）

    A. 回归个性化消费
           B. 消费需求的差异化明显

    C. 消费需求逐渐趋同
           D. 消费者对购物便利性的要求越来越高

3. 长视频的时常一般不少于（   ），主要由专业的公司制作完成。

    A. 5分钟
       B. 15分钟
       C. 30分钟
       D. 45分钟

4. （   ）是网络事件营销成功的首要条件。

    A. 良好的创意
           B. 把握网民的动向

    C. 抓住时机，善于借势
           D. 诚信为本

5. 实施病毒式营销的第一步是（   ）。

    A. 发布和推广方案
           B. 制造话题和选择信息传播渠道

    C. 规划整体方案
           D. 进行创意和设计营销方案

二、多选题

1. 网络营销调研的主要内容包括（   ）。

    A. 消费者对产品的需求信息
           B. 现有产品或服务的信息

    C. 目标市场信息
           D. 竞争对手及其产品信息

    E. 市场宏观环境信息

2. 病毒式营销的主要特点包括（   ）。

    A. 推广成本低
      B. 传播速度快
      C. 具有公益性

    D. 效率高
      E. 更新快

3. 下列属于大数据营销特征的有（   ）。

    A. 全样本调查
      B. 数据化决策
      C. 强调时效性

    D. 市场导向
      E. 个性化营销

4. 设计许可E-mail营销邮件内容时应掌握的技巧包括（   ）。

    A. 目标要一致
      B. 内容要系统
      C. 内容来源要稳定

    D. 内容要精简
      E. 内容要灵活

5. 从企业运营的层面来看，二维码营销的方式包括（   ）。

    A. 植入社交软件
      B. 依托电商平台
      C. 依托企业服务

    D. 依托传统媒介
      E. 依托消费者口碑传播

三、名词解释

1. 网络营销

2. 网络营销调研

3. 搜索引擎营销

4. 短视频营销

5. 大数据营销

四、简答及论述题

1. 网络营销调研有哪些优点和不足？

2. 搜索引擎营销具有哪些特点？

3. 试论述网络事件营销的特征。

4. 试论述直播营销活动的实施。

5. 试论述微信个人账号营销。

案例讨论

美团"春节宅经济"报告

2020年2月19日，美团发布《2020春节宅经济大数据》报告，报告显示，美团外卖平台烘焙类商品的搜索量在春节期间增长了100多倍。同时，蔬菜、肉、海鲜等类商品平均销量环比增幅达200%，香菜以近百万份销量与土豆、西红柿一并登上"国民蔬菜榜"。此外，方便面、豆干、饮料、膨化食品、叶菜的销量占据商品销量榜单的前5名。

春节期间，人们开发了钻研厨艺这项"娱乐行为"，导致美团外卖上购买非餐饮类商品的平均客单价增长了80.7%。报告显示，美团外卖上烘焙类商品的搜索量增加100多倍，带动酵母/酒曲商品的销量增长近40倍，饺子皮销量增长7倍多。

在家研究做菜的人也在增加。数据显示，春节期间，葱、姜、蒜售出393万份，酱油、醋、十三香等各式调味料的总体销量增长8倍多。在美团买菜食谱中，家常菜、烘焙、滋补靓汤、冬季养生、应季时蔬等最受欢迎。

从购物人群的年龄来看，使用外卖购物的人中，有1%出生于1970年之前，有36%的消费者是"80后"，"90后"以53%的比例占据主力位置。

根据报告数据，2020年1月，蔬菜、肉食、海鲜等各类食材销量的平均环比增幅达到200%，生菜、香菜、油菜等叶菜类整体销量最高，达814万份。其中，香菜的销量接近百万份，土豆、西红柿、洋葱、胡萝卜等的销量与香菜处于同等量级，它们一起登上了国民蔬菜榜。

据美团买菜数据，春节期间，上海市民"抢"菜最积极，早7时至8时的订单占比最高达到30%。

从肉类食材来看，海鲜类涨幅最高，鱼、虾、蟹的销量比平时多了3.5倍，大闸蟹、银鱼、白茅草、虎奶菇等都成了外卖的目标。以美团买菜为例，购买食材的平均客单价上涨了70%。

资料来源：新京报网。

思考讨论题

1. 网络营销调研报告撰写的要点有哪些？

2. 根据本研究报告，分析春节"宅经济"兴起的原因。

第7章　电子商务客户关系管理

本章导读

　　客户是企业利润的来源，也是企业发展的潜在动力。在电子商务飞速发展的"互联网+"时代，信息技术革命极大地改变了企业的商业模式，也对企业与客户之间的互动产生了巨大的影响。企业只有坚定"以客户为中心""以客户价值最大化为目标"的价值理念，及时将客户的需求和反馈体现在产品和服务中，才能在日益激烈的市场竞争中永葆活力。本章主要介绍电子商务客户关系管理的运行、电子商务客户关系管理系统和电子商务客户数据挖掘等内容。通过对本章的学习，读者能够掌握电子商务客户关系管理的基本思路和方法。

知识结构图

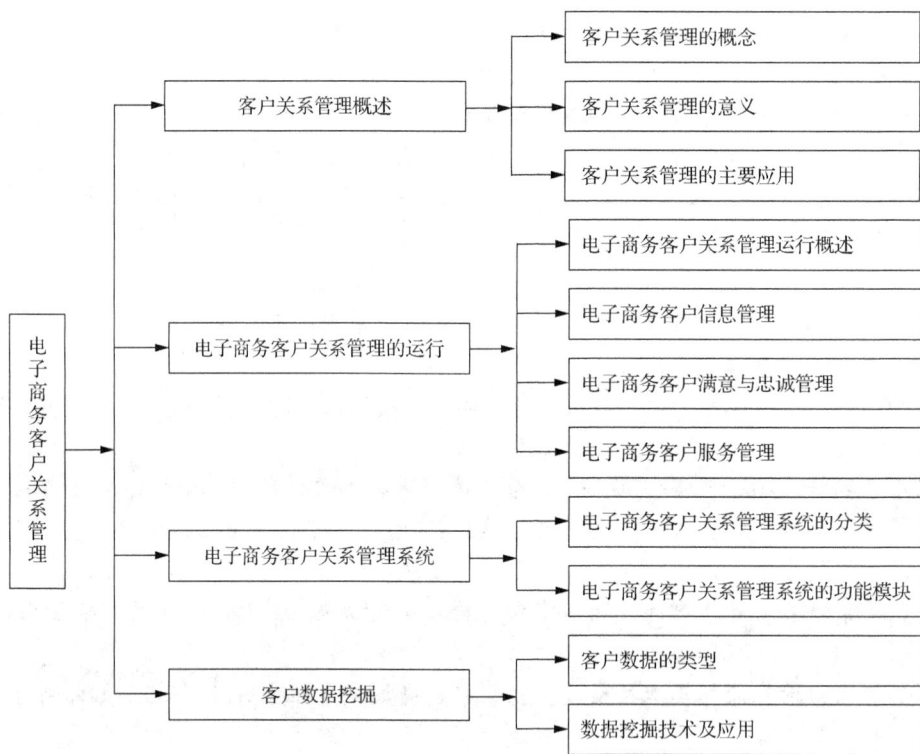

开篇引例

海底捞的专属呼叫中心

　　海底捞区别于其他同类餐厅的是，它租用了自己的专属呼叫中心，并且很有特色。"火锅外卖"这种新鲜的服务被很多媒体关注，这种特色服务因极大地激发了人们的想象力而迅速成为热点话题。海底捞是国内首家推出这种服务的餐厅，他们称之为"HI捞送"。有别于普通外卖，选择"HI捞送"时，消费者只需要拨打一个电话到海底捞的呼叫中心，将需求告知接线员，之后呼叫中心系统会快速记录、存储、生成订单统一派发，并安排人员将菜品、炊具、餐具全部送到消费者家里。并且整个的订单派发过程还能够被实时跟单，这帮助海底捞轻松实现了传统餐饮向电子商务企业的转型。应用于海底捞的呼叫中心系统，完全采用租用模式，对于需要随时增减座席、增加业务功能、前期不想投入太多资金在呼叫中心上的企业来说，租用型呼叫中心系统是很好的选择，免去了软硬件的资金投入和维护人员的精力投入，企业可以把更多的资金和精力放在经营自身的业务上，让呼叫中心成为企业经营的助推器而不是负担。

7.1 客户关系管理概述

埃森哲管理顾问公司的研究报告曾指出，通常成功的客户关系管理能显著提升企业的获利能力。可见，客户关系管理是当代企业经营的核心所在。随着市场经济的不断发展和物质产品的日益丰富，尤其是当前产品与服务同质化趋势日益显著，企业越来越难以获得竞争优势，企业之间竞争的焦点从产品竞争、服务竞争逐渐转向客户竞争。

在电子商务时代，互联网和信息技术的发展极大地改变了企业的商业模式，也改变了客户参与商业的方式。随着电子终端产品的多样化，更多客户可通过在线的方式极其便利并更多地参与到商业过程中。在此背景下，企业也应因时而进、因势而新，要更加注重客户的需求，为其提供更持续的、更能满足其个性化需求的产品和服务，为企业带来持续的成长、获利。可见，有效的客户关系管理不仅可以提高企业核心竞争力，更蕴含着丰富的商业价值。

7.1.1 客户关系管理的概念

客户关系管理（Customer Relationship Management，CRM）的概念最早由美国的高德纳咨询公司提出，强调企业应注重收集、整理客户与企业之间的所有信息，所以又被称为接触管理（Contact Management）。20世纪90年代以后，伴随着互联网和电子商务的发展，客户关系管理又进一步演变为包括电话服务中心与支援资料分析的客户关怀（Customer Care）理论。1999年，高德纳咨询公司结合新经济的需求和新技术的发展又进一步提出了现代企业客户关系管理的概念。

自客户关系管理提出以来，众多学者和商业机构对CRM的含义、内容、功用、发展趋势等进行了大量的研究，使CRM从理论到实践都得到了迅速的发展。综合各种观点，CRM是指企业将客户作为一项重要的资产，实行以"客户为中心"的企业经营战略，尽可能多地利用相应的信息技术及互联网技术改进客户服务，提升客户的满意度与忠诚度，并与客户建立长期和有效的业务关系和合作伙伴关系，进而提升企业盈利能力的一种管理理念。

对上述概念，我们可以从以下三个方面来理解。

1. 客户关系管理是提升客户价值，打造企业竞争力的基础

客户关系管理是以客户为中心，将客户视为最重要的企业资产，从而构建的一个信息畅通、行动协调、反应灵活的客户沟通系统。企业通过与客户交流来掌握其个性化需求，并在此基础上为其提供个性化的产品和服务，不断提高企业带给客户的价值，实现企业和客户的双赢。

客户关系管理是管理有价值客户及其与企业的关系的一种管理理念，也是企业保持竞争力的源

泉。客户关系管理吸收了"数据库营销""关系营销""一对一营销"等管理思想的精华，通过最大化掌握和利用客户信息，建立和发展与这些客户的良好关系，最终获得客户的长期价值，为企业带来持续发展和扩大利润的机会，也为企业节省了开发新客户的成本。

2. 客户关系管理是企业提升客户满意度、优化资源配置的有效手段

客户关系管理的主要目的是对不同特征的客户进行识别、分类和管理，找出具有高价值的客户，将有限的资源集中于这些高价值客户，不断加强企业与客户、供应商之间的连接，强化令客户满意的行为，继而进一步提升企业的盈利能力，提高利润水平与客户的满意度。

客户关系管理不仅重新整合了企业的资源，也改变了原有人员的合作方式，提升了企业内部工作人员的工作效率，如销售人员、市场人员及服务支持人员的一些重复性的工作减少，劳动生产率提升。此外，通过对营销、销售、服务与技术支持等与客户相关业务流程的协同优化，企业可以进一步优化资源配置、降低成本和增加市场份额。

3. 客户关系管理是增强企业执行能力的重要管理手段和技术支撑

现代企业所面临环境的多样性和对环境的高度依赖性，决定了企业必须与外界进行适时的交流及有效地利用信息，以执行和实施战略。客户关系管理是一种先进的管理模式，拥有强大的技术和工具支持，其所依托的管理系统基于网络、通信、计算机等先进的信息技术，可以实现企业前台、后台不同职能部门的无缝连接，可以在自动化的渠道和单个服务器上与客户交流和执行工作。因而，客户关系管理可使企业更有效和方便地与客户进行沟通，实时了解客户需求，从而能更准确和及时地对经营策略和执行措施进行调整，增强企业的执行能力。

7.1.2 客户关系管理的意义

随着工业经济社会向知识经济社会的过渡，经济全球化和服务一体化成为发展趋势。客户对产品和服务满意与否，成为影响企业发展的重要因素。通过实施客户关系管理，企业可以不断完善客户服务，提高客户的满意度和忠诚度，从而留住更多老客户，获取持续竞争优势，吸引更多新客户，实现企业利润持续增长。实施客户关系管理的意义如下。

1. 全方位完善客户服务

客户关系管理的核心理念是以客户为中心，通过不断提升企业对客户的价值来保持并发展客户的价值，以达到企业与客户双赢的局面。当前，很多企业已认识到售后服务的重要性，通常在售后服务方面做得好的企业，其产品销量会处于上升的趋势，因为有效的售后服务极大地增强了客户对企业的信任。然而，为了达到客户收益最大化的目的，很多企业的客户服务正由售后客户关怀变为全程关怀。即在购买前向客户提供产品信息和服务建议，在购买期间向客户提供企业产品质量符合的有关标准，在购买后则集中于高效跟进产品的维护和售后服务，力求在与客户的每一个接触点上都更加接近客户，了解客户对产品的使用体验。这种全程式的客户关怀，可极大地改善客户的体验感。

2. 不断提高客户满意度

市场是由需求构成的，满足客户需求是企业得以生存和发展的根本，客户需求的满足程度影响着企业的利润和市场占有率。客户关系管理的实质，就是要在客户参与商业的全过程中，做到对客户的全面关怀，而对客户全面关怀的最终目的是提高客户满意度，以此与客户建立长期有效的业务关系，最大限度地实现企业利益最大化。当前，在客户关系管理中，企业已经逐渐实现从以自我为中心向以客户为中心的转变，把客户的需求作为增强自身实力的动力，以全面客户关怀促进企业和

客户之间的交流，协调客户服务资源，及时响应客户需求，从而提升客户的满意度，形成稳定的"经营链"，不断扩大企业市场份额。

3. 精准挖掘有价值的客户

客户关系管理是一种以客户为中心的经营战略。利用现代通信技术，识别、挖掘、发展对企业有价值的客户，并有效利用企业有限的资源和能力服务有价值的客户是客户关系管理的主要目标之一。高德纳咨询公司认为，客户关系管理就是真正做到"以客户为中心"，对客户资源进行精准挖掘和管理，通过对客户的详细资料进行深入分析，满足客户的特定需求，提高客户满意度，从而提高企业竞争力的一种手段。因此，企业要不断增强对客户的认知能力和保持能力，进而实现效益水平和利润水平的提高。

7.1.3 客户关系管理的主要应用

随着客户关系管理对企业的重要性不断提升，客户关系管理系统也被越来越多的企业熟悉并运用。

1. 客户关系管理在零售业中的应用

近年来，我国零售业全面对外开放，零售业的竞争环境呈现新的特征，大部分零售市场已进入供过于求的买方市场，了解消费者的偏好与行为，已经成为零售业生存与发展的关键。当前，客户关系管理系统作为搜集与分析客户信息、快速响应客户需求的信息化工具，已成为企业不可或缺的竞争"法宝"。

客户关系管理对零售企业具有举足轻重的作用。发达国家零售企业对于客户关系管理都非常重视，如沃尔玛超市、麦德龙等，它们都在早期便及时建立起了完善的客户关系管理系统，使企业快速发展。与此同时，国内的零售企业近年来也对客户关系管理较为重视，积极利用先进的信息技术，大大提高了客户关系管理的水平。

2. 客户关系管理在物流业中的应用

随着 Internet 技术、信息技术和现代交通运输的发展，现代物流企业不断向规模化、现代化、网络化发展，这也要求企业要时刻掌握大量的内外部信息，对人员、资金、设备、技术等进行有效控制，提高生产效率。随着现代物流理念的逐渐发展，越来越多的物流企业意识到良好的客户服务已成为物流企业成功运作的关键。现代物流企业的客户关系管理采用了信息化管理技术，呼叫中心、客户关系管理技术将分散在不同区域的物流中心与客户信息利用平台连接起来，形成了一个高效率的物流配送网络，进而使企业及时把握客户的订货需求，进行车辆的调度管理、库存管理及票据管理等，使企业用最少的库存、最短的运输时间满足客户所需，真正适应了现代物流发展的需要。

3. 客户关系管理在电子商务中的应用

在电子商务背景下，市场形态也已经明显由卖方市场转向以客户为导向的买方市场。客户关系管理作为一个专门管理客户关系与整合企业内部资源信息的应用系统，已经在各个行业中得到了广泛应用。利用信息技术收集和分析客户信息的系统已经变成一种全新的商业战略。借助数据仓库和数据挖掘技术，客户关系管理系统可以充分利用它们的分析结果，制定市场策略，探索企业和所对应市场的运营规律，并向客户提供个性化产品及优质服务，把已有的客户变成忠诚的客户。

7.2 电子商务客户关系管理的运行

7.2.1 电子商务客户关系管理运行概述

当前客户经济正在渗入市场的每个角落，传统的以产品、技术、成本为核心的竞争模式也正在发生深刻的变化，企业必须从战略角度考虑如何构建和维持良好的客户关系以获取持续竞争优势。电子商务的迅速发展给企业的客户关系管理带来了发展空间。电子商务客户关系管理主要借助网络、移动终端等优势，对客户信息进行收集和整理；利用数据仓库和数据挖掘等先进的智能化信息处理技术，将大量客户资料加工成有用的信息；借助信息技术和网络技术开展客户服务管理，从而提高客户的满意度和忠诚度。

电子商务客户关系管理是一个系统工程，主要提取电子商务中的客户信息、交易信息、服务信息，对消费者行为进行分析，然后对客户进行有针对性的营销。其中，既需要以客户关系管理理论为指导，又需要现代信息技术提供支撑，还要结合电子商务新环境的特征，将这三者有效结合才能取得良好效益。

电子商务客户信息管理是客户关系管理各部分运行的基础，电子商务客户满意与忠诚管理是客户关系管理的目标和核心，电子商务客户服务管理是客户关系管理的关键内容。电子商务客户关系管理的内容如图 7-1 所示。

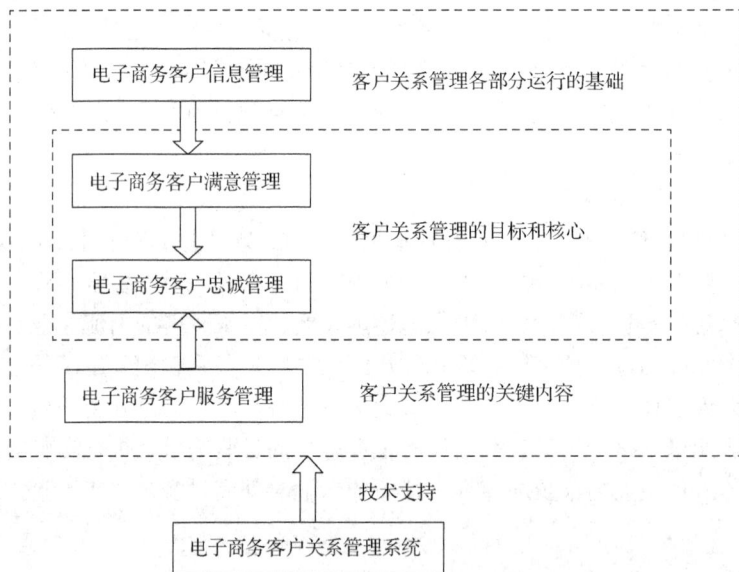

图 7-1　电子商务客户关系管理的内容

资料来源：白东蕊，岳云康. 电子商务概论[M]. 4 版. 北京：人民邮电出版社，2019：239.

7.2.2 电子商务客户信息管理

1. 电子商务客户信息管理的含义

客户信息管理是客户关系管理的一个重要组成部分。客户信息管理主要包括客户基本资料管理、档案管理、客户消费信息管理、客户信用管理、客户黑名单管理、客户流失信息管理、客户分类信息管理、大客户信息管理及潜在大客户管理等内容。在电子商务环境下，数据库技术、知识发现技术、企业前后台应用的整合，大大降低了收集客户信息的成本，实现了对客户信息的有效管理，为对客户关系管理的深度研究和应用提供了条件。

电子商务客户信息管理是客户关系管理的一个重要组成部分，它主要是指借助网络环境下信息获取和交流的便利，对客户信息进行收集和整理，运用智能化信息处理技术，把大量客户资料加工成有效的信息。例如，企业可以通过服务中心、呼叫中心、虚拟社区、E-mail、移动商务等多种虚拟交互渠道与客户进行信息交换，实现一对一沟通。通常，一套完备的客户关系管理系统不仅可以使企业在激烈的竞争环境中有效提升客户价值、延长客户生命周期，为企业赚取利润，还可以在企业内部提升企业资源共享的科学性和有效性，让企业员工共享客户资源，从而为企业搭建一个完善的客户信息数据库共享平台。

> **学习思考**
>
> 电商时代对企业的客户关系管理提出了哪些新的要求？

2. 电子商务客户信息管理的内容

电子商务客户信息管理主要包括客户基本信息的收集管理、客户资料档案库的建立、客户信息整理、客户信息分析等。通过客户关系管理系统，企业可以全面收集、管理客户信息，建立完整的数据库，将客户的各项资料进行科学化记录、保存，并进行分析、整理、应用，对客户信息进行科学、合理、便捷的管理，以持续了解客户，巩固双方的关系，对客户流失的状况进行监控、分析客户流失的原因，发现经营管理中亟须改进的环节，对市场实态做出判断并采取相应的行动。

3. 客户流失原因分析与应对的策略

在电子商务客户信息管理过程中，要特别注意客户流失问题。客户流失是一种极为常见的现象，通常，客户流失并不是对客户关系管理的否定，而是对实施客户关系管理的迫切性和必要性的再次证明。因此，企业要借助电子商务客户信息管理系统，分析客户流失的原因，并采取有针对性的策略。

（1）客户流失原因分析

原因一：产品或服务的质量不稳定。企业提供的产品或服务质量不稳定，使客户利益受损，导致客户流失。

原因二：产品或服务缺乏创新。网络环境下，客户追求并易于接受新奇的思想和事物，喜欢张扬个性，希望购买的产品或服务都要根据自己的偏好和需要量身定做。如企业长久未开发新产品或未提高产品的质量等，不能及时进行有效创新，客户自然就会另寻他路。多数产品都有生命周期，随着市场的成熟及产品同质化程度的增加，产品带给客户的利益空间往往越来越小。

原因三：企业的服务意识淡薄。电子商务时代客户往往会主动要求参与企业新产品的研发、制造和营销，渴望能与企业坦诚地平等对话，成为对企业有帮助的合作者。此外，服务态度傲慢、客户提出的问题不能得到及时解决、客户咨询无人理睬、工作人员消极回避、服务效率低下等也容易导致客户流失。

原因四：竞争对手提供类似产品。客户由于能从网络上方便地获取产品或服务的相关信息，所以拥有关于产品或服务的知识也越来越多，与企业进行价格谈判的能力大大增强。竞争对手也往往会以优厚条件来吸引那些资源丰富的客户。

（2）减少客户流失的对策

要减少客户流失，企业可采取如下对策。

一是提升企业全面质量管理水平。全面质量管理是创造价值和令客户满意的关键。客户追求的是较高质量的产品和服务，如果企业不能给客户提供优质的产品和服务，那么终端客户就会对上游供应商不满意，更不会形成较高的忠诚度。因此，企业应实施全面质量管理，使产品质量、服务质量、客户满意度和企业盈利形成良性的密切关系。

二是识别客户流失的原因并改进。客户流失分为可控流失和不可控流失。如果客户流失是因为企业的服务差、产品质量低，那么企业可以通过改进服务质量和产品质量避免客户流失；如果客户流失是由于不可抗力因素的影响，那么企业也无能为力。

三是关注客户流失率并进行成本分析。企业可制作不同客户群体的流失率分布图，同时，对流失的客户进行成本分析。在减少客户流失的过程中，企业必然会产生成本，但只要新增的成本低于其所能带来的收益，其便是值得投入的。

四是增进与客户的沟通。在客户更加注重体验和个性化的电子商务时代，客户是否购买产品，不再仅依据产品的特性，同时还会结合产品能否给予他们所需要的体验来决定。在客户对产品或服务的选择、购买和使用的整个过程中，企业通过互动、对话的形式来增进与客户的沟通交流，建立对客户的了解，倾听客户的意见，使客户享受卓越的体验，可以提高客户的满意度和忠诚度。

7.2.3 电子商务客户满意与忠诚管理

维护忠诚客户是实施客户关系管理的核心内容。一般认为，客户忠诚是由客户满意驱动的，盖尔（Gale B. T）认为，客户满意是客户价值理论的重要组成部分。企业首先要做好内部质量控制管理，提供客户满意的产品与服务，只有客户认为所购买的产品和服务对他有价值，感知到购买的产品和服务能满足其期望的时候，才会持续购买或增加购买，企业才能最终达到使客户忠诚的目的，挖掘客户价值，形成竞争优势。

1. 电子商务客户满意管理

菲利普·科特勒认为，客户满意（Customer Satisfaction，CS）是指客户将一种产品或服务的可感知效果和其期望值相比较后，所形成的愉悦状态。在客户关系管理中，客户的满意度是由客户的感知（包括对质量的感知和对价格的感知）和期望这两个因素决定的。当产品或服务的实际感知效果达到消费者的预期时，消费者满意，否则消费者会不满意。

如果客户感知效果大于客户期望值，客户就会体验到喜悦和满足，感知效果超过期望值越多，客户的满意程度就越高，而当感知效果远远超过期望值时，满意演变成忠诚。值得强调的是，客户满意并不等同于客户忠诚。客户满意其实是客户进行某种消费后的心理状态，而客户忠诚则表现为重复购买行为。

如果客户感知效果小于客户期望值，客户就会感到失望和不满意，甚至会抱怨或投诉，但如果企业对客户的抱怨积极采取措施妥善解决，就有可能使客户的不满意转化为满意，甚至令其成为忠诚的客户。

如果客户感知效果近似于客户期望值，客户一般会出现两种状态：一种是客户因实际情况与心理期望基本相符而表示比较满意；另一种是客户会因对整个购买决策过程没有留下特别印象而表示一般。在这两种状态下，客户既有可能重复同样的购买行为，也有可能会持观望态度，或可能选择该企业的竞争对手的产品或服务。

在电子商务环境下，客户满意管理的内容、衡量指标、方法都发生了一定的变化。因此，企业不仅要注重传统的客户满意管理办法，还需要结合网络环境的方便、快捷优势，合理把握客户期望，提高客户感知效果，以达到维持和提升客户满意度的目标。

2. 电子商务客户忠诚管理

当今，管理者普遍认识到留住一个老客户比争取一个新客户成本更低且获利更多，因此客户保留已经成为大多数管理者及经营者的重要目标，许多企业已经把客户忠诚的理念作为其客户管理战略的着力点。客户忠诚是指客户长期与企业合作，购买该企业的产品。客户忠诚不仅表现为多次购买行为，还能代表客户对企业有一种积极的认同。

客户忠诚是需要维护和强化的。电子商务对企业面临的市场环境产生了巨大的影响，促使客户购买决策行为发生了较大的改变，客户不再是单一消费者，而是转为消费者、共同经营者、价值创造者等多重角色，客户的参与不仅改变着市场运行的机制，也在创造价值和竞争价值两方面发挥着积极的作用。因此，企业要在对客户进行细分的基础上，采取更有针对性的策略，采用多种与客户沟通的渠道，与客户进行有效、充分的沟通，最大限度地提高客户满意度，及时挖掘他们潜在的需求，使他们不断感到满意，从而提高客户的忠诚度，进一步提升客户价值。

7.2.4 电子商务客户服务管理

对企业来说，不同的客户意味着不同的价值。因此实施电子商务客户服务管理需首先对客户进行细分。

电子商务客户服务管理

1. 客户细分

客户细分是指在明确的战略业务模式和特定市场中，依据客户的价值、客户的需求和偏好等因素对客户进行分类，并为其提供有针对性的产品、服务和营销模式。客户细分过程就是重新认识客户需求的过程。"二八法则"表明，企业 80%的利润来源于 20%的重要客户，因此企业需要对客户进行细分，以便实施分类管理。

根据客户对企业价值贡献的大小，企业的客户可分为 VIP 客户、大客户、普通客户和小客户四种类型，如图 7-2 所示。其中，大客户的数量仅占 4%，但是其重要程度仅次于 VIP 客户。

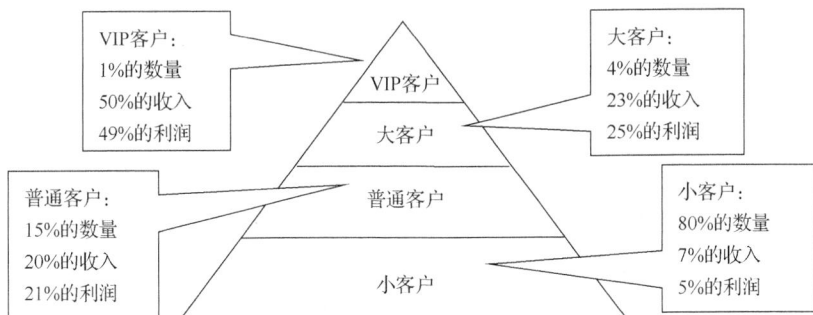

图 7-2　根据价值贡献大小的客户分类

由图 7-2 可见，占比 1%的 VIP 客户创造了 50%的收入及 49%的利润；占比 4%的大客户创造了 23%的收入及 25%的利润；而占比 80%的小客户仅为企业创造了 7%的收入和 5%的利润。因此，企业要将 VIP 客户和大客户作为企业的核心客户，并为其提供个性化的服务，以实现最大的客户价值。

2. 电子商务客户服务管理的内容

电子商务环境下的客户服务管理是在传统客户服务管理的基础上，借助信息技术和网络技术开展的客户服务管理，是新兴的客户服务管理理念与模式。电子商务客户服务管理包括售前客户服务管理、售中客户服务管理、售后客户服务管理。

（1）售前客户服务管理

售前客户服务管理是指在客户购买商品之前，企业向潜在客户提供的服务管理，是发布商品信息和客户进行查询的阶段。其关键是树立良好的形象，尽可能地将商品信息迅速、准确、有效地传递给客户，并尽可能了解客户潜在的、尚未满足的需求。

在这个阶段，企业应主要做好以下工作。

一是提供商品的搜索和比较服务。每一个网店中都有许多商品，为了方便客户选择商品，网店应提供搜索服务。同时，网店还应该提供一些对比功能和有关商品的详细信息，以方便客户比较商品，做出购买决策。

二是建立客户档案，开发客户需求。客户在网站注册时会填写自己的基本资料，这时企业应把客户的资料保存在档案库中。当客户再次光顾时，也要把其浏览或购买的信息存入档案库。以此为依据，企业可以有针对性地开发或刺激客户的潜在需求。

（2）售中客户服务管理

售中客户服务管理是指企业向进入销售现场或已经进入选购过程的客户提供的服务管理。这类服务管理主要是为了进一步使客户了解商品特点及其使用方法，并通过服务展示对客户的热情、尊重、关心、帮助等，促使客户做出购买决策。在这个阶段，客户服务应主要做好以下工作。

一是提供定制产品服务。根据客户的个性化需求，及时生产产品或提供服务。这样不仅可以提高客户的满意度，还可以及时了解客户需求。二是提供订单状态跟踪服务、多种安全付款方式和及时配送服务。客户下单后，企业应该提供订单状态跟踪服务，现在大部分企业都提供这样的服务。为了满足客户的多种需求，企业要提供灵活多样的付款方式，以方便客户选择。客户完成在线购物后，商务活动并未结束，此时客户最关心的问题是所购商品能否准时到货，企业应提供及时的配送服务。

（3）售后客户服务管理

售后客户服务管理是指企业向已购买商品的客户提供的服务，它是商品质量的延伸，也是企业对客户感情的延伸。这种服务管理是为了增加产品实体的附加价值，解决客户由于使用本企业产品而带来的一切问题和麻烦，使其放心使用，降低使用成本和风险，从而增加客户购买后的满足感或减少客户购买后的不满情绪，以维系和发展品牌的目标市场，使新客户成为老客户，或者乐意向他人推荐企业产品。

售后客户服务是客户服务非常重要的环节，越来越多的企业开始重视售后的延续性服务。售后服务开展得好，企业才能保持、维系客户，培养客户的忠诚度。在这个阶段，企业应做好以下工作。一是要向客户提供持续的支持服务。企业可以通过在线技术交流、常见问题解答及在线续订等服务，帮助客户在购买后更好地使用产品或服务。二是要有良好的退货服务。大多数企业都提供了良好的退货服务，以增强客户在线购买的信心，如淘宝网的"7天无理由退换货""运费险"等。

7.3 电子商务客户关系管理系统

电子商务客户关系管理的实现可以从两个层面考虑：一是树立管理理念，二是为这种新的管理模式提供信息技术支持。客户关系管理系统以最新的信息技术为手段，充分利用数据仓库和数据挖掘等先进的智能化信息处理技术，将大量客户资料加工成有用的信息，运用先进的管理思想，通过业务流程与组织的深度变革，帮助开展电子商务的企业最终实现以客户为中心的目的。

7.3.1 电子商务客户关系管理系统的分类

根据功能和运行方式的不同，电子商务客户关系管理系统大致可分为操作型客户关系管理系统、协作型客户关系管理系统和分析型客户关系管理系统这三种类型。

1. 操作型客户关系管理系统

操作型客户关系管理系统主要通过业务流程的定制实施，让企业员工在销售、营销和提供服务时，得以用最佳方法提高效率。其主要用于自动的集成商业过程，包括销售自动化（Sales Automation，SA）、营销自动化（Marketing Automation，MA）、客户服务支持（Customer Service & Support，CS&S），以及移动销售（Mobile Sales，MS）与现场服务（Field Service，FS）软件工具。操作型客户关系管理系统尤其适合第一次使用客户关系管理系统的企业。

2. 协作型客户关系管理系统

协作型客户关系管理系统是一套主要通过提高客户服务请求的响应速度来提高客户满意度的管理系统。客户除了通过传统的信件、电话、传真或登门造访等形式与企业接触外，还可通过电子邮件、呼叫中心等新的信息交流手段来达到与企业进行信息交流和商品交易的目的。协作型客户关系管理系统主要有业务信息系统（Operational Information System，OIS）、联络中心管理（Contact Center Management，CCM）和 Web 集成管理（Web Integration Management，WIM）等。

📖 **阅读资料**

中国移动的协作型客户关系管理系统

话费随时查询、业务电话受理、个性化套餐选择、客服主动营销，中国移动协作型客户关系管理系统的建成引起了客户关系管理质的变化。由于实现了各系统客户数据库的共享，无论客户选择何种渠道与中国移动进行互动，中国移动的客服代表或客户经理都能掌握完整的客户信息：对数据进行集中分析，然后据此改善促销活动流程和系统功能，以获取更高的收入；口径一致和快速的服务响应不仅能提高客户满意度，还能缩短回应客户询问的时间；加快重要呼入客户服务请求的处理速度，进而提高客户的满意度和忠诚度；为大客户提供更加具有针对性的销售计划及服务。异地营业厅、网站、短信、大客户经理、10086客服中心都成了用户随时随地办理业务的"柜台"。

---

3. 分析型客户关系管理系统

分析型客户关系管理系统用于对以上两个系统产生的数据进行分析，为企业的战略、战术的决策提供支持。其主要通过企业资源计划、供应链管理等系统，以及操作型客户关系管理系统、协作型客户关系管理系统等不同渠道收集各种与客户相关的资料，然后通过报表系统地分析、找出有关规律，帮助企业全面地了解客户的分类、行为、满意度、需求和购买趋势等，为决策提供客观的数据支持，进而为企业制定正确的经营管理策略提供支持。可以说，分析型客户关系管理系统就是根据对客户信息的分析，帮助企业做正确的事，做该做的事，其特点是智能化，适合管理者使用。其主要包括数据仓库（Data Warehouse，DW）和知识仓库（Knowledge Base，KB），以及依托管理信息系统的商业智能（Business Intelligence，BI）。

7.3.2　电子商务客户关系管理系统的功能模块

客户关系管理系统具有多个模块，在电子商务领域，我们重点介绍营销自动化、销售自动化、客户服务自动化、呼叫中心、商业智能五个主要模块。

1. 营销自动化——市场营销管理子系统

市场营销管理（Marketing Management）子系统帮助市场人员对客户和市场信息进行全面的分析，从而对市场进行细分，帮助企业策划高质量的市场活动，指导销售队伍更有效地工作。该系统为销售、服务和呼叫中心提供关键性的信息，能够帮助企业有效收集来自各个营销渠道的客户信息，包括通过搜索引擎、网站、短信、微信、呼叫中心等线上形式，以及举办市场活动、会展等线下形式收集客户信息或获取潜在客户信息，帮助企业对市场和客户信息进行全面分析，优化潜在客户开发过程，提高转化率。与此同时，该系统还可自动化跟进市场活动、获知活动效果，帮助企业有效规划并改善市场活动流程，优化企业管理的相关战略。

2. 销售自动化——销售管理子系统

销售管理（Sales Management）子系统主要管理客户账号及销售渠道等方面的各类信息。该系统可以把企业不同地域、不同部门间的所有销售环节有机组合起来，在不同的销售部门之间、销售部门与市场之间、销售部门与服务部门之间建立起一条以客户为中心的、顺畅的工作流程。销售人员可利用客户关系管理系统，及时获取企业当前的最新消息，包括企业的最新动态、客户信息、账号信息、产品和价格信息及竞争对手的相关信息，对销售过程中的客户行为、潜在客户发展过程等售前、售后工作进行全方位自动化管理。该系统有效缩短了企业的销售周期，降低了经销成本，提高了销售成功率。

3. 客户服务自动化——服务管理子系统

服务管理（Service Management）子系统能够帮助企业实现标准化的服务流程，有效地增强企业的服务能力，帮助客服人员发现和跟踪服务中出现的问题，迅速、准确地根据客户需求解决调研、销售扩展等步骤中的问题，提升客户服务的效率，提高客户满意度，延长每一个客户在企业中的生命周期。与此同时，该系统还可以从客户反馈中挖掘潜在的销售机会，让客户为企业贡献更多价值。该系统采用不同的方式与客户进行交流，如电子邮件、传真、交互式语音应答、电话等。

4. 呼叫中心——呼叫中心管理子系统

呼叫中心又叫作客户服务中心，是一种基于计算机电话集成技术，充分利用通信网和计算机网的多项集成功能，与企业连为一体的综合信息服务系统。呼叫中心管理子系统是客户关系管理系统的重要组成部分，也是现代化客户服务的重要手段。该系统基于 Web 技术的呼叫中心，将传统呼叫中心的功能拓展到互联网上，同时应用数据挖掘、知识管理技术与客户关系管理系统，通过将销售管理子系统与服务管理子系统的功能集成为一个单独的应用，使企业能够向客户提供实时的销售和服务支持。通常，现代呼叫中心包括人工话务处理、自动语音处理、计算机同步处理、统计查询、知识库支持、互联网操作、录音、分析统计、定时自动呼叫服务等功能模块。

呼叫中心作为客户与企业沟通的平台，首要作用是为外部客户提供服务。呼叫中心利用现有的各种先进通信手段，通过对存储在客户关系管理系统中的客户数据进行分析，迅速识别客户，在与客户的及时联系中提供服务，为客户提供一对一的个性化服务，确保准确、有效地响应每一位客户的需要，为有效提供高质量、高效率、全方位的服务提供了保障。呼叫中心向客户提供了一个交互式、专业化、集成式的服务窗口，不但能缩短客户请求的响应时间，而且由于信息技术的应用，特别是在后台数据库系统的支持下，大大提高了服务质量。此外，呼叫中心还可以协调整个企业内部的管理和服务。呼叫中心作为获取客户信息的重要渠道，可以准确记录客户的投诉内容、对企业的意见或建议等，企业相应部门可以据此了解客户的需求和市场的需求，同时及时获取客户对企业各部门的看法，根据客户意见，改善内部管理体制，优化服务结构，提高工作效率，继而形成良性循环，为企业创造丰厚的利润。

5. 商业智能——智能决策管理子系统

商业智能——智能决策管理子系统不仅拥有客户数据采集、业务处理流程化等运营型管理功能，而且还引入了数据仓库等相关技术，为客户相关数据的分析、营销和服务提供部门级辅助决策支持，也为高层领导对企业全局的决策提供辅助性支持，实现了运营与分析的闭环互动。客户关系管理运营系统通过对市场营销、销售和服务等业务流程的管理，将客户的偏好、行为习惯、交易数据、信用状况等信息收集并整合在一起，再将这些运营数据和外来的市场数据经过整合和变换，装载进数据仓库。

商业智能（BI）又称商业智慧，正是系统运用联机分析处理（Online Analytical Processing，OLAP）和数据挖掘等技术，从数据仓库中分析和提取相关规律、模型和趋势，使客户信息在企业内得到有效的流转和共享，为企业搭建一个完善的客户资源数据库共享平台，以此提高企业在所有渠道上同客户交互的有效性，提高产品和服务的针对性，并进一步为企业的战略规划、科学决策助力，从而实现企业利润的最大化。

7.4 客户数据挖掘

随着 IT 技术、Internet 技术与数据库技术的不断发展，客户数据管理在企业中越来越被重视并被广泛应用。全面收集和分析客户数据，并将客户数据应用于产品设计、市场规划、销售过程等方面，以全方位提升客户的满意度和忠诚度，对实施电子商务客户关系管理的企业至关重要。

7.4.1 客户数据的类型

客户数据管理是客户关系管理系统的核心。根据数据的形式和来源不同，企业的客户数据可以分为客户描述性数据、客户交易性数据和市场促销性数据三类。

1. 客户描述性数据

客户描述性数据即用于描述客户详细信息的数据。通常，客户分为个人客户和组织客户两类。个人客户的描述性数据通常包括客户的基本信息（姓名、性别、出生日期、职业和收入水平、个人联系方式、信贷情况等）、心理与态度信息（购买动机、个性信息、生活方式、信念态度等）、行为信息（消费习惯、对促销活动的反应等）。组织客户的描述性数据通常包括客户的名称、类型、规模、主要负责人信息、联系方式、业务状况、信用状况等。客户数据不但包括现有客户的数据，还包括潜在客户、合作伙伴和代理商的数据。

2. 客户交易性数据

描述企业和客户相互作用的所有数据都属于客户交易性数据。这类数据可以反映客户对企业的反馈，具有动态性。通常，客户交易性数据，包括客户的历史购买记录、购买频率和数量、购买金额、付款方式等，以及商品售后类数据，如客户对产品的评价、对服务的评价、投诉，以及对企业提出的建议和要求等。

3. 市场促销性数据

市场促销性数据是企业曾经为客户提供的产品和服务的数据，此类数据体现了企业对每个客户开展了哪些促销活动，包括企业的产品宣传、线上线下的推销、报纸杂志的宣传报道、电话直销、用户的产品使用情况调查，以及客服人员在服务过程中收到的建议、分销商对客户的宣传与承诺等。

案例讨论

上海通用的"数据库+客户关系管理"

数据库营销作为客户关系管理的一种辅助工具，已被很多企业所采用。上海通用公司的客户关系管理系统就是典型的成功实例。该公司开展了基于数据库的客户关系管理系统，它把企业的客户服务部、经销商和特约维修站连成一体。当一位客户反映所购的轿车有问题，投诉到公司的客户服务部门时，工作人员马上能根据客户的名字从数据库中调出相关资料，包括型号、购买时间、所售的零售商、曾有的维修记录、当时由谁负责等，判断客户所反映问题的质量类型，从而通过系统马上通知离该客户最近的维修站为其提供服务。同时跟踪记录何时解决问题、客户的满意度等，大大加快了对客户投诉的响应时间，同时能够节省大量的人力资源。

分析：

客户是所有企业利润来源的基础，谁拥有了客户信息，谁就掌握了市场的主动权。数据库营销系统是客户关系管理系统的基础，没有数据库营销系统的建立，企业就不能得到准确的客户资料和需求，客户关系管理也就无据可依。客户关系管理又是数据库营销的延展，可以通过数据分析满足客户更深层次的个性化需求。在信息技术和管理现代化发展的现阶段，将二者相结合势在必行，建立基于数据库营销的客户关系管理能够持续科学地改善企业客户结构，提高客户满意度，降低企业经营管理成本。

7.4.2 数据挖掘技术及应用

企业实施客户关系管理：一方面能够帮助营销人员更好地服务客户；另一方面能够帮助企业从客户数据中挖掘有价值的信息，并找出这些信息的关联，以便更好地制定营销策略。数据挖掘就是从大量的数据中抽取有价值的数据的过程。客户关系管理是数据挖掘技术的重要应用，数据挖掘是客户关系管理系统中的核心技术。正是因为有了数据挖掘技术的支持，客户关系管理才具有越来越广泛的研究价值和市场价值。

在电子商务背景下，企业不仅要关注客户的静态数据和动态数据，也要关注对整个市场的统计分析，如产品月销售额、单笔平均购买量、市场需求量、消费者预期、产品的市场占有率等。数据挖掘技术能够自动地分析这些数据，做出归纳性的推理，从中揭示已知的事实，挖掘客户潜在的需求，发现业务发展的趋势，帮助企业分析完成任务所需的关键因素，从而有利于企业调整市场策略，做出正确的决策，使企业处于更有利的竞争位置。

1. 数据挖掘的定义

数据挖掘（Data Mining，DM）是一种半自动地从大量的、不完全的、模糊的、随机的实际应用数据中，提取隐含在其中的、人们事先不知道但又是有用的信息和知识的过程。其主要特点是按照企业既定的业务目标，对商业数据库中的大量业务数据进行抽取、转换、分析和其他模型化处理，揭示隐藏的、未知的或者验证已知的规律性，从中提取能辅助企业做出商业决策的关键数据。通常，通过数据挖掘得到的信息具有先前未知、有效性和实用性三个特征。数据融合、人工智能、商业智能、知识发现、模式识别、机器学习、数据分析和决策支持等与数据挖掘具有同等意义。

2. 数据挖掘的目的

互联网的发展为我们带来了前所未有的丰富数据，与此同时，也衍生了信息过量、信息形式多样化、信息真假难以辨识、信息安全难以保证、数据丰富但知识贫乏等各类问题。数据挖掘的出现，有效解决了以上大部分问题。企业借助数据挖掘可有效预测未来的趋势变化，从而做出科学的决策。企业可以通过各种模型和算法有效地从海量数据中提取有价值或有规律的信息，实现数据—信息—知识—价值的转变。

数据挖掘技术从出现开始就是面向应用的。有了数据挖掘技术的支持，客户关系管理的理念才能得以真正运用，才能真正把原始的客户资料转变为商机，对我国当前的市场竞争具有很大的启发和指导意义。

3. 数据挖掘在电子商务客户关系管理中的应用

数据挖掘在电子商务客户关系管理中的应用主要体现在以下三个方面。

（1）数据挖掘在客户细分中的应用

企业利用数据挖掘技术可以对客户进行有效细分，并可以针对不同类型的客户进行深度的分析，进而制定令客户满意的服务策略。客户细分可以采用分类和聚类两种方法。采用分类的方法可以将客户分为高价值客户和低价值客户，之后再确定对分类有影响的因素，并将拥有相关属性的客户数据提取出来，选择合适的算法对数据进行处理，得到分类规则。使用聚类的方法，是在不知道客户可以分为几类的情况下，将数据聚类后，对数据进行统筹分析，归纳出这些数据的相似性和共性。

（2）数据挖掘在客户识别中的应用

电子商务企业的发展和壮大需要通过不断获得新的客户实现。新的客户包括以前没有接触过本企业产品和服务的人，以前不需要本企业产品和服务的人，以及竞争对手的客户。识别客户是电子商务企业发现潜在客户、获取新客户的过程。数据挖掘可以帮助企业利用现有的客户资料，找出客户的共同特征，通过实验，观察潜在客户对企业产品或某个营销活动的不同反应。而后，企业可以根据客户的反馈结果建立客户反应预测模型，利用数据挖掘技术找出对产品最感兴趣的群体，并分析出哪种类型的人最有可能成为企业客户。此外，电子商务企业还可以通过分类或聚类分析对目标人群进行群分，再通过模式分析预测哪些人可能成为其客户，以帮助销售人员找到正确的对象。

（3）数据挖掘在提升客户价值中的应用

电子商务企业与客户之间的关系是动态化的，数据挖掘在客户忠诚分析中主要是对客户的持久性、牢固性和稳定性进行分析，这三个指标综合起来可以反映客户的忠诚度。客户持久性反映的是客户在企业消费的频率。客户牢固性反映的是客户受各种因素，如价格、广告宣传等的影响程度。客户稳定性是客户消费周期和频率的表现。用数据挖掘技术可以分析现有客户的购买行为和消费习惯等数据，用数据挖掘的算法可以对不同的销售方式进行建模，并可以用预测模型对客户将来的消费行为进行预测分析。企业对客户数据进行分析，可确定最合适的销售服务方式，提升客户的价值。

练习题

一、单选题

1. 客户关系管理的英文缩写为（　　　）。

 A. EDI　　　　　　B. CRM　　　　　　C. ERP　　　　　　D. SCM

2. 以下有关客户成本的说法，正确的是（　　　）。

 A. 争取新客户的成本较保留老客户更低

 B. 争取新客户的成本较保留老客户更高

 C. 争取新客户的成本与保留老客户的成本一样高

 D. 争取新客户和保留老客户的成本根本无法比较

3. 客户的满意度是由（　　　）这两个因素决定的。

 A. 客户的感知和期望　　　　　　　　B. 客户的抱怨和忠诚

 C. 产品的质量和价格　　　　　　　　D. 产品的性能和价格

4. 客户关系管理中的"二八法则"指的是（　　　）。

 A. 企业80%的销售额来自20%的新客户　B. 企业有80%的新客户和20%的老客户

 C. 企业80%的员工为20%的老客户服务　D. 企业80%的利润来自20%的重要客户

5. （　　　）是指企业向已购买商品的客户提供的服务，它是商品质量的延伸，也是企业对客户感情的延伸。

 A. 售前客户服务管理　　　　　　　　B. 售中客户服务管理

 C. 售后客户服务管理　　　　　　　　D. 以上均是

二、多选题

1. 下列有关客户关系管理的理解，正确的有（　　　）。

 A. 客户关系管理是提升客户价值，打造企业竞争力的基础

 B. 客户关系管理投入大、产出低

 C. 客户关系管理是精准营销理论的最终体现

 D. 客户关系管理就是实施一对一营销

 E. 客户关系管理是增强企业执行能力的重要管理手段和技术支撑

2. 客户关系管理的意义包括（　　　）。

 A. 全方位完善客户服务　　　　　　　B. 提升企业内部员工的士气

 C. 不断提高客户满意度　　　　　　　D. 增强企业的文化凝聚力

 E. 精准挖掘有价值的客户

3. 客户信息管理主要包括（　　　）等。

 A. 客户基本资料管理　　　　　　　　B. 档案管理

 C. 客户消费信息管理　　　　　　　　D. 客户信用管理

 E. 客户流失信息管理

4. 下列属于客户流失原因的有（　　　）。

　A. 产品或服务的质量不稳定　　　　B. 产品或服务缺乏创新

　C. 企业服务意识淡薄　　　　　　　D. 品牌定位过高

　E. 竞争对手提供类似产品

5. 根据客户对企业价值贡献的大小，企业的客户可以分为（　　　）四种类型。

　A. SVIP 客户　　　　B. VIP 客户　　　　C. 大客户

　D. 普通客户　　　　E. 小客户

三、名词解释

1. 客户关系管理

2. 客户满意

3. 客户细分

4. 售前服务管理

5. 呼叫中心

四、简答及论述题

1. 减少客户流失的对策主要有哪些？

2. 电子商务客户关系管理系统可分为哪几种类型？

3. 电子商务客户关系管理系统的功能模块主要有哪些？

4. 试论述电子商务售中客户服务。

5. 试论述数据挖掘在电子商务客户关系管理中的应用。

案例讨论

亚马逊的客户关系管理应用

亚马逊公司（以下简称"亚马逊"）成立于1995年，最早只在网上经营图书业务，后来业务范围不断扩大，如今已经成为全球商品品种最多的网上零售商之一和全球第二大互联网企业。

在早期，面对越来越多的竞争者，亚马逊保持长盛不衰的"法宝"之一就是实施CRM。

亚马逊采用了Oracle的数据库、Internet技术平台及大量的Oracle电子商务应用程序。亚马逊在处理与客户关系时充分利用了CRM的客户智能。当客户在亚马逊购买图书以后，其销售系统会记录客户购买和浏览过的书目，当客户再次进入该网站时，系统识别客户的身份后就会根据其喜好推荐相关书目。该客户登录该网站的次数越多，系统对他的了解也就越多，也就能更好地为他服务。显然，这种有针对性的服务对维持客户的忠诚度有极大帮助。

CRM在亚马逊的成功实施不仅给它带来了65%的回头客，也极大地提高了其声誉和影响力。

思考讨论题

结合案例谈谈亚马逊成功实施CRM给电子商务企业带来的启示。

第8章　移动电子商务

本章导读

移动电子商务（M-Commerce）由电子商务（E-Commerce）的概念衍生而来，是移动通信网、互联网、IT技术和移动端设备发展的产物，它突破了互联网的局限，扩张了电子商务的领域，是一种全新的电子商务模式。本章主要介绍了移动电子商务的含义、优势、技术、应用及移动电子商务的价值链与商业模式等内容。其中，移动移动电子商务的应用是本章学习的重点。

知识结构图

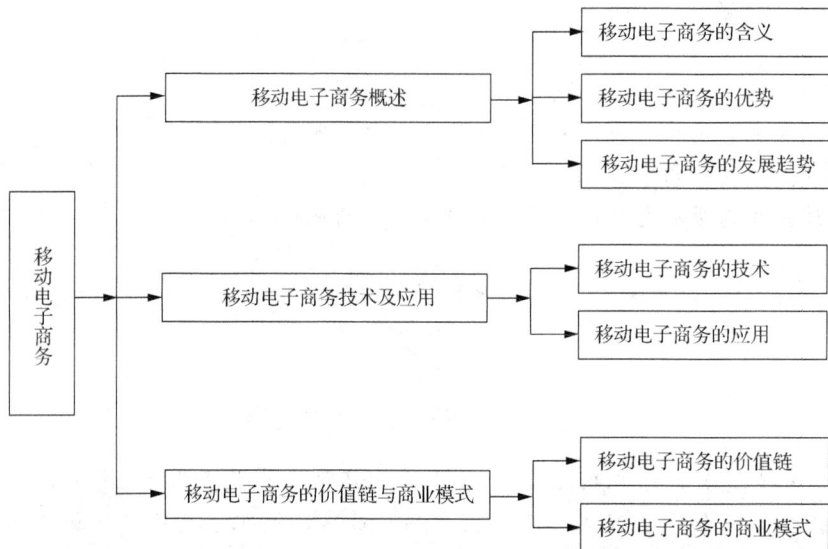

开篇引例

董明珠开启全国巡回直播

2020年盛夏，董明珠成了第一个把直播"带货"做成"巡回演唱会"的人。"新零售全国巡回直播"的第一站选在江西赣州，这是董明珠今年的第6场直播，首站以销售总额50.8亿元打响，取得巡演开门红。自2020年4月开始直播带货以来，董明珠为格力电器带来了228亿元的收入。

每一次直播后都会出现赞扬和质疑的声音。闯荡家电江湖30载，66岁的董明珠将格力电器的销售模式从代销模式转变为格力专卖，再转为常态化直播。

原本对直播新零售不看好的董明珠，开始尝试直播。万事开头难，2020年4月24日的直播首秀，网络卡顿，数据也并不理想。数据显示，其在线人数峰值达到21.63万，但所有格力产品的销量不到300件，销售额为23.25万元，热卖的产品是价值139元的充电宝。15天后，董明珠在快手开启第二场直播，打了个翻身仗：直播带货3小时卖出的产品相当于格力网店一年的销量。

5月15日，董明珠完成了自己的第三场直播，在京东的成交额超过7亿元，创下了家电行业直播带货史上最高成交纪录。尝到了甜头后的董明珠表示要将直播常态化。

对于直播带货的成绩，董明珠表示应靠产品品质取胜。她认为"公道在人心，老百姓心里是有一杆秤的，希望用直播的形式，让更多消费者了解产品，知道厂商在真诚地展示产品"。事实也证明：格力产品正在被放入更多新消费群体的购物车，而不是和多年前一样挂在墙上才能进行售卖。

董明珠利用直播带货发展三四线城市的下沉市场，利用格力及自身的影响力和当地用户，通过直播优惠宣传，探索新零售直播本地化营销新模式。这不仅是直播带货，更是达到了品牌宣传和拓展新市场的商业目的。

董明珠的直播带货做到了销售和品牌营销的双赢，更为名人直播做出了示范。

资料来源：腾讯新闻。

8.1 移动电子商务概述

在移动信息技术的推动下，移动电子商务正经历跨越式的发展，在网络应用中的地位越发重要。使用智能手机进行网络支付、网上购物、导航等的用户大幅度增长，带动了互联网移动电子商务的发展。

8.1.1 移动电子商务的含义

移动电子商务，顾名思义，就是移动+电子商务的合称，具体是指利用智能手机、掌上电脑等无线终端进行的 B2B、B2C、C2B、C2C 及 O2O 等电子商务活动。

移动电子商务是互联网技术、移动通信技术、短距离通信技术和其他信息技术的相互融合，可以使商务活动不受时间、地点等的限制，实现随时随地、线上与线下的采购与销售、在线电子支付，以及开展各种交易、商务、金融活动和相关的配套服务活动等。

移动电子商务是对传统电子商务的有益补充，它具有商务活动即时、身份认证便利、信息传递实时、移动支付便捷等特点。随着无线通信技术的发展、智能移动终端性能的提升，移动电子商务应用领域正在不断拓展与创新，由最基本的移动支付，转向商务活动的各个环节。例如，用户可以直接利用移动设备进行网上身份认证、账单查询。

> 📖 **学习思考**
>
> 移动电子商务可以完全取代传统电子商务吗？为什么？

8.1.2 移动电子商务的优势

相比于传统的电子商务，移动电子商务具有以下优势。

1. 不受时空限制

移动设备的便捷性和普及性，使得用户可以借助智能移动终端在任何时间、任何地点，根据自身需要连接互联网，进行网络购物等各种商贸活动。

2. 个性化服务

用户会根据自身的使用习惯对移动设备进行个性化设置，在网络上浏览信息、购物都会留下个人的使用痕迹和消费习惯。因此移动电子商务的运营商、服务商可以更有针对性地对个人的兴趣、喜好、消费习惯进行分析，依托大数据技术进行信息挖掘，从而为用户提供更有针对性的个性化服务。

3. 及时地获取信息

随着国家大力推进互联网城市建设，各移动运营商无线上网数据流量费不断降低，很多人的移动设备都是全天联网。微信、微博等社交媒体的大量普及使得人们对于信息的获取变得及时和便捷。

4. 基于位置的服务

移动设备终端的特性之一是其具有基于位置的定位功能，这样随着使用者位置的变化，可以提供基于位置的各种相关信息和服务，这也为移动电子商务的发展提供了极大的便利。例如，基于位置的地图导航、基于位置的外卖订餐、基于位置的共享单车搜索等。

5. 便捷的网上支付

传统的网络支付，需要为计算机浏览器安装银行和网站插件，有的还需要插上 U 盾等硬件设备才能进行。移动设备终端的私密性、便捷性摒弃了这些烦琐的步骤，依托支付宝、微信支付和各家银行的手机银行 App 客户端，网络支付变得前所未有的快捷和方便。

6. 便于用户身份确认

用户消费信用问题一直是传统电子商务发展的一大制约因素，而移动电子商务因与使用者的手机进行了绑定，使用户身份更便于确认。

8.1.3　移动电子商务的发展趋势

移动电子商务的发展趋势主要体现在以下四个方面。

1. 移动化

移动电子商务的本质是电子商务的移动化，利用越来越先进的智能移动终端设备，在手机或平板端可以实现等同于计算机端的商务活动，将移动端与计算机端整合起来，融合发展。用户连接互联网的方式已经逐步从计算机端扩展到移动端，移动互联网渗透至餐饮、购物、住宿、交通出行等行业。

2. O2O 化

O2O 化将是未来移动互联网电子商务发展的主流方向。借助移动互联网技术，能够实现消费者线上下单线下消费的新型商务模式，线上与线下的融合提升了消费者的消费体验同时也为商家赢得了更多的商机。

3. 社交化

移动电子商务加入了社交元素，将社交场景和用户进行对接，有利于企业发展忠实用户，形成粉丝经济，商家和消费者的良好互动能扩大用户群，吸引潜在用户从而扩大营销规模。在移动社交媒体上，消费者能第一时间收到商家的营销、优惠信息，而商家也能随时了解消费者的需求，这样商家与消费者之间的联系变得更加紧密。

4. 智能化

随着科学技术不断发展进步，无论是软件还是硬件都在取得长足的发展。依托 5G 时代更快的网络速率，未来可以在移动端实现全景虚拟现实技术的应用，消费者可以参与到商家营销中。人工智能的发展可以让我们使用语音进行地图搜索与导航，通过智能穿戴设备实时监控自己身体的各项生理指标，这会让我们的生活变得更加美好。

8.2 移动电子商务技术及应用

8.2.1 移动电子商务的技术

移动电子商务的发展离不开相关技术的支持。在这些技术中，最基本的是移动网络技术和移动应用开发技术，下面分别对这两类技术进行简要介绍。

1. 移动网络技术

（1）无线应用协议

无线应用协议（Wireless Application Protocol，WAP）是由摩托罗拉、诺基亚和爱立信等公司最早倡导和开发的，它的提出和发展是基于在移动设备中接入 Internet 的需要。WAP 是开展移动电子商务的核心技术，它提供了一套开放、统一的技术平台，使用户可以通过移动设备很容易地访问和获取以统一的格式表示的 Internet 或企业内部网信息和各种服务。通过 WAP，手机可以随时随地、方便快捷地接入互联网，真正实现不受时间和地域约束的移动电子商务。

（2）蓝牙技术

蓝牙（Blue Tooth）是一种短距离无线电技术，是由爱立信、IBM、英特尔、诺基亚和东芝等公司于 1998 年 5 月联合推出的一项短程无线连接标准。该标准旨在取代有线连接，实现数字设备间的无线互联，以便确保大多数常见的计算机和通信设备之间可方便地进行通信。蓝牙作为一种低成本、低功率、小范围的无线通信技术，可以使移动电话、个人数字助理、便携式计算机、打印机及其他计算机设备在短距离内无须线缆即可进行通信。

（3）移动互联网协议

移动互联网协议（Mobile Internet Protocol，MIP）是由互联网工程任务组（The Internet Engineering Task Force，IETF）在 1996 年制定的标准通信协议。MIP 允许移动终端（不限于手机）在不改变 IP 地址的情况下可从一个子网移动到其他子网。

（4）3G、4G、5G

第三代移动通信技术（The 3rd-Generation mobile communication technology，3G）与第一代移动通信技术（1G）、第二代移动通信技术（2G）相比，主要是将无线通信和互联网等通信技术全面结合，以此形成一种全新的移动通信系统。3G 能同时传送声音和数据信息，被广泛应用于视频通话、手机电视、无线搜索、手机音乐等领域。

第四代移动通信技术（The 4th-Generation mobile communication technology，4G）集 3G 与无线局域网为一体，可以在一定程度上实现数据、音频、视频的快速传输，功能比 3G 更先进。4G 主要应用于高清视频、实时视频传输、云端游戏、多方视频通话、移动支付、云应用、3D 导航、智能家居、智能汽车、物联网、车联网等领域。

第五代移动通信技术（The 5th-Generation mobile communication technology，5G）是最新一代蜂窝移动通信技术，5G 的目标是高数据速率、减少延迟、节省能源、降低成本、提高系统容量和大规模设备连接。5G 网络的主要优势在于，数据传输速率远远高于以前的蜂窝网络，最高可达 10Gbit/s，是之前网速的 100 倍。5G 网络的另一个优点是较短的网络延时（更快的响应时间）。5G 的网络延时低于 1 毫秒，而 4G 的为 30～70 毫秒。由于数据传输更快、网络延时更短，5G 将使未来的万物互联变为现实。

2. 移动应用开发技术

目前主流的移动应用开发方式有三种：原生 App（Native App）、网页 App（Web App）和混合型 App（Hybrid App）。

（1）原生 App

原生 App 是在智能手机操作系统（如 iOS、Android 和 Windows Phone）的基础上用原生程序编写的第三方移动应用程序。原生 App 的优势主要是兼容能力和访问能力更好，拥有更佳的用户体验和更好的交互界面，缺点是不同平台需要开发不同的程序，开发成本和维护成本较高。

（2）网页 App

网页 App 开发是一种框架型 App 开发模式，通常由"H5 云网站"和"App 应用客户端"两部分构成。网页 App 可以跨平台运行，且开发费用低，维护更新较为方便简单，但是用户体验较差，页面跳转迟缓，页面交互动态效果不灵活。若企业的核心功能不多，App 需求侧重于信息查询，浏览等基础功能，也可以选择该开发模式。

（3）混合型 App

混合型 App 是指半原生、半网页的混合类 App，同时采用网页语言和程序语言进行开发，通过不同的应用商店进行打包分发，用户需要下载安装使用。混合型 App 兼具原生 App 良好的用户交互体验和网页 App 跨平台开发的优势，在开发过程中使用网页语言，所以开发成本和难度大大降低。

8.2.2 移动电子商务的应用

移动电子商务的应用可以分为两部分，即个人应用和企业应用。个人应用是指以个体为对象接入互联网，以获得各种信息和服务，如定位服务、娱乐服务、即时通信服务等；企业应用是指企业的移动信息数据服务、网络营销和广告推送服务、物流跟踪服务等与企业日常生产经营行为相关的服务。

移动电子商务作为一种新型的电子商务方式，利用了移动无线网络的优点，是对传统电子商务的有益补充。尽管目前移动电子商务的发展存在安全与带宽等方面的很多问题，但是与传统的电子商务相比，移动电子商务具有诸多优势，在如下领域得到了广泛的应用。

1. 移动营销

移动营销是指利用智能移动终端，通过互联网和无线通信技术，进行企业和消费者之间产品和服务的交易过程，主要包括产品的销售、产品信息的宣传推广、企业品牌形象的推广、客户服务等内容。移动营销是移动电子商务环境下将移动通信和互联网二者结合起来进行的营销活动，是网络营销在移动互联网技术支持

移动营销

下的延伸，是移动电子商务重要的应用。随着移动互联网的发展、智能移动设备的普及，移动营销正成为主流的线上营销方式。企业可使用微信公众号、官方微博、App 等移动程序进行品牌传播、产品宣传、推广销售。

案例讨论

故宫的移动广告

2016年7月，一个《穿越故宫来看你》的H5页面在微信朋友圈中传播开来。页面中一个萌萌的皇帝形象吸引了不少网友，唱着Rap，又蹦又跳地进行自拍、刷朋友圈、QQ互动等。

该页面是故宫创新大赛的"宣传广告"，目的是让更多有创意的人参与大赛，通过文化创新提高故宫在新时代的影响力。故宫，作为我国历史悠久的皇家宫殿，在移动互联网时代一改"迟暮老者"的公众形象，展现了逆生长的"萌"，适应了年轻人的"口味"。

除了《穿越故宫来看你》这样富有创意的H5页面宣传方式外，还有微信、微博、App等众多方式。充分利用移动工具、移动广告的优势，打造故宫别具一格的"魅力"。

分析：

随着移动互联网的发展，微信、微博、App等新媒体的广泛使用，故宫成立了自己的文创团队，用移动互联网思维，开发适合"互联网+"时代的传播方式。故宫利用移动互联网实现"全渠道传播"，实现了高效的信息覆盖，提升了传播效果。故宫的广告传播让更多的年轻人通过文物感受到了中国传统文化的博大精深，创造了较大的社会效益。而这一社会效益又提升了故宫品牌的美誉度和知晓度，从而反过来提升了经济效益。

移动营销的特点可以用"4I"模型来概括，即分众识别、即时信息、互动沟通和个性化。

分众识别（Individual Identification）是指移动营销基于手机进行一对一的沟通。由于每一部手机及其使用者的身份都具有唯一对应的关系，并且可以利用技术手段进行识别，所以移动营销能与消费者建立确切的互动关系，能够确认消费者是谁、在哪里等。

即时信息（Instant Message）是指移动营销传递信息的即时性，为企业获得动态反馈和互动跟踪提供了可能。当企业了解消费者的消费习惯时，可以在消费者最有可能产生购买行为的时间发布产品信息。

互动沟通（Interactive Communication）是指移动营销"一对一"的互动特性，可以使企业与消费者形成一种互动、互求、互需的关系。这种互动特性可以甄别关系营销的深度和层次，针对不同需求识别不同的受众，使企业的营销资源有的放矢。

个性化（Individualization）是指手机的属性是个性化、私人化、功能复合化和时尚化的，如今人们对于个性化的需求比以往更加强烈。利用手机进行移动营销也具有强烈的个性化色彩，所传递的信息也具有鲜明的个性色彩。

移动营销的方法包括短视频营销、直播营销、微信营销、App营销、O2O营销、二维码营销等。本书第6章对上述营销方法有详细介绍，本章不再赘述。

2. 移动办公

移动电子商务时代，只需要无线网络、一台智能手机或笔记本电脑就能实现不受时间和场地限制的移动办公。移动办公配合丰富的移动通信软件，还可以实现视频通话、电话会议等专业商务活动。手机端的办公软件（如QQ、微信等）、邮件客户端也为商旅沟通提供了便利。随着手机用户迅速增长，用户在外出的情况下对保持即时通信有很强的需求。移动电子商务推出的即时信息通信业务逐渐向多媒体化方向发展，而传统的短信、彩信等正逐渐被移动即时通信软件取代。

3. 移动出行

现代人出行有多种交通工具可选择。无论是飞机、火车、长途汽车，还是公交、地铁、共享单车，都可以通过手机进行移动购票。通过手机浏览车次、余票量，选择购买并进行支付是非常简单和方便的。而乘坐公交、地铁及骑共享单车甚至可以通过手机直接扫描二维码，大大方便了我们的出行。

4. 移动娱乐

移动娱乐业务主要满足用户对休闲娱乐的需求。用户通过 App 进行浏览新闻、听音乐、看视频等休闲娱乐活动。用户还可以在无线移动平台上玩多人连线的游戏，无线游戏继承了手机离线游戏即开即用、操作简便和便携的特点，又进一步被赋予了网络游戏人人交互的特点而更具挑战性、刺激性和真实感。得益于网络资费的降低，地铁上用手机看连续剧或者玩联机游戏的年轻人随处可见。

5. 移动金融

移动金融是指使用移动智能终端及无线互联网技术支持金融企业内部管理及对外产品服务的解决方案，主要业务包括移动银行、移动支付、移动证券等。

（1）移动银行

移动银行提供金融和账户信息的移动访问。用户可以使用他们的手机查询账户余额信息、支付账单并利用 App 进行转账。移动银行提供的服务包括查询、转账、汇款、缴费、手机支付、银证转账、外汇买卖等。

（2）移动支付

移动支付是移动金融的重要应用形式，业务范围非常广泛，适用于缴费、购物、娱乐、教育、信息、旅游、通信等多种行业及场景。移动支付所使用的移动终端可以是手机、具备无线功能的平板电脑、移动 POS 机等。

（3）移动证券

移动证券是基于移动通信网的数据传输功能实现用手机进行信息查询的新一代无线应用炒股系统，让一个普通手机成为综合性的处理终端。移动证券是一种移动电话增值业务，能让证券从业人员和股民享受通过手机浏览实时行情、查看各项技术指标、进行专家咨询、查阅图表分析、实现快速交易等证券专业化服务。

6. 移动购物

借助移动电子商务，用户能够通过其移动通信设备进行网上购物。用户利用移动设备可以进行快速搜索、比较价格、购物和查看订单状态等。现在用手机端购物的用户比例已经超过了计算机端，传统购物模式借助移动电子商务发生了改变。甚至，用户可以使用安装有"支付宝"或"微信支付"等安全支付软件的移动设备，在线下商店或自动售货机上进行购物。

7. 移动医疗

目前在全球医疗行业采用的移动应用解决方案，可基本概括为：无线查房、移动护理、药品管理和分发、条形码病人标识带的应用、无线语音、网络呼叫、视频会议和视频监控。可以说，病人在医院经历过的所有流程，从住院登记、发放药品、输液、配液/配药、标本采集及处理等，到出院结账，都可以用移动技术予以优化。因为移动应用能够高度共享医院原有的信息系统，并使系统更具移动性和灵活性，从而达到简化工作流程、提高整体工作效率的目的。

8. 基于定位的移动商务

基于定位的移动商务是指运用有 GPS 或北斗等定位功能的设备或类似技术（如广播或移动基站

的三角定位）找到用户的位置，根据用户的位置来交付产品或服务。基于定位的服务对消费者和企业都具有很强的吸引力，从消费者和企业的角度来看，定位提供了安全性、便利性。从供应商的角度来看，基于定位的移动商务为更精确地满足客户需求创造了机会。

（1）位置查询业务。其主要应用有确定用户位置、相互查询位置，以及与用户当前位置有关的各种生活、交通、娱乐、公共设施等信息服务。

（2）目标定位业务。其指对手机用户进行定位，对手机用户的位置进行实时监测和跟踪，使被监控对象显示在监控中心的电子地图上。目标定位业务目前应用在一些专业领域推出的服务上，包括救援定位服务、看护服务、车辆调度、物流管理、位置广告、公司内部管理等。

（3）基于定位的广告。如果商家能够即时了解到移动用户所处的位置、购物偏好或上网习惯，他们就可以将面向特定用户的广告信息精准地发送到目标用户的移动设备上，如根据定位可以向潜在消费者发送其所处位置附近的商店和餐馆的信息。随着网速的不断提升，包括文字、图片、视频片段等内容丰富的广告将针对特定用户的需求、兴趣和倾向生成。

8.3 移动电子商务的价值链与商业模式

8.3.1 移动电子商务的价值链

哈佛大学商学院教授迈克尔·波特于 1985 年提出了价值链概念，波特认为，"每一个企业都是在设计、生产、销售、发送和辅助其产品的过程中进行种种活动的集合体。所有这些活动可以用一个价值链来表明。"波特将价值链的模型描述为两部分，分别为辅助增值活动和基本增值活动。其中，企业的基本管理、人力资源管理、技术开发、采购服务等属于辅助增值活动；仓储、物流、生产、营销、售后服务等属于基本增值活动。辅助增值活动与基本增值活动相互关联共同创造的价值结果即毛利，而这个创造价值结果的过程就是价值链。

移动电子商务价值链是运用移动通信技术及移动运营商提供的服务来创造价值，以满足社会消费需求的活动或行为，形成完整的价值实现链条。随着移动通信技术的不断发展，移动电子商务产业内上下游企业之间竞争不断加剧，产业链上的各方凭借自己的优势和资源成为产业链上的主体，使得移动电子商务产业链不断细化，逐渐扩大，变得越发复杂。

移动电子商务价值链的核心是用户。必须以用户为中心，因为其是移动电子商务价值链内各个参与方的利润来源。移动电子商务价值链内各个参与方及时准确地捕捉到用户需求，通过自身的能力和拥有的资源为用户服务，从而决定了其在价值链中的地位及分享的利润多寡。在移动电子商务价值链中居于核心地位的参与方主要有四个，分别是电信运营商、内容提供商、服务提供商、软件提供商。

> **学习思考**
> 电信运营商、内容提供商、服务提供商、软件提供商在移动电子商务价值链中分别发挥了哪些作用？

8.3.2　移动电子商务的商业模式

移动电子商务商业模式指的是在现有移动通信技术条件下，相关的经济实体通过特定的商务模式活动创造实现商业价值，从而获得商业利润。其核心是价值创造。移动电子商务作为连接移动终端用户和产品服务提供者之间的桥梁，为移动用户提供了大量的商业产品和服务，使用户获得良好的消费体验和增值服务。移动电子商务的商业模式主要有以下三种。

1. 以移动运营商为核心的移动电子商务商业模式

运营商作为移动电子商务价值链内的核心企业之一，其优势在于掌握着大量移动电信的用户资源，且大部分的移动服务都需要通过移动运营商提供的网络接入来实现。运营商拥有的庞大电信用户资源都是潜在的移动电子商务客户群。

2019 年 6 月 6 日，工业和信息化部正式向中国电信、中国移动、中国联通、中国广电发放 5G 商用牌照，标志着我国正式进入 5G 商用元年。5G 具有高速度、低时延、高可靠等特点，是新一代信息技术的发展方向和数字经济的重要基础。5G 支撑应用场景由移动互联网向移动物联网拓展，将构建起高速、移动、安全、泛在的新一代信息基础设施。与此同时，5G 将加速许多行业的数字化转型，并且更多用于工业互联网、车联网等，拓展大市场，带来新机遇，有力支撑数字经济蓬勃发展。5G 的发展会给运营商开展移动电子商务业务提供更为广阔的空间和更多的发展机遇。同时，网络速率的飞速提升也为后两种商业模式拓展空间提供了可能。

2. 以内容服务提供商为核心的移动电子商务商业模式

在这种模式中，内容服务提供商通过移动运营商提供的网络，为用户提供各种各样的电子商务服务。内容服务提供商掌握用户资源，移动运营商仅提供自己的网络资源收取流量费用，这使得移动运营商承担的风险变小，但在价值链中的主体转变为内容服务提供商。内容服务提供商会直接面对用户需求进行市场推广，这样能及时把握用户心理，掌握市场动态，开发新的业务以满足不断变化的用户需求，建立自己的业务品牌，运用合适的渠道进行推广，从一定程度上来说，内容服务提供商占据了市场业务的垄断地位。这样，内容服务提供商拥有移动电子商务市场的产品优先定价权，根据提供的服务内容不同，合理定价获得利润。用户可以在众多提供同类产品服务的厂商之中选择适合自己的产品服务，并将评价反馈给产品服务提供商，激发其开发更高质量的产品服务。

这类内容服务提供商的市场庞大，现在我们每个人的手机上都会安装很多主流 App，无论是安卓系统还是 IOS 系统，都会找到适合自己的应用程序。可以说，内容服务提供商涵盖了人们衣食住行的各个方面，市场巨大，前景广阔。

3. 以第三方提供商为核心的移动电子商务商业模式

在移动电子商务价值链上，还可能出现具有一定规模市场的移动电子商务第三方，它可能是具有支付优势的金融机构，也可能是掌握手机等智能终端设备的硬件制造商，还可能是为人民群众提供各种便捷服务的各类政务服务平台。

移动电子商务的实现需要网络支付进行结算，而银行等金融机构具有先天的优势，依托庞大的客户群体，可以在自家移动程序上开展电子商务营销。用户打开手机银行的时候就能看到商品及服务的优惠推送，根据自身需要进行选择，享受优惠的同时也为银行拓展电子商务市场做出了贡献。同样，国内的智能手机终端制造商如华为、小米等，都在开发自己的硬件上下游产业链，涵盖各种智能家居、家电、个人穿戴产品，通过在智能手机中内置华为商城、小米商城，并不定时推送各种优惠信息，使得本就是品牌忠实客户的消费者能方便地进行选购。以上就是两种分别以银行和手机生产商为第三方提供商作为核心的移动电子商务商业模式，未来，还可能会有更多的第三方商业模式显现出来。

练习题

一、单选题

1. （　　）是由摩托罗拉、诺基亚和爱立信等公司最早倡导和开发的，它的提出和发展基于在移动中接入Internet的需要。

    A. OFO　　　　　　　B. WAP　　　　　　　C. App　　　　　　　D. Blue Tooth

2. 移动电子商务的本质是电子商务的（　　）。

    A. O2O 化　　　　　　B. 移动化　　　　　　C. 智能化　　　　　　D. 社交化

3. （　　）是一种短距离无线电技术，是由爱立信、IBM、英特尔、诺基亚和东芝等公司于1998年5月联合推出的一项短程无线连接标准。

    A. 蓝牙　　　　　　　　　　　　　B. 无线应用协议

    C. 移动互联网协议　　　　　　　　D. 以上均不正确

4. （　　）主要是将无线通信和互联网等通信技术全面结合，以此形成一种全新的移动通信系统。

    A. 1G 技术　　　　B. 2G 技术　　　　C. 3G 技术　　　　D. 4G 技术

5. 移动电子商务价值链的核心是（　　）。

    A. 服务　　　　　　B. 需求　　　　　　C. 用户　　　　　　D. 产品

二、多选题

1. 移动电子商务是指利用智能手机、掌上电脑等无线终端进行的（　　）等电子商务活动。

    A. B2B　　　　　　B. B2C　　　　　　C. F2B

    D. C2C　　　　　　E. O2O

2. 移动电子商务未来的发展趋势主要体现在（　　）方面。

    A. 移动化　　　　　B. O2O 化　　　　　C. 虚拟化

    D. 智能化　　　　　E. 社交化

3. 移动电子商务是对传统电子商务的有益补充，它具有（　　）等特点。

    A. 商务活动即时　　B. 身份认证便利　　C. 信息传递实时

    D. 移动支付便捷　　E. 商务活动不受限制

4. 下列属于移动网络技术的有（　　）。

    A. 无线应用协议　　B. 蓝牙技术　　　　C. 3G

    D. 4G　　　　　　　E. 5G

5. 移动电子商务价值链中居于核心地位的参与方主要有四个，分别是（　　）。

    A. 电信运营商　　　B. 内容提供商　　　C. 服务提供商

    D. 硬件提供商　　　E. 软件提供商

三、名词解释

1. 移动电子商务
2. 原生App
3. 移动营销
4. 移动金融
5. 基于定位的移动商务

四、简答与论述

1. 移动电子商务的优势有哪些？
2. 第四代通信技术（YG）主要应用于哪些方面？
3. 试论述移动电子商务的商业模式。
4. 试论述移动营销特点的"4I"模型。
5. 试论述移动电子商务未来的发展趋势。

案例讨论

麦当劳 O2O 数字化升级

麦当劳公司是连锁快餐企业，是由麦当劳兄弟和拉伊·克罗克（Ray Kroc）在20世纪50年代的美国开创的、以出售汉堡为主的连锁经营的快餐店，进入中国市场已经30年左右，旗下拥有超过3万家分布在全球121个国家和地区的快餐厅。麦当劳的互联网进程起步略晚，但发展速度惊人。互联网兴起后，麦当劳因势利导，积极拓展线上业务，这一快餐巨头的O2O之路又是怎样的呢？下面我们以麦当劳中国区为例，介绍麦当劳的O2O营销模式。

麦当劳的目标消费群主要分为三大类：一是年轻白领，二是儿童家长，三是学生。如今，这些目标群体大多为"80后""90后"，他们的生活被互联网深入渗透，麦当劳为了更好地宣传品牌形象，必须把营销重点转移到数字化上面来。近年来，我国的消费市场出现了巨大的变化。麦当劳在深入探索我国消费者的认知与行为后，发现现代消费者喜欢新鲜事物，颇具创造与冒险精神；他们也热衷于数字化、追求个性化。麦当劳借着我国信息化与数字化的东风成功地吸引了目标消费者。

麦当劳中国于2013年与微信合作，开通了微信支付，2015年麦当劳宣布已与阿里巴巴旗下的蚂蚁金服达成合作，开通支付宝付款功能。2017年5月13日，麦当劳在召开"未来2.0"发布会时透露：自中国门店开通微信、支付宝付款功能以来，移动支付方式占比已达45%，这种扫码付款的方式只需2秒即可完成支付，大大提高了服务效率。2017年5月，麦当劳推出线下门店的智能点餐业务，宣布其超过1 000家在中国的餐厅完成了向"未来2.0"的升级，即在门店增设触屏自助点餐机，顾客不需要与柜台接触，只要在屏幕上点餐并支付后等待叫号即可，还新增加了送餐到桌服务，最大限度缩短了服务等待时间。麦当劳还推出"i麦当劳"微信小程序及麦当劳App，为顾客提供个性化的产品和服务。顾客可以通过"i麦当劳"加入会员，在柜台使用手机支付可获得积分（积分可兑换产品），并在会员日享受半价优惠等。顾客还可以直接利用微信小程序"i麦当劳"实现"手机点餐、到店取餐"，餐后麦当劳可使用微信小程序"麦当劳顾客体验"调查顾客用餐满意度。麦当劳利用数字化技术及数字化的品牌沟通方式，为顾客省去大量排队等候的时间，与顾客建立更亲密的关系，提升消费体验。

麦当劳近年的外卖业务也是一个新的销售增长点，据统计，麦当劳中国门店平均有10%的营业收入来自外卖，一些门店甚至可达到20%~40%。麦当劳目前大部分外卖业务受益于第三方外卖平台，如百度外卖、饿了么、美团等。但出于想对消费数据有更好的把握，麦当劳也致力于开发自己的App。2014年6月，麦当劳推出了订餐App麦乐送，顾客可以通过手机快速完成订餐。在系统数字化方面，麦当劳于2017年4月在上海、杭州等城市上线了手机订餐App，整合麦乐送及手机下单餐厅取餐服务。随后这个App也走向了本土化——开通了微信支付，并且外卖服务向所有开通了麦乐送服务的城市开放。同时微信公众号也可以实现"点餐外送"，在微信小程序上线后，麦当劳又将麦乐送整合到了微信点餐"i麦当劳"小程序中，顾客利用微信小程序即可完成点餐。2020年在疫情影响下，麦当劳是最早一批推出"无接触点餐、配送"应对预案并最早采用"配送放心卡"的企业之一。自2020年2月1日起，麦当劳外送服务麦乐送在全国推出"无接触配送"，并通过六大防疫措施的持续优化让顾客更安心地接受外送服务，为消费者提供更加安全的餐饮。同时，麦当劳通过小程序推出了多重优惠，吸引了很多消费者。麦当劳的微信公众号和"i麦当劳"微信小程序如图8-1和图8-2所示。

图 8-1　麦当劳的微信公众号

图 8-2　"i麦当劳"微信小程序

此外，麦当劳还利用微博、微信等平台开展了不少成功的营销活动。例如，2014年，麦当劳在推出樱花口味冰激凌新品时，联合百度地图发起了一项名为"跑酷"的抢甜筒活动，并在微博平台上大量宣传，麦当劳的这次活动在短短几天内便在微博上获得7 000多万次的阅读量和超过50万次分享，并且登上了新浪微博的热搜榜，大大提高了新品的关注度和销量。如今，麦当劳的微博营销也更加得心应手，一方面相较于其他品牌的官方微博，麦当劳的语言组织得更加亲切，会时常通过点赞、评论等方式与网友互动，在不知不觉间达到提升品牌形象和关注度的效果；另一方面，麦当劳的官方微博会随着新品的推出及时更新内容，如通过发布"麦麦全席""开心乐园餐"等让大众第一时间了解麦当劳的相关动态，提高新产品的知名度，进而达到吸引更多消费的目的。麦当劳公众号也已有千万级的粉丝，麦当劳通过对销售数据和社交数据的分析，可以更精确地锁定不同的顾客群体，如分析哪些粉丝在购买等，从而为社交媒体运作和顾客转换战略战术提供更多数据支持。麦当劳还研究了基于位置的服务、人工智能等多项技术，以全面构建麦当劳的线下体系和数据体系。麦当劳从多个渠道记录顾客的消费数据，以此形成庞大的数据库进而帮助麦当劳为顾客带来综合的生活便利与趣味性的全新体验，同时帮助麦当劳实现更多更精准的营销。

思考讨论题

结合案例谈谈餐饮业开展O2O营销的方法与策略。

跨境电子商务 | 第9章

本章导读

跨境电子商务的兴起打破了贸易的地域限制，推动了全球经济的发展。对企业而言，跨境电子商务使企业拥有更大的市场，促进企业不断提升自身实力；对消费者而言，跨境电子商务使消费者更容易买到心仪且物美价廉的商品。因此，跨境电子商务正在成为当前电子商务发展的又一个重要风口。本章主要介绍跨境电子商务的分类与发展跨境电子商务的意义，主要的跨境电子商务平台、跨境电子商务的物流与支付等内容。通过对本章内容的学习，读者可以全面了解跨境电子商务的运作实务，为今后从事相关工作奠定基础。

知识结构图

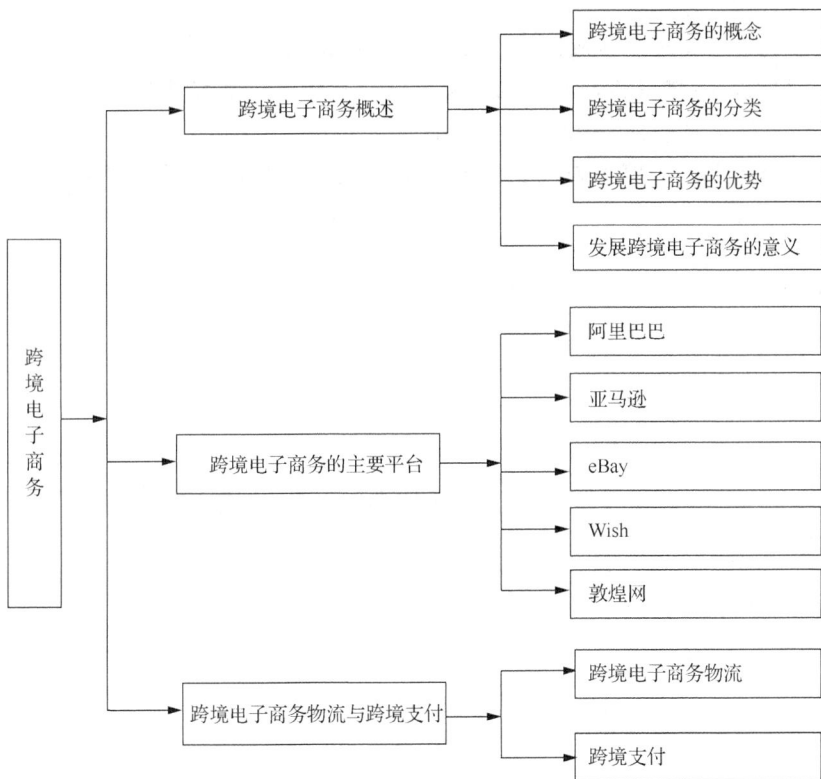

开篇引例

山东金乡稳坐世界蒜王宝座

世界大蒜看中国，中国大蒜看山东，山东大蒜看金乡。金乡县是山东省济宁市的下辖县，位于山东省西南部，东汉时置县，是有名的大蒜之乡。据悉，我国大蒜销量约占全球总量的80%，而山东金乡大蒜的出口量又占到全国的70%左右。

济宁友联食品是金乡本地的代表企业之一，创始人司崇雷从2005年转行做大蒜生意。当时他经常看到金乡的大蒜烂在地里，或者以0.16元1千克的价格被收走，蒜农的收入非常微薄，转行的那一年他就做起了出口生意。

司崇雷选择入驻阿里巴巴国际站，借助阿里巴巴搭建的跨境电子商务通路将大蒜出口到境外。2020年，司崇雷从阿里巴巴国际站上获得的订单明显增多，客户也比2019年多了四成，全年销售额达4 000多万美元。

阿里巴巴国际站数据显示，2020年全年平台新鲜大蒜的出口额涨了近5倍，在农产品中排名第一。而整个农产品行业的成交额比2019年同比增长了183%，高于全平台101%的增速。阿里巴巴国际站给我国农产品出口带来了很大增量。阿里巴巴国际站在济宁普及后，周围的蒜农或者农产品商家也开始在线上销售大蒜，当地大概有100多家企业通过阿里巴巴国际站做出口大蒜生意。

程元新的企业也是当地最早加入阿里巴巴国际站的企业之一。借助阿里巴巴跨境电子商务平台，他真正实现了从农民到农民商人，再到农民企业家的进阶。刚刚开始做生意的程元新便暗下决心："我不光要把蒜卖出这条小街，还要卖到外国去。"每天，程元新公司的员工上班的第一件事就是打开阿里巴巴国际站，看境外询盘。

2017年，程元新公司的销售收入就已经接近10亿元，农产品在35个国家畅销。回想过去，程元新感慨道："没接入互联网之前，农产品很难卖出去，更别提境外客户，和阿里巴巴国际站合作18年，70%的客户来自阿里巴巴国际站。"

数字化是外贸行业的一艘快艇，帮助农产品走出去。2014年以来，阿里巴巴聚合20多个涉农业务，打造数字化助农体系，其中，阿里巴巴国际站以数字化新外贸的模式，助推我国农产品出口全球100个国家和地区。

现在的大蒜之乡，通过阿里巴巴国际站线上出海，每亩地能为蒜农带来至少3 000元的收益，也让金乡县稳坐世界蒜王的宝座。

资料来源：雨果跨境电商网。

9.1 跨境电子商务概述

9.1.1 跨境电子商务的概念

跨境电子商务的概念有广义和狭义之分：广义的跨境电子商务是指分属不同关境的交易主体通过电子商务手段达成交易的跨境进出口贸易活动；狭义的跨境电子商务特指跨境网络零售，是指分属不同关境的交易主体通过电子商务平台达成交易，进行跨境支付结算，通过跨境物流送达商品，完成交易的一种国际商业活动。跨境网络零售是互联网发展到一定阶段产生的新型贸易形态。

综合而言，跨境电子商务（Cross Border E-commerce）是指分属不同关境的交易主体，通过电子商务平台达成交易、进行电子支付结算，并通过跨境电子商务物流及异地仓储送达商品，从而完成交易的一种国际商业活动。

9.1.2 跨境电子商务的分类

跨境电子商务的划分方法有多种，下面分别进行简要介绍。

1. 按照交易的主体分类

按照交易的主体划分，跨境电子商务可分为企业对企业（B2B）跨境电子商务、企业对个人（B2C）跨境电子商务以及个人对个人（C2C）跨境电子商务三种类型，其中后两者属于跨境网络零售的范畴。

（1）B2B 跨境电子商务

B2B 跨境电子商务是指分属不同关境的企业与企业间通过电子商务平台达成交易、进行支付结算，并通过跨境物流送达商品、完成交易的一种国际商业活动。B2B 跨境电子商务的买卖双方都是企业或者集团客户。目前，B2B 跨境电子商务的市场交易规模占跨境电子商务市场交易总规模的80%以上，处于市场主导地位。B2B 跨境电子商务平台的代表企业主要有敦煌网、阿里巴巴国际站、中国制造网和环球资源网等。

（2）B2C 跨境电子商务

B2C 跨境电子商务是指分属不同关境的企业直接面向个人消费者开展在线销售产品和服务，通过电子商务平台达成交易、进行支付结算，并通过跨境物流送达商品、完成交易的一种国际商业活动。B2C 跨境电子商务的卖方是企业，买方为个人消费者，是企业以零售方式将商品销售给消费者的模式。目前 B2C 跨境电子商务模式在跨境电子商务市场中占比并不大，但有不断上升的趋势，未来发展空间巨大。B2C 跨境电子商务的主要平台有天猫国际、速卖通、兰亭集势、米兰网、网易考拉、大龙网等。

（3）C2C 跨境电子商务

C2C 跨境电子商务是指分属不同关境的个人卖方对个人买方开展在线销售产品和服务，由个人卖方通过第三方电子商务平台发布产品和服务信息、价格等内容，个人买方进行筛选，最终通过电子商务平台达成交易、进行支付结算，并通过跨境物流送达商品、完成交易的一种国际商业活动。C2C 跨境电子商务的买卖双方都是个人，即经营主体是个人，面向的也是个人消费者。C2C 跨境电子商务中具有代表性的有淘宝全球购、海蜜、洋码头等。

2. 按照进出口方向分类

按照进出口方向划分，跨境电子商务可分为出口跨境电子商务和进口跨境电子商务两类。我国跨境电子商务交易以跨境出口为主，其中又以 B2B 跨境出口为主要形式。

（1）出口跨境电子商务（Export Electronic Commerce）

出口跨境电子商务又称出境电子商务，是指境内生产或加工的商品通过电子商务平台达成交易，并通过跨境物流输往境外市场销售的一种国际商业活动，代表平台有速卖通、阿里巴巴国际站、Wish、eBay、敦煌网、兰亭集势等。

（2）进口跨境电子商务（Import Electronic Commerce）

进口跨境电子商务又称入境电子商务，是指将境外的商品通过电子商务平台达成交易，并通过跨境物流输入境内市场销售的一种国际商业活动，代表平台有洋码头、网易考拉海购、天猫国际等。

3. 按照服务类型分类

按照服务类型划分，跨境电子商务又可分为以下几种。

（1）信息服务平台

信息服务平台主要是为境内外会员商户提供网络营销平台，传递供应商或采购商等的商品或服务信息，促成双方完成交易，但平台不提供商品在线销售服务。它的盈利模式主要包括会员服务和增值服务。会员服务是指卖方每年交纳一定的会员费后享受的平台提供的各种服务，会员费是平台的主要收入来源，目前该种盈利模式市场趋向饱和。增值服务，即买卖双方免费成为平台会员后，平台为买卖双方提供增值服务，主要包括竞价排名、点击付费及展位推广服务，竞价排名是信息服务平台提供的增值服务中最为成熟的盈利模式。信息服务平台的代表性企业有阿里巴巴国际站、环球资源网、中国制造网。图 9-1 所示为环球资源网首页产品信息展示。

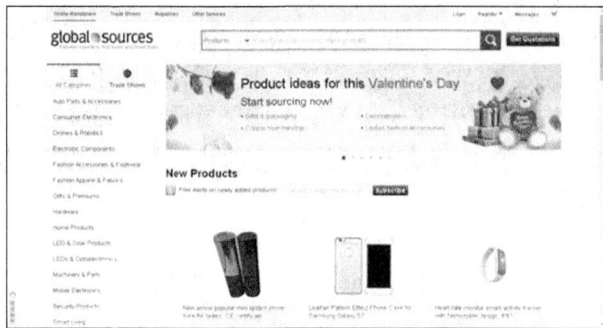

图 9-1　环球资源网首页产品信息展示

（2）在线交易平台

在线交易平台不仅提供企业、产品、服务等多方面信息展示，并且可实现用户通过平台线上完成搜索、咨询、对比、下单、支付、评价等全购物链环节。在线交易平台模式正在逐渐成为跨境电子商务中的主流模式。它的主要盈利模式是收取佣金和展示费用。佣金制是指平台根据不同行业、不同量度在成交以后按比例收取一定的佣金。在线交易平台的真实交易数据可以帮助买家准确了解卖家状况。展示费用是上传产品时收取的费用，在不区分展位大小的同时，只要卖家展示产品信息，平台便收取费用。这类平台的代表性企业有敦煌网、速卖通、易宝、FocalPrice、米兰网、大龙网等。

（3）综合服务平台

综合服务平台主要为企业提供境外商标注册代理、通关、物流、海外仓、结算、退税、保险、融资等一系列的服务，帮助企业高效、便捷地完成商品进口或出口的流通环节，解决企业跨境贸易中的各项难题，其代表平台有阿里巴巴一达通、Payoneer、四海商舟和递四方等。

4. 按照平台运营方式分类

按照平台运营方式划分，跨境电子商务可分为自营型平台和第三方开放平台两种。

（1）自营型平台

自营型平台是指自建平台并整合资源、寻找货源、采购商品，通过在平台上售卖商品赚取商品差价的平台，代表平台有兰亭集势、米兰网、大龙网、FocalPrice 等。

（2）第三方开放平台

第三方开放平台是指在线上搭建商城，通过对物流、支付等资源进行整合，吸引商家入驻，为商家提供跨境电子商务交易服务的平台。交易成功以后，第三方开放平台从中收取佣金或服务费，代表平台有 eBay、速卖通、Wish、阿里巴巴国际站等。

需要说明的是，以上分类方法具有交叉性，如速卖通既属于 B2C 跨境电子商务，又属于出口跨境电子商务等。

9.1.3 跨境电子商务的优势

1. 跨境电子商务与传统外贸相比的优势

随着国家的不断关注，跨境电子商务正在成为外贸产业中的一匹黑马。跨境电子商务作为一种新型贸易方式，兼具国际贸易和电子商务两方面的特征，其相比传统外贸呈现以下特点。

（1）跨境电子商务有效减少外贸商品流通环节，释放利润空间

传统外贸一般是由专业的外贸公司将境内生产或制造的商品出口给境外的进口商，境外进口商再将进口商品分销给境外的批发商、零售商，最后送达消费者手里。在这种贸易方式下，商品从生产制造商到达消费者手中所经历的环节多、时间长。跨境电子商务缩短了外贸价值链的长度，使境内的生产制造商可以通过网商或者自己直接将商品通过跨境电子商务平台卖给境外的网商或消费者，从而减少了中间的渠道环节，降低了渠道成本，不仅给出口企业释放了利润空间，而且可以使消费者享受更多实惠。

（2）跨境电子商务缩短交易时间，降低交易成本

跨境电子商务交易平台是实现外贸商业模式转变的重要力量。电子商务平台即时的信息沟通不仅加强了买卖双方的互动交流，而且大大提高了磋商的效率，加快了成交进程。便捷的网上支付操作避开了传统方式下到银行办理结算的烦琐手续和较高的银行费用。一站式在线物流管理、多种物流解决方案可供选择，实现快捷、低成本送货上门。跨境电子商务通过在平台上的网络营销、在线交易、在线支付、在线物流管理，实现了信息流、资金流、物流的三流合一管理，大大缩短了交易周期，降低了交易成本。

（3）全天候业务运作，提高客户满意度

世界各地存在时差，为国际商务谈判带来诸多不便。企业在传统条件下提供每周 7 天、每天 24 小时的客户服务往往感到力不从心。利用电子商务可以做到全天候服务，任何客户可以在全球任何地方、任何时间从网上得到相关企业的各种商务信息。电子商务可实现全天候、不间断运作，可使全球范围内的客户随时得到所需的信息，为出口企业带来更多的订单，并且可大大提高交易成功率，提高客户满意度。

2. 跨境电子商务与境内电子商务相比的优势

与境内电子商务相比，跨境电子商务具有获取流量更加容易、市场空间更大的优势。

（1）获取流量更加容易

境内电子商务经过多年的发展，卖家数量越来越多，市场竞争日趋激烈，无论新老卖家，想要从市场中获取流量变得越来越困难，付出的成本也越来越高。而跨境电子商务处于初级阶段，获取流量更容易，使卖家更容易赢得客户。

（2）市场空间大

境内电子商务仅仅面向境内买家，市场空间有限；而跨境电子商务面向全球 200 多个国家和地区的买家，市场更加广阔。

📖 **学习思考**

我国跨境电商发展现状如何？主要的跨境电商平台有哪些？

9.1.4　发展跨境电子商务的意义

1. 打造新的经济增长点

跨境电子商务是互联网时代的产物，是"互联网+外贸"的具体体现，将成为新的经济增长点。由于信息技术的快速发展，规模不再是外贸的决定性因素，多批次、小批量外贸订单需求正逐渐代替传统外贸大额交易，为促进外贸稳定和便利化注入了新的动力。

随着相关政策性红利的不断释放，移动互联网、智能物流等相关技术快速发展，围绕跨境电子商务产业，新的庞大经济链诞生了，带动我国产业转型升级，并催生了一系列新的经济增长点。

2. 提高我国对外开放水平

跨境电子商务是经济全球化的产物，是在世界范围内配置资源的重要载体，必将全方位提升我国对外开放水平。跨境电子商务平台进一步破除全球市场障碍，推动无国界商业流通。

对企业而言，跨境电子商务加快了各国企业的全球化运营进程，有助于打造全球化的品牌，形成数字化的销售网络，大大降低生产者与全球消费者的交易成本。跨境电子商务促使企业可以直接与全球供应商和消费者互动与交易，降低了广大中小企业进入全球市场的成本，使更多企业享受到经济全球化的红利，有助于推动更加公平的全球贸易。

3. 提高我国消费者福利水平

跨境电子商务是消费时代的产物，体现了我国消费人群追求更高质量的生活的需求。2020年，我国人均国内生产总值为1.05万美元，处于中等偏上国家收入水平。我国消费者对更高质量、更安全、更多样化商品的需求更加旺盛，消费对经济增长的促进作用日趋明显。

跨境电子商务进口以扁平化的线上交易模式减少了多个中间环节，使得境外商品的价格下降，最终惠及我国消费者。此外，在跨境电子商务模式下，境外商品提供商直接面对我国消费者，能够促使其提供更多符合消费者偏好的商品。

案例讨论

"保税仓+直播"重构跨境电商新生态

2021年9月30日，新沂市首场"保税仓+直播"活动启动。当天，直播平台点击量达到30.2万人次，成交1.2万单。

与一般的直播带货不同，在这次直播中，主播并不只是坐在直播间里，而是将观众带进了新沂保税物流中心恒温恒湿库，将保税物流中心的优质进口商品带到观众的面前，使观众们有了更直接、更丰富的购物体验。这是新沂市培育外贸新模式新业态的一次生动实践。

2020年以来，新沂市大力支持及推动跨境电商产业推广，不断创新，逆势赋能，在跨境电商发展中抢占一席之地。利用跨境电商优化完善产业生态，壮大外贸发展新空间。通过跨境平台重点培育本土跨境电商企业，引导企业抓住时机加快转型升级、开拓国际市场。加大优质跨境资源引入力度，建立与更多知名跨电平台合作，提高跨境电商规模和质量。同时，积极推进跨境电子商务产业园项目申报，采用"互联网+制造业+外贸综合服务"的模式，全面整合各类跨境电商资源，推动跨境电子商务纵深发展。

9.2 跨境电子商务的主要平台

跨境电子商务平台是为企业或个人提供洽谈跨境交易的平台。传统外贸企业转型做跨境电子商务的第一步就是选择跨境电子商务平台。目前，普遍的做法有两种：自建网站和选择第三方平台。我国企业选择的主流跨境电子商务平台有阿里巴巴、亚马逊、eBay、Wish、敦煌网等。

9.2.1 阿里巴巴

阿里巴巴的跨境电子商务业务分为阿里巴巴国际站 B2B 业务和全球速卖通 B2C 业务两部分，下面将分别予以介绍。

1. 阿里巴巴国际站

阿里巴巴国际站成立于 1999 年 9 月，是阿里巴巴集团旗下业务，也是跨境 B2B 电子商务平台，服务全世界数以万计的采购商和供应商。阿里巴巴国际站基于电子商务网站——阿里巴巴国际站贸易平台，向境外买家展示、推广供应商的产品，进而获得贸易商机和订单。阿里巴巴国际站贸易平台是出口企业拓展国际贸易的网络平台，如图 9-2 所示。

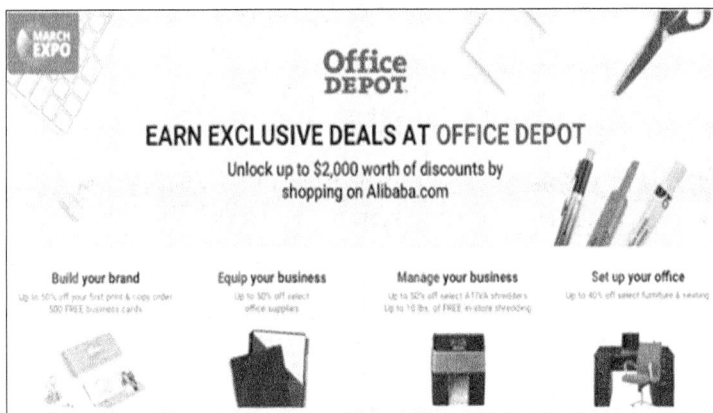

图 9-2 阿里巴巴国际站贸易平台首页

阿里巴巴国际站提供一站式的店铺装修、产品展示、营销推广、生意洽谈及店铺管理等一系列线上服务和工具，帮助企业低成本、高效率地开拓外贸市场。阿里巴巴国际站专注于服务全球中小微企业，在这个平台上，买卖双方可以在线上更高效地找到适合的卖家或买家，并更快、更安心地达成交易。阿里巴巴国际站的定位是为全国中小企业提供网上贸易市场，让天下没有难做的生意。

2. 全球速卖通

全球速卖通（以下简称"速卖通"）于 2010 年 4 月正式上线，是阿里巴巴旗下唯一面向全球市场的在线交易平台，被广大卖家称为"国际版淘宝"。一开始，速卖通就将业务定位于跨境网络小额批发或零售，卖家以国内中小企业和个人为主，买家则为境外消费者。速卖通网站首页如图 9-3 所示。

图 9-3　速卖通网站首页

速卖通面向境外消费者，目前已成为全球大型跨境电子商务平台，拥有近 20 种语言分站，已覆盖全球 200 多个国家和地区的境外消费者。速卖通覆盖服装服饰、3C、家居、饰品等共 30 个一级行业类目，尤其在服装服饰、手机通信、鞋包、消费电子、家居等领域十分有优势。境外消费者流量超过 5 000 万/日，峰值达到 1 亿/日，交易额年增长速度持续超过 400%。

速卖通实行的是低价策略，这与淘宝的低价策略相似。速卖通的侧重点在于新兴市场，如巴西和俄罗斯。2019 年 3 月，速卖通在俄罗斯推出在线售车服务。俄罗斯消费者可以直接在速卖通上一键下单，支付预付款，到指定线下门店支付尾款即可提车。入驻速卖通以及后续的发布商品、开店都是按年收取费用的，且交易成功之后收取交易额 8%的手续费。

> **学习思考**
>
> 同为阿里巴巴旗下的跨境电商平台，阿里巴巴国际站和速卖通有何不同？

9.2.2　亚马逊

亚马逊是美国的网络电子商务公司，总部位于美国华盛顿州的西雅图。亚马逊创立于 1995 年，是网络上最早开始经营电子商务的公司之一，最初只经营书籍网络销售业务，现在经营范围相当广，已成为全球商品品种最多的网上零售商之一和全球第二大互联网企业。亚马逊为客户提供数百万种全新、翻新及二手商品，如图书、影视、音乐和游戏、数码下载、电子、家居园艺用品、婴幼儿用品、食品、服饰、珠宝、健康和个人护理用品、体育用品、玩具、汽车及工业产品等。

亚马逊作为一家面向全世界的公司，拥有亚马逊美国、亚马逊日本、亚马逊英国等针对不同国家和市场的平台。亚马逊作为全球用户最多的网络平台之一，截至 2011 年，就已经拥有 20%的用户在使用其零售和拍卖平台。其中，约 36%来自美洲地区，约 32%来自欧洲地区，约 24%来自亚太地区。2004 年 8 月，亚马逊全资收购卓越网，更名为"卓越亚马逊"，正式进入中国市场，即今天的亚马逊中国。2012 年，亚马逊通过"全球开店"项目，对中国卖家开放出口跨境电商项目。2014 年，亚马逊上线进口跨境电商项目"海外购"。

需要注意的是，亚马逊平台不接受个人卖家，只有符合要求的企业用户才能注册和使用亚马逊平台进行产品的销售和推广。此外，亚马逊平台采取的收费模式是平台月租费和交易佣金模式，行业不同，佣金也不同，无交易则不收取交易佣金。入驻亚马逊平台的卖家可以享受亚马逊平台提供的站内免费推广服务及平台面向潜在消费者的商品精准推荐服务。

9.2.3　eBay

eBay 于 1995 年成立于美国加利福尼亚州圣荷西，为不同规模的全球卖家提供公平竞争、协同发展的机会。

eBay 集团旗下有在线交易平台 eBay、在线支付工具 PayPal（贝宝）和为全球企业提供零售渠道的 eBay Enterprise 三大主要业务。其中，在线交易平台 eBay 为全球消费者提供跨境电子商务交易服务，世界上大部分国家和地区的消费者均可进行在线交易。eBay 和 PayPal 的关系类似淘宝和支付宝的关系，一个用于开店，一个用于付款。2015 年 4 月，PayPal 和 eBay 正式拆分。协议规定，eBay 在 5 年内不得推出支付服务，而 PayPal 则不能为实体产品开发自主的在线交易平台。在线支付工具 PayPal 使世界各地的交易双方能够实现安全、快捷的电子支付。目前，PayPal 是全球最大的在线支付服务商之一。商务服务平台 eBay Enterprise 则为世界不同规模的企业提供多渠道商务、多渠道零售及数字营销等优质服务。

eBay 创立之初是一个拍卖网站，到今日 eBay 在销售方式上依然延续了拍卖的模式，这是 eBay 区别于其他平台的一大特色。eBay 有两种售卖方式：拍卖和一口价。

① 拍卖。以"拍卖"方式刊登产品是 eBay 卖家常用的销售方式。卖家通过设定物品的起拍价及在线时间，开始拍卖物品，并且以下线时的最高竞拍金额卖出，出价最高的买家即为物品的中标者。拍卖方式适合库存少、有特点的产品，这类产品明显区别于市场上常见的其他产品。当无法判断产品的准确价值时，卖家可以设置一个能接受的起拍价，由市场决定最终价格。

② 一口价。以"一口价"方式销售的产品在线最长时间是 30 天，可以让产品有充分的展示时间。一口价方式适合有大量库存、需要长时间在线销售、卖家希望有固定可控利润的产品。

9.2.4　Wish

Wish 于 2011 年成立于美国旧金山，是一家基于移动端 App 的跨境电子商务平台。Wish 是北美和欧洲最大的移动电子商务平台之一，被评为硅谷最佳创新平台和欧美最受欢迎的购物类 App。Wish 主页如图 9-4 所示。

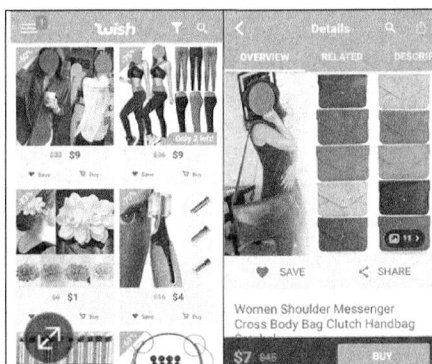

图 9-4　Wish 主页

起初，Wish 只是向用户推送信息，并不涉及商品交易。2013 年，Wish 升级成为购物平台，同年 6 月推出移动端 App，当年经营收入就超过 1 亿美元。Wish 销售的商品类别主要是服装服饰，同时也销售美妆产品、配饰、3C 配件、母婴用品、家居产品等。Wish 旗下共拥有 6 个垂直的 App：Wish，提供多种类别产品；Geek，主要提供高科技设备；Mama，主要提供孕妇和婴幼儿用品；Cute，专注于美容产品、化妆品、配饰和衣服；Home，提供各种家居配件；Wish for Merchants，专门为卖方设计的移动 App。

与多数电子商务平台不同，在 Wish 上的买家不太会通过关键词搜索来浏览商品，更倾向于无目的地浏览。这种浏览方式是美国人比较接受的，所以 Wish 平台超过六成的用户位于美国和加拿大及一些欧洲国家。

在促销方面，Wish 会根据买家的行为偏好数据选择相应的商品推送给买家，以促成交易。当新用户注册登录的时候，Wish 会推荐一些常见的商品，如 T 恤、小饰品等。此后，Wish 会记录用户的浏览轨迹及使用习惯，以了解用户的偏好，进而再推荐相应的商品给用户。这样，不同用户在 Wish 上看到的界面是不一样的，同一用户在不同时间看到的界面也是不一样的。这就是 Wish 的魅力所在，其能通过智能化推荐技术，与用户保持一种无形的互动，从而极大地提高了用户的黏性。正因为这种特殊的交易模式，并且在平台上以图片展示为主，所以买家要注意商品的差异性。

9.2.5 敦煌网

敦煌网于 2004 年正式上线，是我国首个实现在线交易的跨境电商 B2B 平台。截至 2020 年 12 月 31 日，敦煌网已拥有 230 万以上累计注册供应商，年均在线商品数量超过 2 500 万，累计注册买家超过 3 640 万，覆盖全球 223 个国家及地区，拥有 100 多条物流线路和 10 多个海外仓，71 个币种支付能力，在北美、拉美、欧洲等地设有全球业务办事机构。敦煌网所销售商品覆盖消费电子、计算机、服装、美容美发、体育类、鞋包、手表、珠宝饰品、家具、汽配和建材等多个品类，订单呈现金额小、下单频率高等特点。敦煌网致力于帮助我国中小企业通过跨境电子商务平台走向全球市场，为其开辟一条全新的国际贸易通道，让在线交易变得更加简单，更加安全、更加高效。敦煌网的中国网站首页如图 9-5 所示。

图 9-5　敦煌网中国网站首页

敦煌网是我国最早实现资金流、物流、信息流"三流合一"的跨境电子商务平台，开创了"成功付费"的在线交易佣金模式，免卖家注册费，只有在买卖双方交易成功后才收取相应的手续费。国内的中小企业可以通过敦煌网将产品销售给数量庞大的境外中小采购商，使他们多了一条直接通向境外中小采购商的在线销售渠道，提高了中小企业的盈利空间和议价能力。对于境外广大的中小采购商来说，这让他们可以更便捷、更具经济效益、更有选择性地采购中国商品，从而有效提高自身经营利润和市场竞争力。敦煌网以其创新的模式和飞快的发展速度吸引了众多国内外风险投资商的投资。

9.3 跨境电子商务物流与跨境支付

9.3.1 跨境电子商务物流

跨境电子商务物流是指位于不同国家或地区的交易主体通过电子商务平台达成交易并进行支付清算后，通过跨境物流送达商品进而完成交易的一种商务活动。以下将分别从跨境电子商务物流运输方式和跨境物流方式两个方面来介绍。

1. 跨境电子商务物流运输方式

跨境电子商务物流运输方式主要有海洋运输、铁路运输、大陆桥运输、航空运输四种，下面分别予以介绍。

（1）海洋运输（Sea Transport）

海洋运输是最常用、最普遍的一种国际货物运输方式，主要适用于批量的大宗货物进出口。目前，海运量占国际货物运输总量的80%以上。

海洋运输之所以被如此广泛采用，是因为它与其他国际货物运输方式相比具有以下优势：可利用四通八达的天然航道，不受轨道和道路的限制；载运量大，其载运量远大于铁路和运输车辆，如一艘万吨船舶的载重量一般相当于250～300个车皮的载重量；由于载运量大，分摊于每货运吨的运输成本就少，所以运价相对低廉。海洋运输虽有上述优点，但也存在不足之处。例如，海洋运输易受气候和自然条件的影响，航期不够明确，而且风险较大。此外，海洋运输的速度也相对较慢。[①]

（2）铁路运输（Railway Transport）

在国际货物运输中，铁路运输是仅次于海洋运输的主要运输方式。利用海洋运输的进出口货物，也大多是靠铁路运输进行集中和分散的。

铁路运输有许多优点：其一般不受气候条件的影响，可保障全年的正常运输，而且运量较大，速度较快；有高度的连续性，与其他运输方式配合可实现"门到门"的连续运输；运转过程中的风险也较小；手续比海洋运输简单，且发货人和收货人可以在就近的始发站（装运站）和目的站办理托运和提货手续。

例如，中欧班列是指按照固定车次、线路等条件开行，往来于中国与欧洲及"一带一路"沿线各国的集装箱国际铁路联运班列。中欧班列适合装运集装箱的货运编组列车，铺划有西、中、乐三条通道。截至2018年4月，中欧班列已开通17条线路，其运输能力进一步提升。

---

① 张函. 跨境电子商务[M]. 北京：人民邮电出版社，2019：95-96.

（3）大陆桥运输（Land Bridge Transport）

大陆桥运输是指利用横贯大陆的铁路（公路）运输系统作为中间桥梁，把大陆两端的海洋连接起来的集装箱连贯运输方式。简而言之，就是两边是海运，中间是陆运，大陆把海洋连接起来，形成海陆联运，而大陆起到了"桥"的作用，所以称之为"陆桥"。而海陆联运中的大陆运输部分就被称为"大陆桥运输"。

大陆桥运输一般都以集装箱为媒介。由于采用大陆桥运输，中途要经过多次装卸，以集装箱为运输单位，可大大简化理货、搬运、存储、保管和装卸等作业环节。目前，全世界的大陆桥主要有北美大陆桥、西伯利亚大陆桥和新亚欧大陆桥。

（4）航空运输（Air Transport）

航空运输又称飞机运输，简称空运，它是在具有航空线路和飞机场的条件下，利用飞机、直升机及其他航空器运送人员、货物等的一种现代化运输方式。航空运输在我国运输业中的货运量占全国货运量的比例较小，主要是承担长途客运任务。但伴随着物流的快速发展，现代航空运输借助信息技术，整合多种运输方式和相关资源，将运输、仓储、装卸、加工、整理和配送等有机结合，为用户提供一站式"门到门"服务，在货运方面将会扮演越来越重要的角色。

航空运输具有快速、机动的特点，有班机（Airliner Transport）、包机（Chartered Carrier Transport）、集中托运（Consolidation Transport）和航空急件传送（Air Express Service）等运输方式。

阅读资料 9-1

顺丰国际开通运行"西安—东京"定期全货运航线

2021年1月18日，顺丰国际迎来了2021年开年来国际货运航线的首度拓展，正式开通运行"西安—东京"定期全货运航线。该航线由顺丰航空B767-300型全货机执飞，每周运行1班，为中日跨境物流搭建了又一条高效、稳定的航空货运通道。

据介绍，"西安—东京"是顺丰国际在陕西地区开通的第一条国际货运航线，目前主要满足生产制造企业电子产品的进出口物流需求，向陕西地区输送生产原材料和精密仪器设备等。

资料来源：电商报。

---

2. 跨境物流方式

通常情况下，跨境物流方式主要可以分为国际邮政物流、国际商业快递、跨境专线物流、海外仓四种，下面分别予以介绍。

（1）国际邮政物流

邮政网络基本覆盖全球，比其他任何物流渠道都要广。国际上邮政行业中有一个组织叫万国邮政联盟（Universal Postal Union，UPU），简称万国邮联或邮联。它是商定国际邮政事务的政府间国际组织，保障各国间的通信权利。国际邮政物流包括了各国及地区邮政局运营的邮政大包、小包，以及中国邮政速递物流的国际EMS、e邮宝、e特快和e包裹等。下面介绍几种常见的邮政物流方式。

① 中国邮政航空小包（China Post Air Mail）。中国邮政航空小包俗称"中邮小包""空邮小包"或"航空小包"，是指重量在 2 千克以内，外包装长、宽、高之和小于 90 厘米，且最长边小于 60 厘米，通过邮政空邮服务寄往目的地的小邮包。邮政小包可以分为平常小包（Normal Air Mail）和挂号小包（Registered Air Mail）两种，其主要区别在于挂号小包需要支付挂号费用且提供大部分目

的地的物流实时跟踪服务，而前者则不提供。

邮政小包在全球是一种普惠的公共递送服务，其最大的优点就是运费便宜，且清关能力很强，享用"绿色通道"，是轻小件物流成本最低的运输方式。此外，邮政小包派送网络遍及世界各地，覆盖面非常广，可寄达全球两百多个国家和地区的各个邮政网点。邮政小包的缺点主要是对重量和体积要求严格，运送的时间总体比较长，许多国家和地区不支持全程跟踪。

② 中国邮政航空大包（China Post Air Parcel）。中国邮政航空大包是中国邮政为适应大抛货的国际物流业务需求而开发的一项服务，适合邮寄货重大于 2 千克、小于等于 30 千克（部分国家和地区限重 10 千克或 20 千克）的包裹。

中国邮政航空大包的优势在于价格低廉，且不计体积重、无燃油附加费。中国邮政航空大包清关能力强、覆盖面广，时效性要求不高而稍重的货物可以选择此方式发货。

③ 国际 EMS。国际 EMS 是中国邮政速递物流股份有限公司（以下简称"邮政速递物流"）与各国（地区）邮政合作开办的一项国际邮件快递服务。它可为用户在国际快速中传递各类文件资料和物品，同时提供多种形式的邮件跟踪查询服务，其本质是由邮政创办的商业快递。

国际 EMS 的投递时间通常为 3～8 个工作日（不包括清关时间）。由于国际 EMS 是在万国邮联管理下的国际邮件快递服务，所以其在各国（地区）邮政、海关、航空等部门均享有优先处理权，这是国际 EMS 区别于其他商业快递最根本的地方。

（2）国际商业快递

由于邮政小包的整体运输效率较低，所以作为邮政小包的补充，国际商业快递（又称"国际快递"）这一物流方式也逐步发展起来。国际商业快递相对于邮政物流最大的区别在于其计费标准与时效性。

国际商业快递的四大巨头是 DHL、TNT、FedEx 和 UPS，这四家快递公司在全球已经形成较为完善的物流体系，几乎覆盖全球的各个重点区域。其通过实现本地化派送服务，为买家和卖家带来良好的客户体验。然而，优质的服务也意味着高昂的运费。相比邮政快递，商业快递报关程序复杂、查验严格，关税征收概率较高。一般高货值、高时效要求、2 千克以上的大包或重货等可以选择这种物流方式。

① DHL。DHL 国际快递（敦豪航空货运公司）是全球快递服务、海运和合同物流提供商。DHL 于 1969 年成立于美国旧金山，总部设在比利时的布鲁塞尔，2002 年与德国邮政合并，德国邮政控制了其全部股权并对旗下公司进行整合，为此德国邮政集团更名为 Deutsche Post DHL。2003 年和 2005 年，德国邮政又分别收购了美国的空运特快公司和英国的英运公司，并整合为敦豪航空货运公司，逐步奠定了 DHL 的物流巨头地位。

DHL 与中国对外贸易运输总公司合资成立了中外运敦豪，是较早进入我国市场的经验丰富的国际快递公司。DHL 拥有世界上最完善的速递网络之一，可以到达全球 220 个国家和地区的 12 万个目的地。

DHL 覆盖的网点比较多，寄送到西欧、北美有优势，2～4 个工作日即可送达。欧洲一般 3 个工作日可送达，东南亚一般 2 个工作日可送达。DHL 网站对于货物的状态更新比较及时，解决问题的速度也很快。但是 DHL 对于托运物品的限制比较严格，拒收许多特殊物品，走小货的价格也不太划算。

② TNT。TNT（Thomas National Transport）国际快递集团是快递、邮政服务供应商，能为企业和个人客户提供全方位的快递和邮政服务，公司的总部设在荷兰的阿姆斯特丹。TNT 拥有欧洲最大的空陆联运快递网络，能实现"门到门"的递送服务。TNT 在欧洲、南美、亚太和中东地区拥有航

空和公路运输网络。

TNT 于 1988 年进入我国市场，拥有 26 家国际快递分公司及 3 个国际快递口岸，拥有私营陆运递送网络，服务覆盖我国 500 多个城市。

TNT 具有商业快递固有的速度快、信息更新及时、服务好等优点，在欧洲和西亚、中东等国家有绝对优势。但是，TNT 要计算体积重，价格相对较高，对所运货物的限制也比较多。

③ FedEx。FedEx（Federal Express）即联邦快递国际快递公司，是一家国际性速递集团，提供隔夜快递、地面快递、重型货物运送、文件复印及物流服务，总部设在美国田纳西州。FedEx 于 1984年进入我国，目前每周有 11 个班机进出我国，是拥有直飞我国航班数目最多的快递公司之一。FedEx国际快递分为优先型（International Priority，IP）服务和经济型（International Economy，IE）服务两种。FedEx IP 的递送时效为 2～5 个工作日，可服务全球超过 200 个国家和地区；FedEx IE 的递送时效为 4～6 个工作日，可服务全球超过 90 个国家和地区。

FedEx 国际快递的价格量大从优，适宜运输 21 千克以上的大货，发往南美洲、东南亚国家和地区较有竞争力。

④ UPS。UPS（United Parcel Service）又称联合包裹服务，起源于 1907 年在美国西雅图成立的一家信差公司，是世界上最大的快递承运商与包裹递送公司之一。不同于 DHL 的全球化，UPS 业务的基石是美国本土的快递业务。

UPS 旗下主打四种快递方式，包括：UPS Worldwide Express Plus（全球特快加急），资费最高；UPS Worldwide Express（全球特快）；UPS Worldwide Saver（全球速快），是普通快递，又称为"红单"；UPS Worldwide Expedited（全球快捷），是最慢的快递，资费最低，又称为"蓝单"。

UPS 的强项是美洲等线路，在美国、加拿大、英国、日本等较有优势，适用于发快件。但是 UPS要计算产品包装后的体积重，运费较高，对于托运物品的限制也比较严格。

（3）跨境专线物流

跨境专线物流主要是依托在发件地与收件地之间的业务量规模，通过整合全球资源，与境外快递公司合作，将货物在境内分拣，批量直接发往特定的国家或地区的物流服务。市面上比较常见的跨境专线物流有美国专线、西班牙专线、澳洲专线和俄罗斯专线，也有不少公司推出了中东专线、南美专线和南非专线等。

跨境专线物流的优势在于其能够集中大批量的货物到某一特定国家或地区，通过规模效应降低物流成本。因此，跨境专线物流的价格较商业快递低，在时效方面稍逊于商业快递，但比邮政包裹快很多。2015 年 6 月，蜜芽网在重庆开仓，部分德国进口商品可通过渝新欧线运抵重庆，开创了我国跨境电子商务采用国际铁路运输货物的先河。

（4）海外仓

海外仓，又称海外仓储，是指在本国以外的其他国家和地区设置的仓库，一般由第三方服务商提供。卖家把货物批量寄往海外仓，当买家下单后由海外仓负责打包发货。当买家在网上下单购买所需物品后，卖家只需在网上操作，对海外的仓库下达指令完成订单履行。货物从买家所在国发出，大大缩短了从本国发货所需要的时间。

虽然海外仓使国际段干线物流成本降低，但也会带来库存成本的增加。而且海外仓滞销的货物和被退回无法再次销售的货物，难以被退回境内，处理难度大、成本高。值得注意的是，不是任何产品都适合使用海外仓，海外仓常用于库存周转快的热销单品，否则容易压货。同时，海外仓对卖家在供应链管理、库存管控、动销管理等方面提出了更高的要求。海外仓的组成如图 9-6 所示。

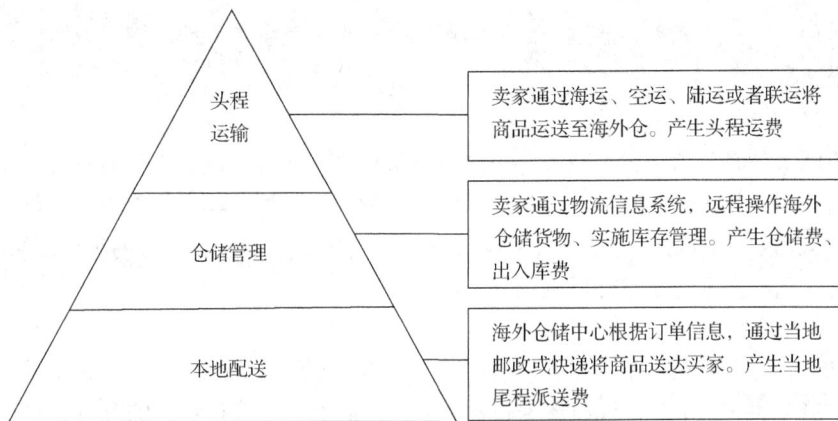

图 9-6　海外仓的组成

阅读资料 9-2

速卖通全球基建能力花样提效

速卖通全球化版图的背后，是阿里巴巴建设全球基础设施的决心与能力。

物流、支付、通关等环节，是长期阻碍全球贸易互通的壁垒。为此，速卖通横向联动了菜鸟网络、蚂蚁金服等，投入数百人团队，与多国邮政、物流、银行及支付体系展开深度合作。

得益于本地化建设，2019年"双11"活动还没结束，满载包裹的货车就从莫斯科、马德里、巴黎等地的本地仓出发送货，这让当地消费者体验到了"小时级"的物流速度。

在跨境方面，速卖通与菜鸟联手，投入100多架次包机，分别飞往莫斯科、列日、里加等地区，为全球消费者"包机送货"。

2019年"双11"前夕，中俄货运包机"菜鸟号"首航，用平邮价格让包裹乘航空特快，这条航线直达莫斯科，"双11"高峰时期日均两班，日常每天一班，是频次最高的中俄电商货运航线。在不增加物流费用的情况下，将原本需要50天送达的平邮包裹，升级为10天可达。

针对韩国市场，速卖通的商家将3C数码、运动娱乐、汽摩配件等深受当地消费者喜爱的品类通过威海仓提前完成备货。由此，最快3个工作日内，包裹就会完成发货、清关、配送等一系列链路，配送到韩国消费者手中。

资料来源：环球网。

9.3.2　跨境支付

1. 跨境支付的定义

跨境支付（Cross border Payment ）是指两个或两个以上国家或地区之间因国际贸易、国际投资及其他方面发生的国际债权债务，借助一定的结算工具和支付系统实现的资金跨国或跨地支付。

与境内支付不同的是，跨境支付的付款方所支付的币种可能与收款方要求的币种不一致，或牵涉外币兑换及外汇管制政策问题。例如，境内消费者在网上购买境外产品或境外消费者购买境内产品时，由于币种不一样，就需要通过一定的结算工具和支付系统实现两个国家或地区之间的资金转换，最终完成交易。

2. 跨境支付方式

伴随着跨境电子商务的兴起，跨境电子商务货款结算方式也呈现多样化的态势。我们可以把跨境电子商务结算方式分为线上跨境支付和线下跨境支付两大类型。其中线上跨境支付包括国际信用卡、PayPal、Escrow、Payoneer 等；线下跨境支付包括电汇、西联汇款、香港离岸公司银行账户等。接下来将介绍这几种常见的跨境支付方式。

（1）线上跨境支付方式

① 国际信用卡。国际信用卡是银行联合国际信用卡组织签发给资信良好的人士并可以在全球范围内进行透支消费的一种卡片，同时该卡也被用于在国际网络上确认用户的身份。

在欧美发达国家，信用卡的使用频率非常高，主流的付款方式是信用卡。由于信用卡是链接个人信用资料的，所以信用卡方式也是非常安全的付款方式。常见的信用卡组织有 VISA、Mastercard、American Express、Discover、Jcb、中国银联等，其中前两个使用较广泛。

跨境电子商务平台可通过与 VISA、Mastercard 等国际信用卡组织合作，或直接与境外银行合作，开通接收境外银行信用卡支付的端口。但它的接入方式比较麻烦，收费高昂，付款额度偏小，适合从事跨境电子商务零售的平台和独立 B2C 电子商务企业。

② PayPal。PayPal 就是我们通常说的"国际贝宝"，它是针对具有国际收付款需求的用户设计的账户类型，是目前全球使用最为广泛的网上交易工具之一。它能帮助客户便捷地进行外贸收款、提现与交易跟踪；从事安全的国际采购与消费；快捷支付并接收包括美元、加元、欧元、英镑、澳元和日元等 25 种国际主要流通货币。

PayPal 是目前全球最大的网上支付公司之一，致力于让个人或企业通过电子邮件，安全、简单、便捷地实现在线付款和收款。PayPal 集信用卡、借记卡、电子支票等支付方式于一体，帮助买卖双方解决交易过程中的支付难题。由于 PayPal 从买家角度考虑问题，买家有任何不满意都可以提出争议，进而使卖家可能无法拿到钱，因而买家喜欢用 PayPal 付款。

③ Escrow。Escrow 是由阿里巴巴与蚂蚁金融开发的，是为了保护国际在线交易中买卖双方交易安全所设置的一种服务，全称为 Escrow Service。该服务现已全面支持航空快递海运、空运常见物流方式的订单。航空快递订单和海运订单已经实现了平台化，买卖双方均可在线下单。使用 Escrow 进行交易，能有效地避免传统贸易中买家付款后收不到货、卖家发货后收不到钱的风险。

交易安全是整个电子商务中最关键的环节，淘宝网初期取得突破性的发展在很大程度上是因为支付宝帮助网民消除了其对网上购物资金安全的担忧。Escrow 的服务模式与支付宝类似：在交易过程中先由买家将货款打到第三方担保平台的 Escrow 账户中，然后第三方担保平台通知卖家发货，买家收到商品后确认收货，货款放于卖家。至此，一笔网络交易完成。平台会根据卖家店铺的纠纷、仲裁、退款、评价和拒付等各方面指标，计算出卖家提前放款额度，并冻结一定比例的保证金，用于支付放款后可能产生的退款或赔偿金额，以及其他可能对买家或第三方造成的损失。冻结保证金如图 9-7 所示。

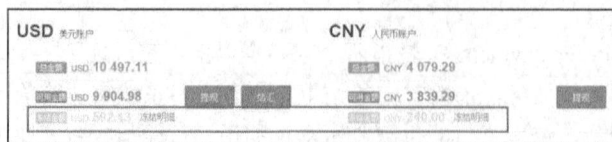

图 9-7　冻结保证金

④ Payoneer。Payoneer 是一家总部位于纽约的在线支付公司，其主要业务是帮助其合作伙伴将资金下发到全球。它同时也为全球客户提供美国银行、欧洲银行收款账户，用于接收欧美电子商务平台和企业的贸易款项。Payoneer 的合作伙伴涉及的领域众多，并已将服务遍布全球 210 多个国家和地区。

Payoneer 的优点是使用中国身份证即可完成账户在线注册，并自动绑定美国银行账户和欧洲银行账户，可以像欧美企业一样接收欧美公司的汇款，并通过 Payoneer 和中国支付公司的合作，完成线上的外汇申报和结汇。Payoneer 具有两小时内快速到账的优点。Payoneer 适用于单笔资金额度小但是客户分布广的跨境电子商务网站或卖家。用户可以通过 Payoneer 的官网申请账户。申请成功后，Payoneer 的实体卡会从美国寄到国内，收到实体卡后需要到 Payoneer 官网验证并激活卡片。企业申请 Payoneer 账户就获得了美国银行账号，可以将资金提现到国内银行账号。

（2）线下跨境支付方式

① 电汇。电汇（Telegraphic Transfer，T/T）是汇款人将一定款项交存汇款银行，汇款银行通过电报或电传给目的地的分行或代理行（汇入行），指示汇入行向收款人支付一定金额的一种汇款方式。

电汇结算具有交款迅速、安全性高的特点，但费用较高。在实际的跨境电子商务进出口业务中，T/T 分为预付、即期和远期。现在用得最多的是 30%预付和 70%即期。T/T 付款有以下三种方式。一是前 T/T：先收款，后发货。在发货前付款，即预付货款，这种方式对买方来说风险较大。二是后 T/T：先发货，后收款。全部发货后付款，这种方式对卖方来说风险较大。三是先定金，再余款。外贸业务中，老客户一般会采用前 T/T 方式付款，在发货前预付部分货款，余款在发货后付清。通常情况下，电汇常用的是预付 30%货款作为订金，另外 70%的余额见提单付款复印件后支付。定金比例越大，出口风险越小。[①]

② 西联汇款。西联是特快汇款公司，迄今已有 150 年的历史，拥有电子汇兑金融网络，其代理网点遍布全球近 200 个国家和地区，可以在全球大多数国家的西联代理所在地汇款和提款。

西联汇款的手续费由买家承担，需要买卖双方到当地银行实地操作。在西联汇款方式下，在卖家未领取钱款时，买家可以将支付的资金撤销。它的优点是手续费由买家承担。对于卖家来说很划算，可先提钱再发货，安全性好且到账速度快。而它的缺点是由于对买家来说风险极高，买家不易接受。买家和卖家需要在西联线下柜台操作且手续费较高，因此西联汇款适合 1 万美元以下的小额支付。

③ 香港离岸公司银行账户。香港离岸公司银行账户是指卖家通过在我国香港开设离岸银行账户，接收境外买家的汇款，再从香港账户汇往内地账户。

它的优点是接收电汇无额度限制，不需要像内地银行一样受年汇额度限制，不同货币间可随意自由兑换。其缺点是香港银行账户的钱还需要转到内地账户，较为麻烦。这种线下跨境支付方式适用于传统外贸及跨境电子商务企业，以及有一定交易规模的卖家。

练习题

一、单选题

1. 按照（　　）划分，跨境电子商务可以分为企业对企业跨境电子商务、企业对个人跨境电子商务和个人对个人跨境电子商务。

  A. 交易的范围　　　B. 进出口方向　　　C. 服务的类型　　　D. 交易的主体

[①] 韩琳琳，张剑. 跨境电子商务实务[M]. 上海：上海交通大学出版社，2017：300.

2. （　　　）是阿里巴巴旗下唯一面向全球市场的在线交易平台，被广大卖家称为"国际版淘宝"。

  A．速卖通   B．阿里巴巴国际站 C．兰亭集势   D．敦煌网

3. （　　　）于2011年成立于美国旧金山，是一家基于移动端App的跨境电子商务平台。

  A．eBay   B．亚马逊   C．Wish   D．Apple

4. （　　　）是最常用、最普遍的一种国际货物运输方式，主要适用于批量的大宗货物进出口。

  A．大陆桥运输 B．铁路运输   C．航空运输   D．海洋运输

5. （　　　）就是我们通常说的"国际贝宝"，它是针对具有国际收付款需求用户设计的账户类型，是目前全球使用最为广泛的网上交易工具之一。

  A．支付宝   B．财付通   C．PayPal   D．Payoneer

二、多选题

1. 按照服务类型划分，跨境电子商务可以分为（　　　）。

  A．信息服务平台 B．自营型平台 C．综合服务平台

  D．第三方开放平台 E．在线交易平台

2. 下列属于出口跨境电子商务的代表性平台的有（　　　）。

  A．速卖通   B．阿里巴巴国际站 C．敦煌网

  D．洋码头   E．天猫国际

3. 以下有关全球速卖通的说法正确的有（　　　）。

  A．京东旗下唯一面向全球市场的在线交易平台

  B．被广大卖家称为"国际版淘宝"

  C．定位于跨境网络小额批发或零售

  D．卖家以国内中小企业和个人为主

  E．买家为境外消费者

4. 通常情况下，跨境物流方式主要可以分为（　　　）四种。

  A．国际邮政物流 B．国际商业快递 C．跨境专线物流

  D．国际 EMS   E．海外仓

5. 国际商业快递的四大巨头是（　　　）。

  A．DHL   B．TNT   C．WPS

  D．FedEx   E．UPS

三、名词解释

1. 跨境电子商务

2. 进口跨境电子商务

3. B2C跨境电子商务

4. 跨境电子商务物流

5. 跨境支付

四、简答及论述题

1. 发展跨境电子商务的意义有哪些？

2. 海洋运输的优势和不足分别有哪些？

3. 试论述eBay的两种售卖方式。

4. 试论述与境内电子商务相比，跨境电子商务具有哪些优势。

5. 试论述Escrow的服务模式。

案例讨论

速卖通成长记

速卖通是阿里巴巴旗下的跨境电子商务平台，凭借清晰的"三步走"战略、富有前瞻性的从"B"到"C"的转型及目标市场的再定位，在短短几年内就取得了相当不错的成绩。

1. 制定"三步走"战略

速卖通在成立当年并不急于商业化，而是制定了详细的"三步走"战略。第一步，提升流量，吸引买家。速卖通利用"立体式"营销来吸引流量，营销手段包括：本土传统媒体（电视、报刊等）的广告投放；与知名购物类网站合作对接；谷歌的关键词投放；实施SNS营销；实施电子邮件精准营销。如今，速卖通的Alexa流量排名已经进入全球前60位，吸引了超过220个国家和地区的境外买家。第二步，提升交易总额。有了流量，有了买家的光顾，接下来就是促成买家与卖家的交易。依托强大的阿里巴巴国际站、淘宝天猫等卖家资源，速卖通以免注册费吸引卖家入驻，收取不高于5%的成交佣金（同期敦煌网的佣金率为5%～8%）。这样卖家便能以较低的成本经营店铺，从而降低商品售价，提升交易额。此外，速卖通积极利用"网络星期一""黑色星期五"等西方购物狂欢节、周年庆，以及平时的一些Super Deals/Weekend Deal等进行打折、促销，促成买卖双方交易。这一步的效果是惊人的，2013年速卖通全年的交易额增长了630%。第三步，提升速卖通的营业收入。在有了流量和交易额之后，速卖通才开始了真正的商业化之旅。除了佣金之外，直通车的推出使速卖通获得了巨额的广告收入。此外，速卖通还通过提供信用贷款等增值服务来拓展收入来源。"三步走"战略前后衔接紧密，是速卖通成功的关键。

2. 从"B"到"C"的转型

2013年3月，阿里巴巴宣布旗下速卖通将从小额在线外贸批发平台全面转型为面向境外购物平台，也即从B2B转型为B2C。这个转型可以说非常具有前瞻性，接下来对这两种平台进行分析。

在小额在线外贸批发平台方面，速卖通的整个供应链其实是B2B2C模式，如图9-8所示。

图 9-8 速卖通在小额在线外贸平台上的供应链模式

在境外购物平台方面，整个供应链是B2C模式，如图9-9所示。

图 9-9 速卖通在境外购物平台上的供应链模式

可见，相对于小额在线外贸批发模式，境外购物平台省去了"境外批发商或零售商"环节，让境外消费者可以直接购买到境内工厂或批发商销售的商品。电子商务之所以风靡全球，就是因为其压缩了供应链，降低了流通环节的成本。因此，对于跨境电子商务来说，B2B2C是1.0时代，B2C则是2.0时代。

3. 目标市场的再定位

速卖通在发展的初期，将目标市场定位于欧美国家，是出于以下几个方面的考虑。其一，中国和欧美国家贸易频繁，欧美国家的买家已经养成了采购中国产品的习惯；其二，欧美国家的买家呈现碎片化的采购趋势，速卖通能够满足他们小批量、多频次的采购需求；其三，英语网站筹备相对容易，且能够辐射欧美大部分国家；其四，竞争对手敦煌网已经在欧美市场取得了成功。

然而，速卖通在实际运营中发现，有越来越多的买家来自俄罗斯、巴西等新兴国家。原来，很多新兴国家一方面工业基础薄弱，对外国工业品严重依赖；另一方面线下商品流通不充分，线上电子商务零售也不成熟。于是，速卖通瞄准新兴市场消费人群，在新兴国家加大市场推广力度，并积极上线了俄语和西班牙语网站。这样，通过目标市场的再定位，速卖通不仅避开了与eBay等巨头的正面竞争，也使自身取得了快速发展。

资料来源：李鹏博. 揭秘跨境电商[M]. 北京：电子工业出版社，2015.

思考讨论题

1. 简述B2C跨境电子商务的发展现状。

2. 结合案例分析速卖通成功的原因。

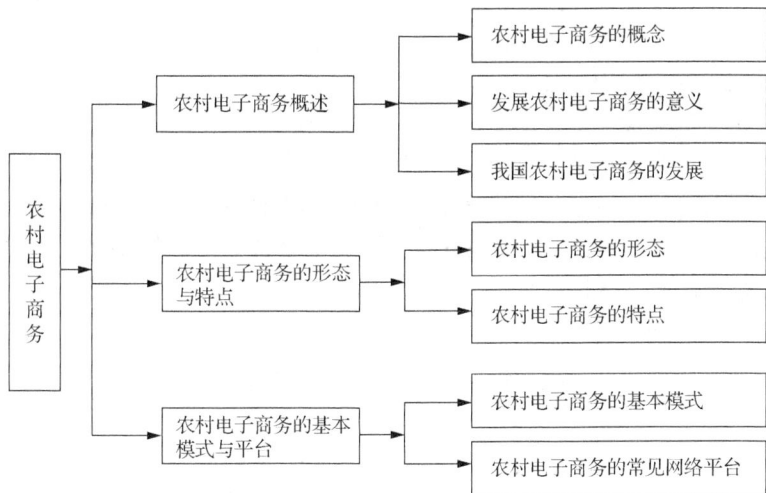

本章导读

长期以来，我国农业发展一直存在"重生产、轻销售"的现象，致使农户的生产与市场的需求出现脱节。发展农村电子商务恰好能使这些问题迎刃而解，为解决"三农"问题提供新的思路。本章主要介绍农村电子商务的概念、我国农村电子商务的发展、农村电子商务的形态特点、农村电子商务的基本模式与平台等内容。通过对本章的学习，读者可对农村电商有一个较为全面的了解。

知识结构图

```
                                    ┌─→ 农村电子商务的概念
                    ┌─ 农村电子商务概述 ─┼─→ 发展农村电子商务的意义
                    │                  └─→ 我国农村电子商务的发展
                    │
农村电子商务 ──────┼─ 农村电子商务的形态 ─┬─→ 农村电子商务的形态
                    │   与特点           └─→ 农村电子商务的特点
                    │
                    │                  ┌─→ 农村电子商务的基本模式
                    └─ 农村电子商务的基本 ┤
                        模式与平台       └─→ 农村电子商务的常见网络平台
```

开篇引例

"褚橙"进京记

"褚橙"进京了。这种由昔日"烟王"褚时健种出来的橙子在北京热卖。2012年11月5日，"褚橙"从云南来到北京，5天里，20吨"褚橙"一售而空。2012年11月11日，在线销售"褚橙"的本来生活网又到货20吨，在11月12日一天就卖出1 500多箱，约有7吨多。

人生经历颇具传奇色彩的褚时健历来受到公众的关注。褚时健75岁时二次创业，包垦2 000亩荒山，种植35万株果树。12年过去了，85岁的褚时健把他的"褚橙"卖到了北京。

二次创业之路并非一帆风顺。在决定种橙后，褚时健和妻子马静芬在橙园里搭了工棚，吃住都在橙园里。几年后，名为"云冠"的冰糖橙上市，老两口在街头促销。当地冰糖橙品牌繁多，市场竞争很激烈，橙子怎么卖出去，成了一个大问题。当时，没有人知道"云冠"是褚时健种的，在来往行人的眼里，这对老夫妻与其他人没有什么区别，他们促销的橙子与其他橙子也没有什么区别。

后来，马静芬想打出一个"褚时健种的冰糖橙"的横幅，褚时健不同意，马静芬坚持。结果，横幅一打出来，橙子很快销售一空，"褚橙"的名字也很快被叫开了，"云冠"牌反倒被渐渐淡化。

王石、潘石屹、梁冬、杨锦麟等一些知名人士纷纷发微博为"褚橙"捧场，"品褚橙，任平生"成为贴在"褚橙"上的励志标签。

作家章诒和在2012年11月6日发表的一条微博中说：85岁的褚时健带"褚橙"进京出售，他受争议，更受称许，褚时健这辈子值了！11月13日晚上，章诒和再次在微博中说：昔日烟王，今日橙王，名不虚传——一个无关荣辱、有关岁月的传奇！

资料来源：中青在线。

10.1 农村电子商务概述

10.1.1　农村电子商务的概念

农村电子商务是指涉农领域的生产经营主体借助网络，通过计算机、移动终端等设备，运用现代信息技术，完成产品或服务的购买、销售、运输、支付等活动的过程。农村电子商务生产经营主体不仅包括农民，还包含发展农村电子商务的各类电子商务平台、农村物流企业、配送中心、农资生产企业等。因此，在认识农村电子商务时，不能仅局限于农产品上网销售这一个方面，工业品下行也是其中的一个重要组成部分。

在理解农村电子商务的概念时，应注意农产品网上交易、农业信息化和农民网络化消费这三个关键词。

（1）农产品网上交易。其主要是指买卖双方借助网络平台完成农产品的交易活动。

（2）农业信息化。其主要是指农业生产、销售、运输等过程中信息的获取与全球的市场同步对接，在农业产业中实现标准化、规模化，在农产品包装和运销中逐步实现品牌化、国际化。

（3）农民网络化消费。其主要是指农民充分利用互联网在网上购买质优价廉的农业生产资料及生活用品。

10.1.2　发展农村电子商务的意义

加快发展农村电子商务，是创新商业模式、完善农村现代市场体系的必然选择，是提高农民收入、释放农村消费潜力的重要举措，是统筹城乡发展、改善民生的客观要求，对于进一步深化农村改革、推进农业现代化具有重要意义。具体来说，发展农村电子商务的意义主要体现在以下几个方面。

农村电子商务的特点

1. 发展农村电子商务能够解决农村信息化鸿沟问题，帮助农民及时获得市场供求信息

传统农产品的销售一般是渠道商以极低的价格收购农产品，再转手卖给真正需要的用户，赚

取差价，损害了农民的利益。利用电子商务平台，农民就可以随时发布自己的产品信息，买家也可直接联系，商讨交易事宜，互惠互利。例如，梅子淘源网络平台（见图 10-1）就是这样一个促进无公害绿色蔬菜水果等农产品销售的网络平台，通过 O2O 模式，农民可以扭转原有的信息弱势地位，直接面向市场和消费者，最大限度获取收益。这些无公害绿色农产品通过该平台直接送达消费者手中，不仅解决了部分食品安全问题，而且可以避免"农民万斤白菜烂在地里"的情况。

图 10-1　梅子淘源网站首页

2. 发展农村电子商务有利于解决我国农产品流通不顺畅的难题

如何保鲜是农产品销售的一个大问题，解决该问题要靠发达的物流运输系统。然而，当前我国农产品的流通体系尚不完善、功能不够健全，这在一定程度上制约了农产品的销售。随着我国农村电子商务的发展，政府及企业将更加注重农产品的流通问题。例如，甘肃省商务厅与京东合作的京东兰州 FDC 仓（前端物流中心）有效提高了农产品的物流配送速度。这些措施的实施必然为农业提供更广阔的发展空间，从而推进我国新农村的建设和发展。

3. 发展农村电子商务有利于农村剩余劳动力实现就业

随着农产品价格的不断提升，许多进城务工人员转而回村从事农业生产。他们可以通过电子商务快速了解农产品的供求信息，掌握农产品的市场动态，实现就业。例如，随着农村电子商务的推广，在遂昌县城区 5 万常住人口中，有 1 500 家网店集聚，年销售总额达到 1.1 亿元至 1.2 亿元，遂昌的一些大学生、曾经外出务工的年轻人、下岗职工，甚至退休职工都开起了网店，形成了"男女都工作，家家开网店"的氛围，有效解决了剩余劳动力就业的问题。

4. 发展农村电子商务能够为农业生产提供有效的技术支持和辅导

农业的分散化经营使农业技术支持和辅导工作难以有效开展，造成农业生产中大量投入生产资料，质量却较低，且收益较少。同时，由于信息闭塞，不能及时获得农业灾害的预警信息，无法提前应用防范对策，若发生灾害将致使农业生产严重受损，如果相应的灾后补救措施开展不及时，损失将更为严重。引入电子商务，可通过技术人员建设技术服务网络，对广大农民提供快速、有效的技术指导及信息服务，提升农民对农业实用技术的掌握与应用能力，让农业生产能够实现全过程监控与指导，进而促进科技在农业生产当中发挥积极作用。此外，电子商务还能推动农业、农村现代化进程，给农村文化输入新鲜血液，带来创新的元素，开拓农民视野，助推新农村建设。

5. 发展农村电子商务有利于带动乡村经济整体发展，进而实现共同富裕

农村电子商务的发展是带动乡村经济整体发展进而实现共同富裕的重要途径。我国农村为熟人社会，村民之间联系紧密，一位电子商务创业者的成功往往会起到很好的示范作用，这方面的案例不胜枚举。例如，沙集镇东风村，20 世纪 80 年代本是一座以农业种植与传统养殖、废旧塑料回收和粉丝加工为主业的苏北小村子。该村不具资源优势，缺乏特色产业，"路北漏粉丝，路南磨粉面，沿河烧砖瓦，全村收破烂"是该村曾经的写照。然而，2006 年之后，一位叫孙寒的"80后"返乡青年通过电子商务创业使得东风村发生了翻天覆地的变化。孙寒受到韩式家具的启发，制作简易家具并在淘宝上销售，第一年就挣了 30 多万元。孙寒的成功，带动了东风村村民电子商务创业的热情，该村迅速出现了众多新兴的网店，并且形成了一个完整的产业链。在当地家居网销售产业的主导下，家具生产、板材加工、五金配件经营、物流配送等行业迅猛发展，促进了东风村经济的整体发展，村民收入水平也因此大为提高。现在东风村是享誉全国的淘宝"明星村"，村民早已实现了共同富裕。

6. 发展农村电子商务有利于提高农村地区人民的生活质量

在生活方面，农村电子商务消费市场一样存在巨大的潜在需求。由于农村特殊的自然和社会环境，没有成规模的规范的购物场所，农民购买商品相比城市显得较为不方便，而电子商务恰好可以弥补这一不足。农民对商品的价格较为敏感，而电子商务企业所售卖商品价格较低，可以很好地满足农村市场的需求。此外，农村在文化娱乐设施方面的缺乏，也为相关方面的电子商务企业提供了广阔的市场空间。

10.1.3　我国农村电子商务的发展

1. 我国农村电子商务的发展历程

2003 年至今，我国农村电子商务（简称"农村电商"）先后经历了起步、小规模增长、规模化扩散和迅猛发展四个阶段，现在正处于迅猛发展阶段。我国农村电子商务发展四个阶段的主要发展情况如表 10-1 所示。

表 10-1　　　　　　　　　　我国农村电子商务发展四个阶段的主要情况

时间	阶段	特征	新增网商规模
2003—2005 年	起步	农村网商规模小，增长缓慢	2005 年新增网商达到万级
2006—2009 年	小规模增长	农村网商规模明显扩大，快速增长	2009 年新增网商达到十万级
2010—2013 年	规模化扩散	农村网商规模明显扩大，每年新增网商规模巨大	2013 年新增网商近百万级
2014 年至今	迅猛发展	传统农业借助电子商务加快向现代农业转型升级，农村居民消费的多样性、便利性和安全性不断提升	各大电商巨头纷纷进军农村市场，"千县万村"等计划逐步实施，淘宝村突破 1 000 个大关

资料来源：阿里研究院。

2. 我国农村电子商务的发展现状

（1）农村电商增速显著，有效推动了农村经济的发展

截至 2020 年底，我国农村网络零售额达到了 1.79 万亿元，同比增长 5.3%。农村电商的发展改变了农村居民的生活习惯，带动了农村经济多元化的发展。2020 年，中国农村电商市场规模为 3.15 万亿元，同比增长 37.7%。电商加速赋能农业产业化、数字化发展，一系列适应电商市场的农产品持续热销，为我国乡村振兴作出了贡献。

（2）城市信息化增速空间小，农村电商迎来蓝海

我国农村网民的数量逐年增加，但城乡互联网普及差异依然较大。中国互联网络信息中心（CNNIC）发布的《第 47 次中国互联网络发展状况统计报告》显示，截至 2020 年 12 月，中国网民规模达 9.89 亿，其中农村网民规模 3.09 亿，占网民整体的 31.3%。城镇地区互联网普及率为 79.8%，农村地区互联网普及率为 55.9%，城乡普及率差异为 23.9%。我国农村网民在即时通信、网络娱乐等基础互联网应用使用率方面与城镇地区差别较小，但在网购、支付、旅游预订类应用上的使用率差异较大，这一方面说明娱乐、沟通类基础应用依然是拉动农村人口上网的主要应用，另一方面也显示农村网民在互联网消费领域的潜力仍有待挖掘。未来全国信息化普及的主要增长空间在农村，随着计算机和智能手机的普及，以及农村居民对互联网更深入的认识，农村市场逐渐成为电商掘金的下一个黄金市场。城市的电商之间竞争已经白热化，相对而言，农村和农产品市场，像蓝海一样在等待企业布局。

（3）农村电商发展仍面临四重困境

随着政府推动和社会资本的持续支持、农村网民数量的逐渐攀升，未来五年将是农村电商发展的黄金时期。然而，目前农村电商的发展仍受农产品经营"小而散"、农村物流体系基础薄弱、农村电商人才匮乏、融资渠道不畅四重因素掣肘，亟待突围。一是农产品"小而散"。目前，农村电商最常用的模式是将农产品从集贸市场直接转换到互联网，因此极易出现"小而散"的问题，组织化程度不高，难以进行规模化、产业化生产等，导致地方农产品无法形成品牌化效应。二是农村物流体系基础薄弱。农村电商网站规模总体较小、第三方物流企业少、物流基础设施落后、冷链物流供给能力不足，不能充分适应农产品季节性、易腐性、品种多等特点。三是农村电商人才匮乏。在农村地区，青壮年农民大都外出务工，留守的基本上都是不具备电商知识的老年人，加上农村对电商人才缺乏吸引力，引进人才困难，造成了当前农村电商人才匮乏的现状。四是融资渠道不畅。农产品大都具有季节性，存货需要大量资金。目前，各地农村电商多处于起步阶段，缺乏有效信用担保，向银行等金融机构贷款困难，而金融贷款大都需要抵押，且十分有限。

3. 我国农村电子商务的发展对策

（1）加强政策扶持，发挥政府在推动农村电商发展中的重要作用

目前，从党中央、国务院到各级部委已经基本完成了我国农村电商的政策部署，政策体系已经建立，但在后续政策的落实中，还需要政府的大力支持与监督。同时，政府相关部门应加强网络市场监管，强化安全和质量要求，打击制售假冒伪劣商品、虚假宣传、不正当竞争和侵犯知识产权等违法行为，维护消费者合法权益，促进守法诚信经营。此外，还要加大金融支持力度，放宽对农民创业特别是青年农民创业的授信和贷款支持，简化农村网商小额短期贷款手续，对于符合条件的农村网商，可按规定享受创业担保贷款及贴息政策等。

（2）完善农村信息基础设施建设，实现资源共享和服务创新

一方面，应加强"宽带乡村"工程和营业点建设，加快实现宽带和营业点在农村的全覆盖，积极扶持和鼓励农业企业加快信息化建设；建设县级农村电商公共服务中心、农村电商服务站体系，帮助农民了解和掌握信息技术等各类新技术、新理论，发掘典型案例，推广成功经验。例如，浙江义乌、浙江丽水遂昌等，当地政府要运用各种手段，加强对成功电子商务平台的宣传，以"领头羊"的成功示范激发农民的电子商务意识，形成非常成功的农村电商平台体系。另一方面，还应在资金上对农村地区信息化、网络化进行支持，降低农民使用网络的成本。例如，将农民购买计算机等信息化设备纳入家电下乡政策补贴范畴，制定农村信息化建设补贴政策等。

（3）转变农业生产方式，实现农业标准化

农业标准化是提高农产品质量的根本，是转变农业增长方式、提高市场竞争力的重要途径，是

发展农村电商的必经之路。目前，我国农业生产方式还是以个体生产或者小部分承包为主，农民对农业信息的需求程度低、需求内容分散，难以形成规模效应，并且通过农村电商服务平台所产生的社会效益和经济效益较低，影响了社会各界参与其建设的积极性。因此，只有依靠标准手段，加速提高农产品的质量和档次，加快农业品牌化建设，提高我国农产品的国际竞争力，促进优势农产品的区域化布局、规模化种养、规范化生产、产业化经营和科学化管理，才能带动农村电子商务的快速发展，最终实现农业的增产增收。

（4）构建农村电商交易平台，加快探索 O2O 的步伐

农村企业生产规模小、产品销售滞后，其中交通不便、信息不灵通是一个重要因素，因此，构建农村电商交易平台对农村实现小康意义重大。农村电商交易平台的建设应依据电子商务技术标准，将实体网络和虚拟网络相结合，集电子商务、连锁终端、自有体系规模配送为一体，为新农村建设与发展服务。

按照一般电商模式，农产品要在城乡之间运输，对成本和物流包装等配套体系都有很高的要求。近年来，移动互联网突飞猛进，截至 2021 年 6 月，我国手机网民规模达 10.07 亿，网民使用手机上网的比例为 99.6%。农村电商也应当利用好这个机遇，加速线上线下融合。目前，不仅家电市场开始了线上线下融合，米面粮油等农村日用消费品也开始了对 O2O 的探索。可以预见，未来农村电商和实体商业之间必将走向线上线下融合的道路。

（5）培训农村电商人才

电子商务人才是农村电商发展的核心竞争力。我国当前农村网络普及率还较低，部分农民对互联网新技术和新信息的反应较慢，加上农村年轻人进城务工，大多数农村居民是老人和儿童，因而农村电商的人才十分稀缺。人才匮乏问题已经成为制约农村电商发展的重要因素，亟待解决。

解决农村电商人才匮乏问题主要有两个途径，一是从外部引进，二是对农民进行专门的培训。受限于农村的经济发展水平和职业发展环境，从外部引进电商人才目前还较为困难。因此，针对农民的电商培训是较为现实的解决方法。这需要各级政府和布局农村电商的企业共同努力。

（6）加快农村物流体系建设

发展农村电子商务，配送是关键。虽然邮政与菜鸟等物流由县到村当日送达服务已覆盖 40% 的县城，次日送达服务已覆盖 99% 的县城，快递物流"最后一公里"和农产品进城"最初一公里"的问题得到一定的解决，但由于农产品的季节性、产品数量多以及鲜活农产品的保鲜存活时间短，仅有的物流体系仍不能满足农村电商的发展，需要交通运输、商贸流通、农业、供销、邮政等部门和单位及电商、快递企业进一步加强对相关农村物流服务网络和设施的共享衔接，加快完善农村物流体系、供应链管理体系，鼓励多站合一、服务同网。鼓励传统农村商贸企业建设乡镇商贸中心和配送中心，发展第三方配送和共同配送提高流通效率，同时加强农产品产地集配和冷链等设施建设，以及重点支持老少边穷地区物流设施建设。

10.2 农村电子商务的形态与特点

10.2.1 农村电子商务的形态

农村电子商务的形态主要包括农产品电子商务、农资电子商务、乡村旅游电子商务及"农产品+

旅游"电子商务这四种基本形态，下面分别予以介绍。

1. 农产品电子商务

农产品电子商务是指在农产品的销售过程中，将农产品的相关信息全面导入电子商务系统，利用信息技术，以网络为媒介，进行需求、价格等信息的发布与收集，依托农产品生产基地与物流配送系统，为顾客提供优质农产品和服务的一种新型的商业运营模式。[①]

农产品电子商务主要分为自产自销、专职电子商务和自产代销三种类型。其中自产自销是指由从事农产品生产的农户或农业企业将自己生产的产品通过 B2C、C2C 及微信等平台直接销售出去。专职电子商务本身不从事农产品生产，主要致力于在网上销售农户或农业企业生产的农产品。自产代销是指上述两种类型的综合，即经营者不仅在网上售卖自产的农产品，还代理或经销非自产的农产品。

案例讨论

"互联网+农业"玩出新花样

和、揉、擀、叠、切……2021年10月8日，在宁夏中卫市中宁县于振玲的蒿子面直播间，不一会儿，一捧蒿子粉便在她的巧手中变成了一根根面条。于振玲介绍说："以前我们店里的生面条都是本地顾客购买，后来许多外地游客品尝了蒿子面后，加了我的微信，我再通过邮寄的方式将面条销售给他们。"去年她又开通了短视频账号，不定期上传自己手工制作蒿子面的全过程，"目前，蒿子面每天线上销售量都有几十箱，除了本地，还销往广东、黑龙江、陕西、甘肃等地。"

分析：

近年来，农业生产与互联网相结合的融合越来越广泛：直播农产品卖货；从产地到餐桌零距离网络销售；二维码溯源；依托大数据、云计算等技术掌握市场信息和消费数据，改进农产品种植和经营策略；一篇篇自媒体美文将一个个美丽乡村通过网络平台介绍给更多消费者，消费者通过互联网预订住宿和餐饮……互联网已经渗透到农业生产、农民生活、农村经济的方方面面。基于互联网的农业生产新业态让一批有知识、有想法、有抱负的新农人投身其中，回到农村创业，组织成立合作社，用现代经营理念改造传统农业，打造"互联网+"多种业态，让农业变得更时尚，让农村变得更有魅力。

2. 农资电子商务

农资电子商务是指围绕着农用物资（如化肥、农药、种子、农业机械、饲料等）的经营而开展的电子商务。农业生产离不开农资的保障，但传统的农资市场存在着"散、乱、杂"的弊端。如今，农资电子商务的兴起很好地解决了这个难题。

通过网络建立起来的农资电子商务平台具有公开透明、售后可追溯的巨大优势。农民在农资电子商务平台上不仅可货比三家，做出最佳的购买决策，还可以充分享受电子商务平台提供的专家服务。

目前农资电子商务的运作模式主要有四种，分别是专业农资电子商务平台、综合性电子商务平台、兼营性农资行业平台和企业自建网站。

[①] 王慧. 农村电商与创业[M]. 北京：人民邮电出版社，2018：37.

专业农资电商平台只专注农资领域，目标客户明确，服务也比较专业，代表性的平台有大丰收、农一网、劲牛云商等。其中大丰收网站除了有农资商城外，还有农技中心和作物问诊等，为农资用户提供全面的服务。大丰收农资网站如图 10-2 所示。

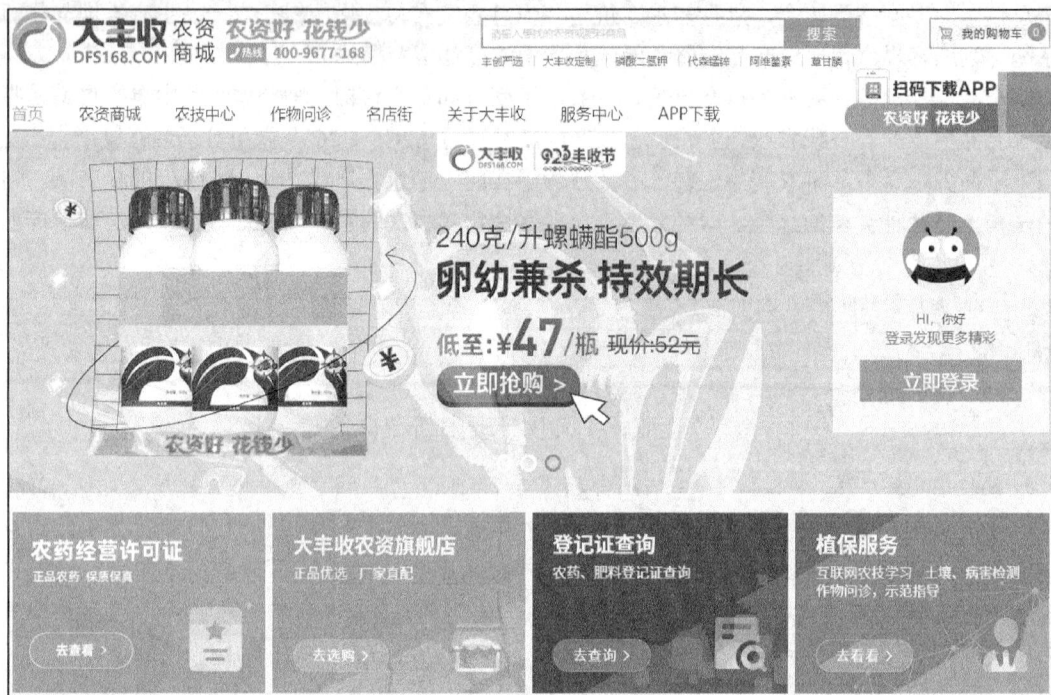

图 10-2 大丰收农资网站首页

综合性的电商平台以阿里巴巴、淘宝网、京东等电商巨头为代表，近年来不断加大投资，逐步完善对农资电商的布局。如淘宝成立农资频道（见图 10-3），致力于打通买方和卖方之间的通道，确保农资产品从厂商跳过中间环节直接送到农户手中。

图 10-3 淘宝农资频道

兼营性农资行业平台以好汇购、中国农资联盟和 191 农资人为代表，这类平台以农业技术服务为主，兼做农资销售。这类平台具有有效客流量大、能实现农资产品精准投放、技术指导和售后服务水平高的优势，但由于自身的影响力有限，平台的流量远不能和综合性电商平台相比。

企业自建网站也是农资电商的运作模式之一，但该类模式对生产商、供应商有较高的要求，不仅在前期需要有较大的投入，而且在后期的网站推广和维护方面也需较高的成本。因此，这类农资电商运营模式只适合少数实力较强的农资生产商和经销商。

3. 乡村旅游电子商务

乡村旅游电子商务是一种重要的农村电子商务形态，是电子商务在乡村旅游活动各环节的具体应用。乡村旅游电子商务，不仅可以扩大对乡村旅游的宣传力度和宣传范围，有效开展旅游的售前和售后服务，还可以在线完成乡村旅游网络查询、乡村民宿和旅游产品预订及支付。

例如，天津毛家峪以长寿、养生为主题建立了生态度假村，通过网络全面宣传和推广，有效地提升了当地旅游资源的知名度和影响力。

再如，浙江省衢州市农办和中国移动衢州分公司联合打造了"移动掌上农家乐"平台，用以宣传、推广具有当地特色的农家乐项目。他们通过制定当地农家乐的分布电子地图，对各个农家乐的各项信息加以采集、整理和汇总，利用互联网宣传农家乐，不仅提升了农家乐的知名度，而且还有效解决了外来游客与农家乐经营者之间信息不对称的问题，极大推进了该市乡村休闲旅游的发展。

4. "农产品+旅游"电子商务

"农产品+旅游"电子商务是一种新型的农村电子商务形态，是农产品、乡村旅游和电子商务整合的产物。这种模式的特点是线上的旅游商家（或当地政府）激发消费者对特色农产品产地的旅游兴趣，游客到乡村旅游，享受吃、住、游玩和体验一体化的旅游服务，开展乡村旅游服务的商家充分利用游客来访的时机销售有当地特色的农副产品。

例如，重庆市武隆区和顺镇开展以"走进武隆和顺，公益自驾行"为主题的"乡村旅游+农产品"农村电商新模式的活动。该活动召集了 50 辆自驾车及 200 多名城市居民，走进武陵山深处，感受不一样的大美乡村。该活动把城市居民带到乡村体验别样的乡村生活，挖竹笋、看风车、参加篝火晚会……和顺镇提前将当地的特色产品，如七彩土鸡、干菜、腊肉、鲜竹笋、野生金银花等整合起来，引得游客争相购买，活动当天销售额为 5.3 万元，取得了良好的经济收益。

10.2.2 农村电子商务的特点

农村电子商务的发展和普及对于新型城镇化、推进农业供给侧改革、助力精准扶贫具有重要作用。同时，农村电子商务作为农村经济和电子商务深度融合发展的产物，不仅能破解农产品流通不畅、信息不对称等问题，还能带动农村产业的转型升级。分析农村电子商务的特点，能够对农村电子商务的发展路径有更深刻的认识，进一步为农村电子商务产业指引发展方向，促进农村电子商务可持续发展。

1. 农村电子商务是伴随主体角色不断变换的自发性创新活动

目前在农村电子商务活动较为成熟的地区，其农村电子商务都是农民在试探性动作下发展起来的，是自下而上的自发性行为，参与者的积极性很高，市场化意识强，主体的身份逐步市场化。首先是由农民转化成网商，这是创造性的、迸发性的转化，这是社会角色方面的转换，由过去封闭的、自给自足式的家庭向着家庭作坊式的个体化商户发展。接下来，是由个体的网商向着正规的公司发展。目前，很多的农村电子商务发展的主体还没有真正过渡到这一环节。

2. 农村电子商务发展的集群效应明显

与传统的公司发展模式不同，农村电子商务发展的特点是集群效应明显，发展的结果不是单一的公司壮大，而是整个村、镇的集群效应。在农村发展电子商务，往往是一两个主体先尝试，成功之后，被不断地仿制和传播，这既有背靠共同的区位优势的原因，也与农村特有的文化、传统有关。这种密集的、同质性的商务活动的集中，一方面会引发一定的竞争，同时也极易形成共同的联盟和完整的产业链条。例如，位于浙江省西南部的遂昌县，在2010年就成立协会；徐州的沙集镇也成立了电子商务协会，并形成了网店、家具生产厂、板材加工厂、家具配件店、网店专业服务商和物流快递公司等相对完善的配套体系。

3. 产品的区域性特色明显，入门的门槛较低

与城镇的网商相比，在知识储备、信息的对称性及对市场的把握和认识程度上，农民网商均不占优势，他们的最大优势就是区位性产品和集聚的优势。目前已有的花木销售、羊绒销售、特色农产品销售及小商品零售等，都是与其他地区的优势相结合。

除了区域型特色明显的产品容易发展起来之外，还有一些入门的门槛比较低的产品也比较容易发展起来。例如，位于徐州市睢宁县东部的沙集镇，它并没有区位优势，但是选择了简易拼装家具这一门槛低、适合运输和储存、拓展空间大的产品，也在农村电子商务领域获得了成功。

因此，区域特色明显和门槛低是农村电子商务的特色，农村电子商务与互联网结合，能满足不同层次的需求，能够创造巨大的效益。

4. 农村电子商务对网络和服务平台的依赖性强

商务活动需要客观地反映市场需求。农民由于受到交通不便、信息沟通不便等因素的影响，很难精准把握市场的需求，因此在传统的交易方式下，农民很难从事商务活动。网络交易平台的出现，在一定程度上为农民解决了后顾之忧，网络空间的无限性真实地反映了现实世界人们的各种消费需求，农村电子商务主体只需在平台上注册和发布适当的图片广告，就可以实现供需的对接，从而顺利销售产品。农村电子商务在发展初期对网络和服务平台的依赖较强。

2012年互联网方面"两会"代表提案，提案内容多涉及电子行业的发展，2015年10月中华人民共和国国务院（以下简称"国务院"）总理李克强在国务院常务会议上强调加快农村电子商务的部署，通过完善农村偏远地区宽带电信的普遍服务补偿机制，缩小城乡间的数字鸿沟，历经近年来的发展布局，目前农村电子商务发展也彰显了独特之处。

5. 各大电商巨头进军农村市场

从2014年开始，各大电商巨头纷纷进军农村电商市场（见表10-2），这一举措在很大程度上促进了农村电商的飞速发展。

表 10-2　　　　　　　　　　各大电商巨头进军农村电商市场情况

企业	投资	体系	规模
阿里巴巴	100亿元	县级运营中心+村级服务站+农村物流营运和服务体系	阿里巴巴集团于2014年10月在首届浙江县域电子商务峰会上宣布启动"千县万村"计划，提出投资100亿元，建立1 000个县级运营中心和10万个村级服务站
京东	10亿—12亿美元	县级服务中心+"京东帮"服务店	自2015年开年以来，京东的"电商进村"取得飞速发展。截至2015年4月13日，京东招募和签约的乡村推广员已突破万名，县级服务中心也超过100家。短短数月，京东的县级服务中心和乡村推广员招募在全国范围内迅速铺开，服务范围已辐射全国20多个省份、100余县市、10 000多个村庄，可为数以千万的农村消费者提供京东多快好省的优质商品与便捷服务

续表

企业	投资	体系	规模
苏宁易购	100 亿元	区域物流中心+城市配送中心+乡镇服务站	作为零售 O2O 模式发展的领头羊，苏宁易购重拳出击农村电商，在推进工业品下乡和农产品进城方面，迅速摸索出一条独具特色的全渠道电商之路。1 000 多家直营店、88 家中华特色馆、10 亿元农特产品销售额和 30 000 多名就业人员等，苏宁易购 2015 年的农村大戏可圈可点
供销社	预计 500 亿元	全国总社+省级社+县级社+基层社	国务院改革供销合作社，成立农村电商服务"三农"，预计建设 1 400 个县级社，21 000 个基层社。到 2020 年，把供销合作社系统打造成为与农民联结更紧密、为农服务功能更完备、市场化运行更高效的合作经济组织体系，成为服务农民生产生活的生力军和综合平台

6. 淘宝村逐渐兴起

淘宝村是伴随着我国农村电商发展而出现的新生事物。根据阿里研究院的定义，淘宝村的认定标准主要有三个：一是交易场所、经营场所在农村地区，以行政村为单位；二是全村电子商务的年交易额要达到 1 000 万元以上；三是活跃网店的数量达到 100 个，或者占本村家庭户数 10%以上。

阿里研究院发布的《2021 中国淘宝村研究报告》显示，2021 年淘宝村数量已突破 7 000 个，达到 7 023 个，较上年增加 1 598 个，连续第四年增量保持在 1 000 个以上。近年来淘宝村数量不断增长，同时呈现出集群化发展态势。

如今，淘宝村在带动周边村镇经济发展、促进当地企业转型、吸引乡村外出人才返乡，促进农民收入增长等方面日益发挥着重要的作用。

> **学习思考**
> 我国农村电子商务未来的发展趋势是什么？将会呈现哪些新的特点？

10.3 农村电子商务的基本模式与平台

10.3.1 农村电子商务的基本模式

近年来，随着电子商务的蓬勃发展，全国农村涌现众多的电子商务产业集群。根据各地的发展特点，农村电子商务模式主要分为六大类，即"农户+网络+公司"的"沙集模式"，"协会+网商"的"遂昌模式"，"专业市场+电子商务"的"清河模式"，"农产品供应商+联盟+采购企业"的"货通天下农商产业联盟模式"，"赶街网+农村电子商务代购点+农户"的"赶街模式"及其他模式等。

> **学习思考**
> 有没有一种所谓的最好的农村电商发展模式？为什么？

1. "沙集模式"——"农户+网络+公司"

沙集模式是互联网在农村高度应用的典型，是指借助信息技术的发展，实现资源从无到有，逐步发展壮大形成集团优势的模式。沙集镇从家具简单拼装开始，通过网络将产品销售到全国各地，这种做法被当地不断复制，最后形成产业集群。生产规模逐步从单户自主加工发展到具备现代化和标准化水准的大型加工厂。家具加工由最初的简单拼装发展到个性化定制。随着家具加工产业的壮大，物流、家居建材、箱包、五金、网上服务等产业迅速发展。沙集模式是农村自发发展电子商务的典型模式，核心是"农户+网络+公司"的互相推动发展，是以家庭经营为基础，以返乡创业农民为主体，以信息化带动产业化，自发产生，形成相对完整的农村电子商务生态链。沙集模式农村电子商务的发展架构如图10-4所示。

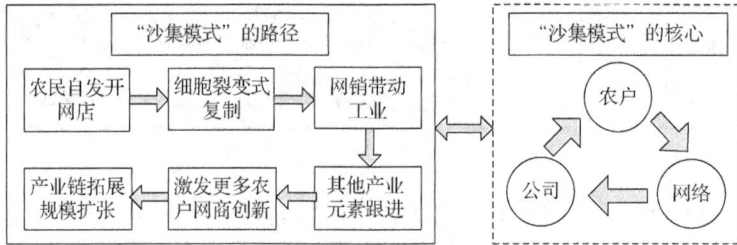

图10-4　沙集模式农村电子商务的发展架构

　　沙集模式以"农户+网络+公司"为核心要素，通过网络销售带动农村工业发展，逐渐形成产业链，由最初的 C2C 电子商务模式逐渐形成 B2C 电子商务模式。近年来，沙集模式已成为我国涉农电子商务领域知名度和影响力相当大的典型案例之一。

　　2. "遂昌模式"——"协会+网商"

　　遂昌模式是指中介组织零散农户发展电子商务，实现包容性创新的模式。遂昌位于浙江省丽水市，遂昌馆是国内第一个县级农产品馆，其核心是一个独特的网络分销平台，借助政府的强大支持和自身体系的巨大聚合力，集合千余家小卖家共谋发展。遂昌模式农村电子商务的运营架构如图10-5所示。"遂网"平台建立了农产品信息管理及预订系统、农产品质量标准体系、农产品质量可追溯体系、冷链仓储体系、C2B2C 农产品程序管理体系、农产品生鲜技术研究中心、检测检验中心。同时，"遂网"平台为千余家松散且不标准、不专业的小卖家提供专业的培训服务，对上游货源进行统一整合并拟定采购标准，由"遂网"专业团队进行统一运营管理，在线下则按照统一包装、统一配送、统一售后等标准执行。

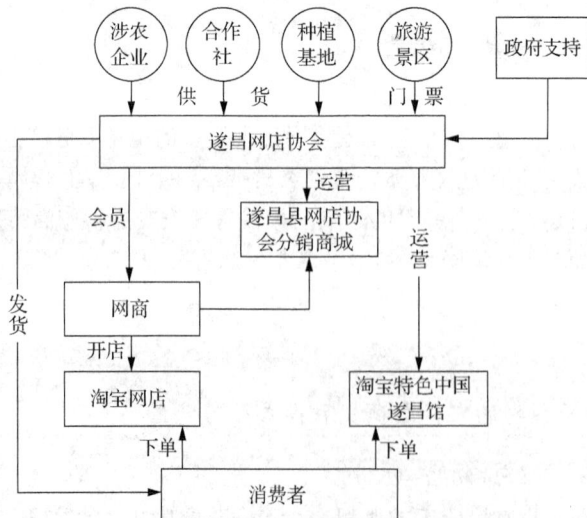

图10-5　遂昌模式农村电子商务的运营架构

3. "清河模式"——"专业市场+电子商务"

清河模式是将传统专业市场与电子商务协同发展，实现包容性创新的模式。在 2008 年，清河羊绒制品市场运营之初，清河县委、县人民政府就提出了"网上网下互动，有形市场与无形市场互补"的发展思路，在羊绒制品市场内大力营造适合电子商务发展的经营环境，相继建成了电子商务孵化区、电子商务聚集区和电子商务产业园，并大力吸引网货供应、物流快递、人才培训、研发设计、摄影、美工等专业机构入驻市场，从而保证了电子商务经营者能够以最快的速度、最低的价格享受最全、最好的服务，提高网商的市场竞争力。同时，通过电子商务的拉动作用，解决了传统专业市场受地域限制所导致的销售难题，实现了传统专业市场与电子商务齐头并进、协调发展的良性格局，形成全国独具特色的"专业市场+电子商务"的新型电子商务模式——清河模式。

4. "货通天下农商产业联盟模式"——"农产品供应商+联盟+采购企业"

货通天下农商产业联盟在努力打造一种适合大宗农产品交易的电子商务流通模式，属于 B2B 电子商务模式的一种。货通天下农商产业联盟的运营总部位于上海，联盟的主要任务是为采、供双方提供以交易为核心的多种服务，联盟从达成的交易中收取 1%～3%的服务费。该模式通过交易平台运营管理，有效匹配农产品需求和供给。在实际交易中，平台不仅为供需双方提供订单撮合、拍卖销售、委托采购、支付结算等交易服务，还根据销售方需求建立一套农产品的品质标准和质量检验、缺陷折扣的交易流程。货通天下农商产业联盟模式在整合农业产业链、降低市场交易成本和推动农业生产的规模化、产业化、专业化和服务的社会化等方面，具有积极意义。

5. "赶街模式"——"赶街网+农村电子商务代购点+农户"

与前面几种模式帮助农民把农产品卖出去不同，赶街模式主要是帮助农民从网上购买消费品。虽然农村拥有计算机和网络的家庭已经很多，但仍有很多农民不会网购。于是，遂昌网商协会创始人潘东明创建了赶街网，帮助农村消费者网购。

赶街网其实就是一个"小淘宝"，围绕农村生产和生活的需要整合了大量的商品，包括农资。赶街网在每个村子里设置一个代购点，一般是村里的小卖部，给他们配置计算机和宽带。代购点负责帮助农民下单购物，并从达成的交易里提成（10%左右）作为自己的酬劳。赶街网不仅帮助农民购物，还提供帮助农民缴费、购电等多种服务。赶街模式有利于扩大县域农村网购的规模，降低农民的消费成本。不过，随着农村电子商务的发展，农民逐渐可以自行网购。赶街网网站主页如图 10-6 所示。

图 10-6　赶街网网站主页

6. 其他模式

农村电子商务的蓬勃发展，引领和加快了中国农村现代化的整体进程，推进了新农村建设的步伐，为农民致富开拓了新途径。随着农村电子商务的不断发展，在新一代农民的创新能力和勤奋努力下，新的电子商务模式不断涌现。例如，大家耳熟能详的"O2O"模式也早已被引入农村电子商务行业。

随着移动互联网与互联网金融的飞速发展，"逛在商场，买在网上"的新消费方式挑战着传统的商业模式。面对如此变化，O2O营销模式成为营销行业备受关注的新宠。农村电子商务在O2O领域抢占市场先机。例如，中国惠农网打造的社区O2O综合服务平台"店家亲"将农产品、农资交易和农业金融进行一体化整合。该平台的"卖家版"为店主提供手机开店、客户推广、网络销售、会员管理和营销支持等全方位服务，"买家版"为小区居民提供方便易用的手机购物、生活信息、便民上门和社区社交等服务，买家版和卖家版有效打通了线上和线下的交易通路，为农村电商发展注入了新活力。中国惠农网网站主页如图10-7所示。

图10-7　中国惠农网网站主页

10.3.2　农村电子商务的常见网络平台

我国农村电子商务层次不同，再加上模式创新，使得农村电子商务的平台种类繁多。常见的农村电子商务网络平台如下。

1. 第三方电子商务平台

第三方电子商务平台包括以下三种形式。

（1）大型零售网站平台。该类平台拥有一整套销售流程，农民可以利用这些平台进行农产品交易，买卖双方并不需要理解操作原理。卖家只需要拍摄产品的图片，编辑文字说明，将产品的相关资料发布到自己的网店，就可以经营网店，如农村淘宝网（见图10-8），而买家也只需要通过搜索找到需要的商品，按照流程指导进行购买即可。

图 10-8　农村淘宝网主页

（2）综合类电子商务平台。该类电子商务平台主要开展批发业务，阿里巴巴等大型电子商务网站都有小额批发业务，对于大多数时间需要从事农业生产，希望产品可以快速打包出售的农业生产者来说，是个不错的选择。例如，阿里巴巴网上有专门的农业板块，负责销售农副产品、农业用具，买卖双方通过阿里巴巴及阿里旺旺进行供需洽谈，利用支付宝等完成支付。阿里巴巴农产品的小额批发如图 10-9 所示。

图 10-9　阿里巴巴农产品的小额批发

（3）专业农业网站。我国非常重视三农问题，在政府的号召和鼓励下，我国已经陆续建立起一批农业网站，包括农业专业网站和地方政府的农业信息门户网站。中国农业信息网主页如图 10-10 所示。这些网站除了介绍农业政策、农业新技术之外，还开辟市场专栏，向农户提供农产品价格信息、市场趋势分析等，以指导农业生产。

图 10-10　中国农业信息网主页

也有一些专业农业网站建立了电子商务板块，用于进行农产品的网上交易，如村村乐网站平台（见图 10-11）。

图 10-11　村村乐网站主页

2. 自建网站

当电子商务兴起之后，一些思想比较先进并且有一定计算机水平的农户或农业商人，开始模仿品牌企业，在网上建立自己的销售网站。他们购买现成的网站软件、论坛组件等建立自己的网站，然后在该网站上销售农产品。但与电子商务平台相比，自建网站的受关注度不够，流量有限，要想取得成功必须要做好网站的推广工作。

3. 其他网络平台

除了上述两类电子商务平台之外，微信、微博、博客，以及近年来兴起的短视频平台，也都是常见的农村电子商务平台。尤其是以抖音、快手等为代表的短视频平台，不仅为农村电子商务提供了宣传、展示的舞台，而且其直播带货的功能极大地促进了农村电子商务的发展。例如，甘肃省陇南市徽县水阳镇石滩村返乡村民梁倩娟，通过在快手平台发布短视频和直播带货，在 2019 年售出的农特产品超过 5 万千克。通过在快手发布短视频和直播，梁倩娟积累了近 13 万粉丝。相比图文，短视频和直播更加真实、直观，能在短时间内聚集海量需求，迅速消化大批量的当季农产品。梁倩娟在快手上平均每天有上百个订单，多的时候更是达到上千单。

阅读资料

天大博士创业"卖菜"

在徐传超连续跳级、16岁便从山东农村考上大学时，就有人预言，这孩子脑子聪明能念到博士。徐传超确实在23岁就考上了博士。

徐传超用"互联网+实体店"的模式创办了以"季蓿鲜"为品牌的农产品生鲜超市。不到两年时间，在天津中心城区已经开了22家连锁店。

创新"农超对接"模式，真正实现物美价廉。烟台苹果、陇南蜂蜜、玉田白菜……在天津市南开区西湖道的一家季蓿鲜生鲜超市里，售卖着400多种来自全国各地的特色农副产品。这是一家围着老百姓厨房转的生鲜超市，最大的特点是便宜！徐传超指着一种广西蜜橘举例说，这是从产地直采的蜜橘，1千克售价为3.8元，而在对面的罗江路菜市场，同样的1千克蜜橘售价7元。

为什么价差这么大？这就是徐传超的季蓿鲜最大的秘诀，真正实现"农超对接"。

简单地说，"农超对接"就是让生产基地直通终端门店，减少中间环节，降低成本、保证质量。徐传超说，一个苹果，原来要经过"产地—合作社—长途运输—一级批发—二级批发—菜市场"6个环节才能到消费者菜篮子里，把中间环节减掉，能让农民增收，也能让普通消费者得利。

听起来容易，然而保证这一切的实现需要一整套全新的供应链管理系统。这恰好用到了徐传超读博士时学的专业——物流供应链。而他做的是一件正在颠覆这个行业的事情。他正在着手搭建一个"农超对接"的种植可视化与过程可追溯的全渠道供应链管理体系，最终将通过大数据分析，指导产地的精细化种植和养殖，推动农产品的供给侧改革。

已经有人出一亿多元想收购徐传超的公司，被他婉拒。徐传超对未来有着清晰的规划，他说："建立农产品超市仅仅是创业的第一步，我真正的目标是要打造基于农产品流通的供应链金融服务平台，重塑一个行业。"他计划，未来，季蓿鲜将打造"一县一品"的扶持计划，针对不同地区打造适宜的单品扶持计划，以销定产、定向采购，达到农产品的可视化与可追溯。

徐传超越发感受到，"农超对接"一方面带活了贫困地区的农产品销售，也帮助当地农民脱贫致富、解决就业问题；另一方面，便利了市民享用健康、原生态、无污染的安全特色山货，实现了互利共赢。

资料来源：网易新网

练习题

一、单选题

1. （　　）是指由从事农产品生产的农户或农业企业将自己生产的产品通过B2C、C2C以及微信等平台直接销售出去。

　　A. 自产代销　　　　B. 自产自销　　　　C. 专职代销　　　　D. 以上均不正确

2. 专业农资电商平台只专注农资领域，目标客户明确，服务也比较专业，代表性的平台有（　　）。

　　A. 云农场和易农商城　　　　　　　　B. 云农场和阿里巴巴

　　C. 京东和苏宁易购　　　　　　　　　D. 大丰收、农一网和劲牛云商

3. （　　）是指中介组织零散农户发展电子商务，实现包容性创新的模式。

　　A. 沙集模式　　　　B. 遂昌模式　　　　C. 清河模式　　　　D. 赶街模式

4. 2003—2005年是我国农村电子商务发展的（　　）。

　　A. 起步阶段　　　　B. 小规模增长阶段　　C. 规模化扩散阶段　　D. 迅猛发展阶段

5. （　　）是互联网在农村高度应用的典型，是指借助信息技术的发展，实现资源从无到有，逐步发展壮大形成集团优势的模式。

　　A. 清河模式　　　　B. 赶街模式　　　　C. 沙集模式　　　　D. 遂昌模式

二、多选题

1. 农产品电子商务主要分为（　　）这三种类型。

　　A. 自产自销　　　　B. 兼职电商　　　　C. 专职电商

　　D. 自产代销　　　　E. 网络代购

2. 农村电子商务的四种基本形态是（　　）。

　　A. 农产品电子商务　　　　　　　　　B. 农资电子商务

　　C. 工业品电子商务　　　　　　　　　D. 乡村旅游电子商务

　　E. 农产品+旅游电商

3. 我国农村电子商务的发展经历了（　　）这四个发展阶段。

　　A. 起步　　　　　　B. 小规模增长　　　C. 规模化扩散

　　D. 增长停滞　　　　E. 迅猛发展

4. "沙集模式"的核心要素包括（　　）。

　　A. 农户　　　　　　B. 协会　　　　　　C. 网络

　　D. 公司　　　　　　E. 村委会

5. "遂昌模式"中的"遂网"平台建立了的体系有（　　）。

　　A. 农产品质量标准体系　　　　　　　B. C2B2C农产品程序管理体系

　　C. C2G农产品程序管理体系　　　　　D. 农产品质量可追溯体系

　　E. B2B农产品管理程序

三、名词解释

1. 农村电子商务

2. 农业信息化

3. 农民网络化消费

4. 农产品电子商务

5. 农资电子商务

四、简答及论述题

1. "农产品+旅游"电子商务模式的特点是什么？

2. 农村电子商务的常见网络平台有哪些？

3. 农村电子商务的基本模式有哪些？

4. 试论述发展农村电子商务的意义。

5. 试论述我国农村电子商务的发展对策。

案例讨论

贝店电商助农成效显著

自2018年5月启动"一县一品"助农项目以来，贝店深挖电子商务助农潜力，探索多元帮扶路径，形成"贝店扶贫模式"，实现与超过150个县域达成产地直供合作，在全国建立61个"一县一品"精准扶贫示范基地，累计销售农村特色产品800多种，为农民创收30亿元。

贝店始终把助农作为最重要的使命之一，推出"5+1"爱心助农举措，为农产品提供流量支持、运营指导、金融支持，开放入驻绿色通道和智慧供应链，为滞销的农产品打开销路，全面保障农户利益。不仅如此，贝店还紧抓电商直播风口，开展"原产地溯源直播""县长直播""网红公益直播"等多种直播助销形式，助销贫困地区水果生鲜超10 000 000千克。

在杭州发放"爱心扶贫"消费券，助销湖北恩施和贵州黔东南农村特色产品的活动中，贝店为定向消费券指定使用的电商平台之一。贝店精选两地14款优质农村特色产品，并安排多场直播进行推介，成功售出优质农村特色产品近5 000单，总销售额近30万元。

在一系列的扶贫实践中，贝店着眼于打造闭环的扶贫机制，从单纯地帮助"山货出山"，到塑造农村特色产品品牌、完善产业供应链、电商培训、公益助学等多领域、全方位帮扶，激发脱贫的内生动力。与传统扶贫相比，电商助农的特点在于科技赋能，贝店将大数据、云计算、智慧供应链等引入脱贫工作，用技术的力量为生产"加油"，为脱贫"提速"。

随着全国打赢脱贫攻坚战的进程，贝店将持续发挥电商平台的优势，让"电商助农+消费扶贫"模式持续"造血"，助力扶贫工作开展。

资料来源：环球网。

思考讨论题

1. 结合案例分析贝店电商成功的原因。

2. "贝店扶贫模式"能否面向全国推广？为什么？

3. 结合相关资料谈谈农村电商在乡村振兴中的重要作用。

第11章 | 电子商务法律

📖 **本章导读**

电子商务法律法规是电子商务健康发展的保障，它能够引导和规范电子商务活动，防范和减少交易风险，切实保护消费者的合法权益。本章将在介绍电子商务法的概念、性质与特点的基础上，针对电子商务经营活动中涉及的电子商务法律的主体、电子商务合同法、电子商务保护法和电子商务税收法这四个方面的内容进行重点阐述。

📚 **知识结构图**

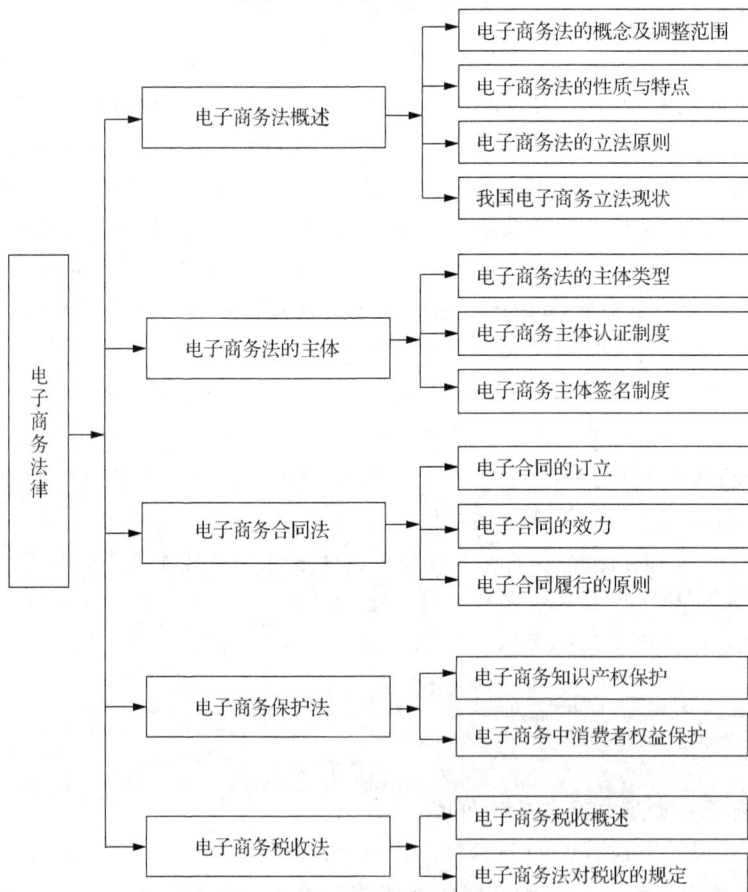

📑 **开篇引例**

打折"福袋"遭遇退货难

"反季促销，300元惊喜福袋"，小赵被一网商的福袋吸引，抱着捡漏心理，小赵一次性购买了三个福袋，但收到福袋后他发现福袋中的衣服均已缩水，想要退换却被对方以"打折商品概不退换"为由拒绝。2017年10月9日，小赵决定通过新闻渠道为自己讨个公道。

小赵是该网店的忠实粉丝，几乎每个季度都会在这家网店买一批衣服，对商家的衣服质量很有信心。当日，他看到福袋活动十分惊喜。每个福袋300元，里面有店主随意放置的三件衣服，小赵看了店主挂出的福袋，里面每件衣服的单价都超过100元，心想买了自己穿或送朋友都可以。小赵在向店主报了自己的身高、体重后，一口气买了三个福袋。

10月6日，小赵购买的福袋送到，可小赵挨个试完衣服后，才发现这些衣服都缩水了。于是，小赵和店主沟通，想换一下衣服的尺码，但对方却表示这些属于打折商品，不退不换，而且这一条例在网店宣传页上明确标注着。小赵说："以前店家推荐的尺码一直是对的，只有这次全部缩水，还不给换，这明显是在欺骗消费者。"小赵已经投诉店家，却迟迟未收到平台回复。

对此，山东众成清泰（德州）律师事务所律师黄鹏表示，"打折商品概不退换"本身就属于霸王条约，小赵可以将这些商品退回，至于投诉迟迟没有得到解决，属于平台管理问题。

资料来源：德州新闻网。

11.1 电子商务法概述

作为一种全新的、发展迅猛的贸易方式，电子商务给传统贸易带来了巨大的冲击，同时也给传统法律规范带来了空前的挑战和全新的研究课题。

11.1.1 电子商务法的概念及调整范围

1. 电子商务法的概念

电子商务法是运用现代信息技术手段，调整平等主体之间通过电子行为设立、变更和消灭财产关系和人身关系的法律规范的总称，包括电子商务活动的形式规范和实体性规范两类法律制度。

2. 电子商务法的调整范围

电子商务法根据电子商务的特殊性建立，不同于一般民商法，一般认为属于民商法的特别法。尽管如此，电子商务所涉及的社会关系远非电子商务法能够单独调整的，还需要与其他部门法结合使用。电子商务法针对电子商务领域特有的矛盾，解决其特殊性问题，实际上难以避免与其他法律交叉重复，因此，法律协调衔接十分重要。例如，涉及知识产权问题，就需要用知识产权法予以调整。原则上，应当依据《中华人民共和国立法法》处理法律体系的关系，从理论和制度上来说，无非是一般法与特别法、新法与旧法等关于法律体系适用的效力关系规则的应用问题。《中华人民共和国立法法》第九十二条规定，同一机关制定的法律、行政法规、地方性法规、自治条例和单行条例、规章，特别规定与一般规定不一致的，适用特别规定；新的规定与旧的规定不一致的，适用新的规定。根据上述法律适用原则，新法规定与现有法律原规定不一致的，适用新法规定。

电子商务法是规范和调整商务活动全过程、全方面社会关系的行为规范，电子商务法的调整对象是在线商业行为及其所形成的商事法律关系。电子商务主体、电子商务交易合同、电子商务相关权益保护、电子商务税收构成了电子商务法的调整范围。

学习思考

电子商务给传统法律带来了哪些挑战？电子商务法为何要不断修订和完善？

11.1.2 电子商务法的性质与特点

1. 电子商务法的性质

（1）电子商务法律主体的虚拟性

电子商务交易是在网络虚拟环境下进行的，是数字化商业活动。在线交易、在线服务、在线特殊交易等主体是虚拟的，交易主体不但通过网络联系，而且整个交易过程的各种信息均通过数据系统传递和完成，所以电子商务法律主体具有虚拟性。

（2）电子商务法律关系的复杂性

电子商务的高科技化和互联网络技术的专业性、复杂性，造成了电子商务交易关系的复杂性，也由此决定了电子商务法律关系的复杂性。一方面，电子商务交易中包含多重的法律关系。例如，电子商务交易必须在网络服务商和认证机构等第三方协助下才能完成，与传统交易双方相比，更多交易当事人参与了电子商务，使电子商务法的法律关系复杂化。另一方面，电子商务的虚拟性和隐蔽性强，更容易对知识产权、人格权等其他合法权益造成一定侵害，导致电子商务法需要调整的社会关系更为复杂。

（3）电子商务法律制度的体系性

电子商务法律制度涉及面很广，无法以统一的法典或单行法律予以囊括，而只能分别以单行法律制度的形式出现，数量繁多。但是，繁多的电子商务法律制度并不是杂乱无章的，而是按其内在联系形成一个有机的整体。例如，按照构成要素和交易活动分类，电子商务法律制度可以分为电子商务主体法律制度、电子合同法律制度、保护法律制度和税收法律制度等。

2. 电子商务法的特点

与传统的法律相比，电子商务法具有国际性、技术性、开放和兼容性和行业惯例性等特点。

（1）国际性。电子商务固有的开放性、跨国性，要求全球范围内的电子商务规则应该是协调和基本一致的。电子商务法应当通过多国的共同努力予以发展。联合国国际贸易法委员会制定的《电子商务示范法》为实现这种协调性奠定了基础。

（2）技术性。在电子商务法中，许多法律规范都是直接或间接地由技术规范演变而成的。例如，一些国家将运用公开密钥体系生成的数字签名，规定为安全的电子签名。这样就将有关公开密钥的技术规范，转化成了法律要求，对当事人之间的交易形式和权利义务的行使，都有极其重要的影响。

（3）开放和兼容性。所谓开放性，是指电子商务法要对世界各地区、各种网络开放；所谓兼容性，是指电子商务法应适应多种技术手段、多种传输媒介的对接与融合。

（4）行业惯例性。电子商务属于新生事物，在不断变化和发展，因此难以对电子商务的所有活动预先制定相关的法律、法规，应以行业普遍通行的惯例作为其行为的规范。

11.1.3　电子商务法的立法原则

电子商务法的立法原则主要包括以下几个。

1. 保护消费者权益原则

保护消费者的合法权益是电子商务法的根本出发点。电子商务法的保护消费者权益原则是指对网络环境下消费者的权益保护力度不能低于其他环境下对消费者的权益保护力度。

2. 安全性原则

安全是电子商务得以发展的前提和保障。安全性原则是指确立保障电子商务交易的安全规范，使电子商务在安全和公平的法律环境下运行。该原则体现在有关数据电文、电子合同、电子签名、电子认证、电子支付等的法律中。

3. 功能等同原则

电子商务法的功能等同原则是指当电子单证、票据或其他文件与传统的纸面单证、票据或其他文件具有同等的功能时，我们就应当肯定其法律效力并在法律上予以同等对待。

4. 媒介中立原则

媒介中立原则是指法律对于交易是采用纸质媒介还是采用电子媒介（或其他媒介）都应一视同仁，不因交易采用的媒介不同而区别对待或赋予不同的法律效力。

5. 技术中立原则

技术中立原则是指法律对电子商务的技术手段一视同仁，不限定使用或不禁止使用何种技术，也不对特定技术在法律效力上进行区别对待。

6. 最低程度原则

最低程度原则是指电子商务立法仅是为电子商务扫除现存的障碍，并非全面建立一个有关电子商务的新的系统性的法律，而是尽量在最低的程度上对电子商务订立新的法律，尽可能将已经存在的法律适用到电子商务中。

11.1.4　我国电子商务立法现状

我国电子商务起步较晚，但是为了适应电子商务的发展，我国已着手解决电子商务的有关法律问题，不仅对一些法规做了一定的修改，还出台了一系列规则。2004 年颁布实施了《中华人民共和国电子签名法》（以下简称《电子签名法》），确认了电子签名的法律效力和电子认证的规范；2005 年国务院办公厅发布了《关于加快电子商务发展的若干意见》，这是我国电子商务领域的第一个政策性文件，对指导新时期的电子商务发展和信息化建设，具有十分重要的意义。2008 年中华人民共和国商务部颁布《网络购物服务规范》、2010 年国家工商行政管理总局（现为国家市场监督管理总局）颁布《网络商品交易及有关服务行为管理暂行办法》、2012 年中国互联网络信息中心重新修订了《中国互联网络域名管理办法》并正式实施。此外，中国人民银行对于电子商务电子支付领域颁布了多项指导政策，《中华人民共和国海关法》《中华人民共和国专利法》《中华人民共和国刑法》等法律制度也不同程度地涉及有关电子商务的相关规定。

与此同时，针对电子商务行业乱象屡屡被曝出，刷单、擅自改差评、快递损坏、大数据"杀熟"等现象的出现，2013 年我国正式启动《中华人民共和国电子商务法》（以下简称《电子商务法》）的修订，并历经四审最终于 2019 年 1 月 1 日起正式实施，这是我国电子商务领域的首部综合性法律，对整个电子商务行业来说意义重大。《中华人民共和国电子商务法》实施后，整个电子商务行业将有法可依。

2021 年 1 月 1 日正式实施的《中华人民共和国民法典》更是重点明确了电子商务场景下的电子合同订立规则，使网购交易权益更有保障。

11.2 电子商务法的主体

11.2.1 电子商务法的主体类型

电子商务法律主体是指在电子商务法律关系中享有权利或者承担义务的人。电子商务法律的主体包括电子商务网站、在线企业、在线个人用户等。

1. 电子商务网站

电子商务网站是一类重要的电子商务法律主体，主要分为信息型商务网站、交易型商务网站、综合型商务网站三类。

2. 在线企业

在线企业的类别与传统商务的类别是一致的，是现实企业向数据电子领域延伸的结果，生产加工型企业、批发零售或代理企业、咨询或服务企业等都可以在网络中使用各种方式参与交易。在线企业将经营领域拓展到网上，通过网络宣传、销售产品或提供服务建立与客户的联系。

3. 在线个人用户

在线个人用户是指参与电子商务活动，设立、变更、解除或终止电子商务法律关系的自然人。

11.2.2 电子商务主体认证制度

要确保参加电子商务活动的各类主体能够建立起信任关系，并获得公正的、权威的交易环境，主体认证制度十分必要。

1. 电子认证的概念

电子认证是确认和审核电子商务参与主体资格和状态的重要模式，是指以电子认证服务提供商为中心，由其依照法律规定审验电子签名使用人的身份、资格等属性，确保电子签名与签名使用人之间唯一对应的具有法律意义的服务。

2. 电子商务认证机构及服务内容

认证机构（CA），又称为认证中心、验证机构、认证证书管理中心等，是指提供用户身份验证服务，能对电子商务中的用户颁发数字证书的第三方机构。

电子认证机构作为电子商务中承担安全电子交易认证服务、签发电子认证证书（注：电子认证证书，又称数字证书，是证实电子商务主体身份及其对网络资源访问权限的特定化电子信息），并能确认用户身份的服务机构，其存在是开放性电子商务活动得以健康发展的重要保障。具体来讲，电子商务认证机构的主要服务功能包括：制作、签发、归档、撤销、更新管理电子认证证书；确认签发的电子认证证书的真实性；提供电子认证证书目录信息查询服务；提供电子认证证书状态信息查询服务；保管公共密钥，应有关当事人的申请进行身份认证。

11.2.3　电子商务主体签名制度

1.　电子签名立法

电子签名是指数据电文中以电子形式所含、所附用于识别签名人身份并表明签名人认可其中内容的数据。电子签名作为识别电子商务交易对方身份的常用手段，已在实践中为交易各方普遍接受和认同。当前，世界各国与地区组织在电子签名上都达成了较为一致的看法，纷纷通过立法对电子签名进行规范和约束。为了适应电子商务、电子政务发展的需要，保障电子商务交易安全，维护有关各方的合法权益，我国于 2004 年审议通过了《中华人民共和国电子签名法》，并于 2019 年进行了修订。

2.　电子签名的实现方式

目前的法律仅规定了电子签名的形式，并从功能、效果的角度对电子签名提出了要求，但未指定具体的实现方式或技术手段。因此，只要采用满足法律法规对电子签名要求的实现方式，该电子签名都具有与手写签名同等的法律效力。就当前的技术而言，电子签名的实现方式主要包括以下三种。

（1）数字签名

数字签名是基于公钥基础设施（Public Key Infrastructure，PKI）运用非对称加密系统和哈希函数变换的电子记录组成的电子签名方式。数字签名是目前国内外电子商务、电子政务中应用最普遍、技术最成熟、可操作性最强的电子签名方法之一。数字签名除了具有传统签名的身份识别、防止否认、确认完整性功能外，还具有数据保密等新增功能。数字签名被认为是目前最适合互联网和广域网的安全认证。

（2）电子化签名

电子化签名是通过一定的技术，将签名者传统的手写签名进行模式识别和转换的电子签名方式。电子化签名需要通过高度精确的模式识别技术、笔迹压缩技术和加密技术等实现，并需将手写签名样式进行加密和留存，以便进行真伪验证。

（3）生理特征签名

生理特征签名是将人的生理特征，如指纹、声音、瞳孔、面部特征等，通过生物识别技术转换为身份识别依据的签名方式。生理特征签名是现代生物技术与计算机技术的结合，用户不需要签名行为，而是由生物识别系统自动采集、处理，完成对用户的身份认证。例如，一些地方启动人脸识别系统，建立了退休人员动态信息库，每年退休人员认证时只需"刷脸"即可。这种签名方式简单、高效，而且还大大提高了签名的安全性和可靠性。

3.　电子签名的法律效力

《电子签名法》第三条规定，民事活动中的合同或者其他文件、单证等文书，当事人可以约定使用或者不使用电子签名、数据电文。当事人约定使用电子签名、数据电文的文书，不得仅因为其采用电子签名、数据电文的形式而否定其法律效力。《电子签名法》第十四条规定，可靠的电子签名与手写签名或盖章具有同等的法律效力。

根据《电子签名法》第十三条，电子签名同时符合下列条件的，视为可靠的电子签名：电子签名制作数据用于电子签名时，属于电子签名人专有；签署时电子签名制作数据仅由电子签名人控制；签署后对电子签名的任何改动能够被发现；签署后对数据电文内容和形式的任何改动能够被发现。

11.3 电子商务合同法

电子商务合同（以下简称"电子合同"）是指电子商务交易主体设立、变更、消灭民事法律关系的协议。电子合同借助数据电文方式，打破了传统合同的旧模式，具有高效率、低成本、全球化、无纸化的特点，在现代社会发挥着越来越重要的作用。

11.3.1 电子合同的订立

《中华人民共和国民法典》（以下简称《民法典》）第四百七十一条规定："当事人订立合同，可以采取要约、承诺方式或者其他方式。"电子合同的订立是指电子商务交易当事人做出要约和承诺意思表示并达成合意的行为和过程。2018 年 8 月 31 日，第十三届全国人民代表大会常务委员会第五次会议通过了《电子商务法》，其中的第三章为"电子商务合同的订立与履行"，专门对电子商务合同进行了法律规定。

《电子商务法》第四十八条规定，电子商务当事人使用自动信息系统订立或者履行合同的行为对使用该系统的当事人具有法律效力。在电子商务中推定当事人具有相应的民事行为能力。但是，有相反证据足以推翻的除外。

《电子商务法》第四十九条规定，电子商务经营者发布的商品或者服务信息符合要约条件的，用户选择该商品或者服务并提交订单成功，合同成立。当事人另有约定的，从其约定。电子商务经营者不得以格式条款等方式约定消费者支付价款后合同不成立；格式条款等含有该内容的，其内容无效。

《电子商务法》第五十条规定，电子商务经营者应当清晰、全面、明确地告知用户订立合同的步骤、注意事项、下载方法等事项，并保证用户能够便利、完整地阅览和下载。电子商务经营者应当保证用户在提交订单前可以更正输入错误。

《电子商务法》第五十一条规定，合同标的为交付商品并采用快递物流方式交付的，收货人签收时间为交付时间。合同标的为提供服务的，生成的电子凭证或者实物凭证中载明的时间为交付时间；前述凭证没有载明时间或者载明时间与实际提供服务时间不一致的，实际提供服务的时间为交付时间。合同标的为采用在线传输方式交付的，合同标的进入对方当事人指定的特定系统并且能够检索识别的时间为交付时间。合同当事人对交付方式、交付时间另有约定的，从其约定。

11.3.2 电子合同的效力

1. 电子合同的生效

电子合同的生效，是指已经成立的电子合同对当事人产生一定的法律效力。合同成立与生效的效力及产生的法律后果和拘束力不同。合同成立是合同生效的前提，但成立后的合同并不必然产生当事人所追求的法律效果，只有符合法律规定的生效要件的合同才会产生法律拘束力，即如果一方当事人不履行合同义务，另一方当事人则可以依靠国家强制力强制当事人履行合同并要求其承担违约责任。

在电子合同成立时间上，《民法典》也做了相应规定。《民法典》吸收了《电子商务法》第四十九条规定，重申了电子合同订立的时间点为提交订单成功之时。例如，电商平台的格式条款中，约定"以商品出库为合同成立的标志"，没有在提交订单十日内供货，后来形成诉讼，法院认定的格式条款无效，认定其违约，承担违约责任。

电子合同生效必须满足电子合同当事人具有相应的民事行为能力；当事人意思表示一致且真实；合同的内容不得违反法律或者社会公共利益等要件。电子商务交易双方可以约定生效条件或期限。一方面，当事人对合同的效力可以约定附条件。附生效条件的合同，自条件成就时生效；附解除条件的合同，自条件成就时失效。但是，当事人不正当地阻止条件成就的，视为条件已成就；不正当地促成条件成就的，视为条件不成就。另一方面，当事人对合同的效力可以约定附期限。附生效期限的合同，自期限届至时生效；附终止期限的合同，自期限届满时失效。

此外，在合同效力问题上，《民法典》特别强调了电子合同条款，即《民法典》强调了提供格式条款一方的提示和说明义务，如果致使对方没有注意或者理解与其有重大利害关系的条款的，对方可以主张该条款不成为合同的内容。在电子商务领域，除了用户协议、服务协议之外，商品页面的信息以及店堂告示信息也可能构成格式条款。例如，某卖家在商品页面介绍中有"不仔细检查直接签收导致的经济损失需由买家单方面承担"的内容，形成诉讼后，法院认定该约定属于格式条款，不合理地免除卖家责任，加重买家责任，不产生法律效力。

2. 电子合同的无效情形

当出现以下情形之一的，电子合同无效：恶意串通，损害国家、集体或者第三人利益；一方以欺诈、胁迫的手段订立合同，损害国家利益；以合法形式掩盖非法目的；损害社会公共利益；违反法律、行政法规的强制性规定。合同无效、被撤销或者终止的，不影响合同中独立存在的有关解决争议方法的条款的效力。

当电子合同约定了免责条款，约定对造成对方人身伤害的、因故意或者重大过失造成对方财产损失的免责条款无效。此外，电子商务交易双方采用格式条款签订合同的，提供格式条款一方免除其责任、加重对方责任、排除对方主要权利的，该条款无效。

合同无效或者被撤销后，因该合同取得的财产，应当予以返还；不能返还或者没有必要返还的，应当折价补偿。有过错的一方应当赔偿对方因此所受到的损失，双方都有过错的，应当各自承担相应的责任。当事人恶意串通，损害国家、集体或者第三人利益的，因此取得的财产收归国家所有或者返还集体、第三人。

11.3.3 电子合同履行的原则

相关人员在电子合同履行过程中应遵循以下原则：首先，电子合同当事人要按照合同约定的标的、数量、质量、价款、期限、地点、方式等条款，全面履行合同所规定的义务；其次，电子合同当事人要正确行使合同权利，履行合同义务，防止违约情况发生；最后，电子合同当事人要根据合同的性质、目的和交易习惯履行通知、协助、保密等义务，积极协助对方完成合同履行。

11.4 电子商务保护法

电子商务环境下，如何防止虚拟、开放的电子交易侵害知识产权与消费者权益，已经成为电子商务法律的重要组成部分。

11.4.1　电子商务知识产权保护

电子商务以其独特的数据电文方式，完全打破了知识产权体系的地域空间概念，易于在全世界范围内复制和传播，使得产权保护非常困难。

1. 著作权保护

著作权是指作者对其作品所享有的专有权利。电子商务中的著作权又被称为网络著作权。和普通著作权一样，网络著作权也包括人身权利和财产权利两大部分。人身权利主要指发表权、署名权、修改权和保护作品完整权；财产权利又称经济权利，是指著作权人自己使用或者授权他人以一定方式使用作品而获取物质利益的权利，主要包括复制权、发行权、出租权、展览权、表演权、放映权、广播权等。

我国目前对于网络著作权的法律保护主要有以下几个方面：一是 WTO 规则涉及知识产权保护的《与贸易有关的知识产权协议》；二是 2020 年修订的《中华人民共和国著作权法》及其实施条例；三是 2013 年修订的《计算机软件保护条例》和 2013 年施行的修改后的《信息网络传播权保护条例》。上述协议、法律和条例对网络著作权的保护起到了重要作用。

📚 **阅读资料 11-1**

郑某与百度公司的著作权纠纷

1. 基本案情

郑某拥有原创文章《这样烘焙比萨，一个月都吃不腻！》及所附20张原创图片的著作权。后发现在百度公司经营的百家号平台上，某个百家号未经其许可全文转载了该文章及20张图片，故向百度公司寄送律师函，要求删除侵权文章及图片。百度公司于次日签收该邮件，发现该律师函未提供著作权人主体身份信息及文章权属证明文件，随后主动联系郑某的代理人请其补充提供。郑某的代理人补充提交相关材料，百度公司于7天后删除了侵权文章和图片。郑某认为百度公司的处理已超出了合理期限，故诉请判令百度公司赔偿经济损失30 000元。

百度公司辩称，百家号平台属于网络服务提供者，应适用"通知-删除"的避风港原则；郑某首次邮寄的律师函没有提供权属证明文件，属于无效通知；百度公司在收到补充文件后已及时处理，不应承担法律责任。

2. 案情分析

广州互联网法院经审理认为，百度公司作为网络服务提供者，未从服务对象提供的作品中直接获得经济利益，且郑某的摄影作品并非具有广泛的知名度，足以让百度公司知道或者应当知道涉案百家号提供的作品侵犯其著作权。百度公司在相关服务协议中已经明确禁止用户上传侵犯他人知识产权的信息，且专门设置了针对侵权举报的便捷程序并在平台内进行了公示，已尽到事前警示义务。郑某首次发出的律师函没有提交任何权属证据，属无效通知；百度公司收到补充材料后经过7天的研判后，及时地删除了侵权文章及图片，并未超出合理期限，无须承担侵权责任。

3. 法院判决

经法院最终裁决，驳回郑某的全部诉讼请求。

4. 典型意义

通知是否"合格"，删除是否"及时"，是对网络服务提供者适用"通知-删除"规则，认定应否免除其承担侵权责任的两个重要因素。本案明确了只有包含清晰权属证明以及具体侵权链接的通知才是"合格"的通知；网络服务提供者在接到侵权通知后应当及时删除侵权作品，而对于多长时间为"及时"，应当结合网络服务提供者的平台规模等情况进行具体分析和综合判定。

资料来源：广州互联网法院。

2. 专利权保护

专利分为发明、实用新型和外观设计。其中，发明是指对产品、方法或者其改进所提出的新的技术方案；实用新型是指对产品的形状、构造或者其结合所提出的适于实用的新的技术方案；外观设计是指对产品的形状、图案或者其结合，以及色彩与形状、图案的结合所做出的富有美感并适于工业应用的新设计。围绕发明、实用新型和外观设计所拥有的专用权即为专利权。电子商务往往涉及密码技术、信息处理及检索等发明、实用新型和外观设计的应用，因此，电子商务中专利权的保护成为一项重要需求。

3. 商标权法律保护

商标是产品和服务的专用标识。当前，商标保护制度已经扩展到电子商务领域。电子商务商标常见侵权情形主要包括以下几种。①网页图标或内容中的商标侵权。网页图标或内容中的商标侵权是指将他人商标移作自己网页的图标，或者将他人注册商标设计为自己网页的一部分，使自己经营的电子商务与商标权人的商务造成混淆，构成商标侵权。②网页链接中的商标侵权。其是指使用他人的知名商标、字号、商品（服务）名称作为链接标志，以吸引浏览者点击的商标侵权行为。③隐性商标侵权。隐性商标侵权的特征是某个网站将他人的商标埋置在自己网页的源代码中，这样虽然用户不能在该网页上直接看到他人的商标，但是当用户使用网上搜索引擎查找该人的商标时，该网页就会位居搜索结果的前列。④电子商务中，还存在通过网络广告、远程登录数据库检索、电子邮件账户，以及在电子商务活动中假冒、盗用他人的注册商标推销、兜售自己的产品或服务，或者在网上随意诋毁他人商标等侵权行为。

4. 域名权法律保护

域名是伴随信息技术的发展而产生的，是一种新型的知识产权的客体。域名是互联网络上识别和定位计算机的层次结构式的字符标识，与该计算机的互联网协议地址相对应。域名在全球范围内具有唯一性，具有潜在的商业价值。由于域名具有国际性，所以域名权纠纷自然也涉及全球。

为了妥善解决域名注册和纠纷问题，2001 年 7 月 24 日，最高人民法院颁布了《关于审理涉及计算机网络域名民事纠纷案件适用法律若干问题的解释》，该解释成为我国各级法院审理相关案件的指导性文件。中华人民共和国信息产业部（现为中华人民共和国工业和信息化部）在 2002 年 8 月 1 日公布了《中国互联网络域名管理办法》。中国互联网络信息中心在 2006 年制定了《中国互联网络信息中心域名争议解决办法》。

需要说明的是，《中国互联网络信息中心域名争议解决办法》适用的域名争议仅限于由中国互联网络信息中心负责管理的 CN 域名和中文域名的争议；并且，所争议域名注册期限满两年的，域名争议解决机构不予受理。

11.4.2 电子商务中消费者权益保护

1. 限制和排除不正当竞争

不正当竞争行为是指经营者违反法律规定，扰乱电子商务竞争秩序，损害其他经营者合法权益的行为，该类行为同时侵犯了消费者的合法权益。在电子商务领域中，不正当竞争行为主要包括产品或服务混淆行为、仿冒行为、网上虚假广告宣传、商业贿赂、侵犯商业秘密、低价倾销、不正当有奖销售、诋毁他人商誉、串通投标、协议垄断、滥用市场支配地位等。

案例讨论

网购引发纠纷，男子状告电商及购物网站

市民刘某通过某购物网站向某某专卖店购买了一台电风扇，该电风扇在购物平台上号称"原价为699元，促销价格为199元包邮"。但买过之后刘某发现该电风扇存在质量问题，于是向购物网站投诉，要求退货退款、运费由专卖店承担。刘某随后又改变维权诉求，他要求电商退货退款并赔偿597元。刘某的要求遭到电商及购物网站拒绝。刘某认为，卖家标注原价为699元属于价格欺诈，因为他查询发现，该商品在网上标出的参考价为239元，厂家参考价应为产品指导价（即原价），卖家因价格欺诈应赔偿原告3倍购买款共597元。

对于刘某的起诉，专卖店有关负责人称，他们已与原告达成和解，并向原告支付了三倍价款597元。原告属于重复诉讼、恶意诉讼。据专卖店介绍，原价应以同一经营者降价前后进行对比，并非与其他经营者的价格进行对比。

此案经法院审理，最终判决购物网站不存在虚假销售问题，驳回原告的诉讼请求。

分析：

本案例中原告刘某提供官网截图、网络交易平台上其他店铺销售成交截图等，欲用以证明被告专卖店价格欺诈。但根据相关法律，企业在不同平台以不同的价格销售商品并不违反有关价格欺诈规定，因此不能认定专卖店的行为构成价格欺诈。法院最终判决驳回原告刘某的诉讼请求。

---

2. 保护消费者的隐私权

在传统交易模式中，隐私权并不属于消费者权益保护的范围，《中华人民共和国消费者权益保护法》也未对此做出规定。但是在电子商务中，基于网络交易的特殊性，消费者隐私权保护问题往往是消费者权益保护中的一个重要问题。

电子商务中的隐私是指消费者因为从事电子商务而产生的、与公共利益无涉又不想为人所知的个人信息。具体来说，个人登录相关网站的身份、个人的信用卡、上网账号和密码、交易账号和密码、邮箱地址、网络活动踪迹，如 IP 地址、浏览踪迹、活动内容等个人信息都属于电子商务活动中消费者的隐私。电子商务中侵犯消费者隐私权的表现形式主要有以下两个：一是任意搜集消费者的个人信息；二是非法转让个人数据。当前，消费者对网络购物越来越依赖，不法分子收集和储存消费者信息的途径越来越多，消费者的隐私很容易被窃取，因此采取有效措施保护消费者的隐私权是当务之急。

学习思考

如何通过法律来保护消费者在电子商务中的隐私权？

---

3. 充分维护消费者权益

一般来讲，消费者权益包括安全保障权、知情权、自主选择权、公平交易权、依法求偿权、监督批评权、依法结社权等权利。由于网络具有虚拟性、匿名性等特征，对消费者的知情权、公平交易权、依法求偿权、监督批评权的保护尤为重要。

维护消费者权益主要有外部监管和行业自律两种途径。其中，外部监管主要是通过法律、法规及行业主管部门实施。例如，北京市市场监督管理局发文明确要求：利用因特网从事经营活动的经营者提供商品或服务时，应当按照国家有关规定或商业惯例向消费者出具购货凭证或服务单据；消费者索要购货凭证或者服务单据的，网上经营者必须提供。另外，各级消费者协会也能在维护消费者权益方面发挥重要的作用。

当前，各级机构已经开始重视电子商务的消费者权益保护问题，严厉打击网络欺诈等行为，努力保护消费者的知情权、依法求偿权、公平交易权、监督批评权等。

阅读资料 11-2

最高检：对"网红代言""直播带货"中的违法行为严肃查处

2021年2月20日，在最高检厅长网络访谈活动上，最高检第八检察厅厅长胡卫列表示，对"网红代言""直播带货"中的违法行为将严肃查处。

最高检决定自2020年7月至2023年6月，开展为期三年的"公益诉讼守护美好生活"专项监督活动，规定了将外卖包装材料安全、"网红代言"和"直播带货"等网络销售新业态涉及食品安全及监管漏洞作为重点监督领域。

胡卫列表示，随着网络经济的发展，"网红代言""直播带货"等线上经济持续火爆，但行业缺乏监管等多种乱象引起不少消费者不满，社会各界也广泛关注着外卖包装材料引起的食品安全问题，这些伴随新业态发展产生的食品安全问题，对广大消费者的生命健康权构成了潜在侵害风险。

胡卫列指出，为更好回应人民群众新期待、新需求，最高检将网络销售食品外卖包装材料不符合规定、"网红代言"和"直播带货"等涉及食品安全问题等作为专项监督活动的重点监督领域，旨在引导各级检察院全面依法履行公益诉讼检察职责，督促行政机关加强监管，对相关违法行为依法严肃查处，切实保护消费者合法权益。

资料来源：中新经纬App。

11.5 电子商务税收法

11.5.1 电子商务税收概述

1. 电子商务税收的概念

电子商务税收的概念有广义和狭义之分。广义的电子商务税收与广义的电子商务概念相对应，是指对一切以电子方式进行的商务活动所进行的税收征管。这里的电子方式除了互联网外，还包括电话、传真、电报、电视及 EDI 等。狭义的电子商务税收与狭义的电子商务概念相对应，仅指对通过互联网开展的商务活动所进行的税收征管。由于通过互联网外的其他电子方式进行的商务活动的税收征管，已为传统税收法所涵盖，因此，除非特别说明，一般所说的电子商务税收就是狭义的电子商务税收。

2. 电子商务税收的特征

与传统商务税收相比，电子商务税收除具有强制性、无偿性和固定性等基本特征外，还有一些自身的特征，具体如下。

（1）纳税主体虚拟化

在传统商业领域中，纳税主体身份较为明确。但网络的匿名性、虚拟性等特点，使得电子商务的交易行为发生在虚拟空间，纳税主体也呈现虚拟化的特征，为税收征管带来了新的挑战。

（2）纳税地点难以确定化

电子商务以互联网为交易载体，网络所具有的开放性，使得交易不具备地域性特征。因此，税收机关很难确定交易在何地、何时进行。

（3）交易凭证电子化

依据传统的税法，税收征管建立在纸质账簿、凭证的基础之上，税务机关对纳税人的纸质交易凭证（包括合同、发票、账簿、凭证）进行审查，然后决定税收的征缴。但电子商务交易的信息完全是无纸化的，纸面的账簿和凭证已经不复存在，整个电子商务过程的交易记录都变成了电子记录，这使得凭证追踪审计失去了纸面基础。再加上加密技术的应用，税务机关难以获取真实和充分的征税事实依据。

3. 电子商务税收管辖权

税收管辖权是指一国政府对一定的人或对象征税的权力。税收管辖权标准的确定原则主要有：属地原则与属人原则，属地原则是指依税基的来源地作为其征税权力所遵循的原则；属人原则是指依纳税人的居住地、注册地作为其征税权力所遵循的原则。

然而，在电子商务环境下，网络空间的全球性、虚拟性使得税收管辖区域的界限变得模糊。实践中，尽管各国对电子商务税收管辖进行了大量探索和总结，但由于国家间不同税系的原因，电子商务税收管辖权的确定存在着困难。

11.5.2　电子商务法对税收的规定

2019年1月1日起，我国正式施行的《电子商务法》第十条规定："电子商务经营者应当依法办理市场主体登记。但是，个人销售自产农副产品、家庭手工业产品，个人利用自己的技能从事依法无须取得许可的便民劳务活动和零星小额交易活动，以及依照法律、行政法规不需要进行登记的除外。"《电子商务法》第十一条明确规定："电子商务经营者应当依法履行纳税义务，并依法享受税收优惠。"

《电子商务法》第十一条同时规定，即便不需要办理市场主体登记的电子商务经营者在首次纳税义务发生后，也应当依照税收征收管理法律、行政法规的规定申请办理税务登记，并如实申报纳税。这意味着即使是淘宝上的小店铺或者通过微商等形式进行零星小额交易的经营者，都应如实申报纳税。

《电子商务法》第十四条规定："电子商务经营者销售商品或者提供服务应当依法出具纸质发票或者电子发票等购货凭证或者服务单据。电子发票与纸质发票具有同等法律效力。"这一规定，明确了电子商务经营者开票的法定责任，堵塞了商家通过不提供发票而逃避征税的漏洞。

练习题

一、单选题

1. （　　）原则是指法律对电子商务的技术手段一视同仁，不限定使用或不禁止使用何种技术，也不对特定技术在法律效力上进行区别对待。

    A. 功能等同　　　　B. 媒介中立　　　　C. 技术中立　　　　D. 安全性

2. 电子商务法的特点不包括（　　）。

    A. 虚拟性　　　　　B. 技术性　　　　　C. 开放性　　　　　D. 兼容性

3. 电子商务法律的主体不包括（　　）。

    A. 电子商务网站　B. 离线企业　　　　C. 在线企业　　　　D. 在线个人用户

4. （　　）是指已经成立的电子合同对当事人产生一定的法律效力。

    A. 电子合同签订　B. 电子合同执行　　C. 电子合同生效　　D. 电子合同变更

5. 电子商务税收的特征不包括（　　）。

    A. 纳税主体虚拟化　　　　　　　　B. 纳税地点难以确定化

    C. 交易凭证电子化　　　　　　　　D. 纳税申报线下化

二、多选题

1. 电子商务法律的主体包括（　　）。

    A. 在线企业　　　B. 传统企业　　　　C. 在线个人用户

    D. 线下个人用户　E. 电子商务网站

2. 电子商务法的调整范围包括（　　）。

    A. 电子商务主体　　　　　　　　　B. 电子商务交易合同

    C. 电子商务相关权益保护　　　　　D. 电子商务税收

    E. 电子商务物流

3. 电子商务认证机构的主要服务功能包括（　　）。

    A. 制作、签发、归档、撤销、更新管理电子认证证书

    B. 确认签发的电子认证证书的真实性

    C. 提供电子认证证书目录信息查询服务

    D. 提供电子认证证书状态信息查询服务

    E. 保管公共密钥，应有关当事人的申请进行身份认证

4. 电子签名的实现方式包括（　　）。

    A. 数字签名　　　B. 手写签名　　　　C. 印章签名

    D. 电子化签名　　E. 生理特征签名

5. 电子商务活动中消费者的隐私包括（　　）等。

    A. 个人登录相关网站的身份　　　　B. 个人的信用卡

    C. 交易账号和密码　　　　　　　　D. 上网账号和密码

    E. 网络活动踪迹

三、名词解释

1. 电子商务法

2. 电子认证

3. 电子商务合同

4. 不正当竞争行为

5. 税收管辖权

四、简答及论述题

1. 电子商务法具有哪些性质？

2. 如何充分维护消费者权益？

3. 电子合同的无效情形有哪些？

4. 试论述电子商务法的立法原则。

5. 试论述电子签名的法律效力。

案例讨论

快递被虚假签收，导致电子商务企业损失100多万元

小陈是杭州黯涉电子商务有限公司的售后服务人员。公司注册于2010年，是杭州余杭区临平的大型电子商务企业，也是较早入驻淘宝、天猫的网店之一。随着销售量的增加，相应的退、换货问题时有发生。小陈说："按照公司规定，退货少件、错退及不符合规定的退（换）货包裹应当一律拒签。但现在很多退（换）货的包裹还没送到公司的仓库，就已经被快递公司提前签收，这么做的后果就是，我们时常还没来得及开包验货，买家便以'卖家已经正常收货'为由要求淘宝或天猫小二判决及时退款，一旦退款成功，这部分应当拒签的退（换）货服装的损失只能由我们自己承担。"小陈解释说："仅过去的三个月时间内，相关损失已经达到100多万元。"

小陈说："我此前也问过快递员，为什么提前签收，但快递员大多以'我不知道，我只是送货的'为由搪塞过去。明明是下午两点才送来的快递，却在七八个小时前已经被快递公司提前签收了，这不是造假吗？"而因为虚假签收的事，小陈曾不止一次和各个快递公司的快递员有过争论，但收效甚微。

资料来源：人民网。

思考讨论题

1. 电子商务活动中为什么存在着虚假签收的现象？

2. 结合案例谈谈虚假签收快递应承担的法律责任。

电子商务综合案例分析 | 第12章

本章导读

本章将介绍拼多多、京东、淘宝网和红蜻蜓这四个分别代表C2M电商、B2C电商、C2C电商及传统企业转型电商企业的案例。对这些典型的电子商务案例进行深入剖析，有助于进一步加深我们对电商活动的理解。

知识结构图

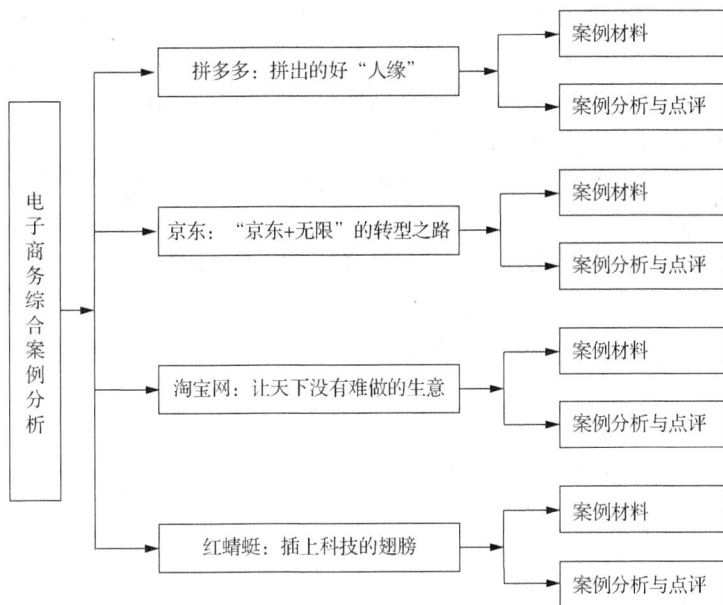

12.1 | 拼多多：拼出的好"人缘"

12.1.1 案例材料

拼多多成立于2015年，是一家专注于C2M拼团的第三方社交电商平台，仅仅成立3年就在美国纳斯达克成功上市。根据拼多多2021年3月17日发布的财报，截至2020年年底，拼多多年成交额（GMV）为16 676亿元，同比增长66%；营业收入为594.919亿元，同比增长97%；活跃买家数达7.884亿，成为中国用户规模最大的电商平台。在电商领域，拼多多探索出了一条社交加电商的组合之路，打开了电商与社交的通路。拼多多成为社交加电商模式的代表企业并取得了不错的成绩。

拼多多的创始人黄峥放弃了令人羡慕的高薪工作，选择了自己创业。黄峥是一个成功的连续创业者，先后成功创办两家互联网公司，也正是多年在电商领域摸爬滚打的经验，让他看到了常人难以发现的商机。黄峥注意到 2015 年正是微信、微博等社交平台急剧扩张的时期，这些社交平台每天都有数以亿计的流量，但各平台尚未有效建立对应的商业模式，流量的利用率相当低，但其发展潜力巨大，潜在商机也孕育其中。

社交加电商的商业模式之前就有人尝试过，而且是巨头之间的"联姻"，最为瞩目的就是腾讯与京东的合作。作为国内社交第一巨头的腾讯，在线上社交领域拥有微信和 QQ 这两大国内应用最为广泛的即时通信工具。曾经腾讯与京东的"联姻"被认为会创造巨大价值，然而，二者联手多年都没有擦出多少火花。与此同时，阿里巴巴也希望在社交流量中分一杯羹，打造了支付宝社交支付加电商生态圈，结果处处碰壁，遗憾退场。因此，业内几乎默认了社交加电商不是原先预想的干柴与烈火，而是水火不相容。但黄峥不这样认为，他看到了一个全新的商业模式，他要重新赋能社交与电商，激发新的活力。

1. 拼好货平台诞生

2015 年 4 月，拼好货 App 正式进入大众视野，黄峥将其定位于专注于水果、生鲜品类的社交电商，拼好货以拼单玩法为切入点，通过微信朋友圈等社交平台邀请好友参团，人数到达拼团的规定人数则拼单自动生效。从后台采购到前端销售，拼好货采用的是 B2C 自营的销售模式，搭建了一整套专门的供应链体系、物流体系和仓储体系，所有流程全部由团队自己负责，模式类似于京东。这一阶段的拼好货由于拼团模式新颖，仅上线一个月就获得了 800 万美元的 A 轮融资，几个月后又获得了千万美元的 B 轮融资。但拼好货专注的主要是生鲜领域，生鲜由于保质期短、运输过程中损坏程度高，所以对供应链体系的要求很高。由于拼团模式的独特性及产品价格低廉，拼好货的销售额在短期内迅速增长，但仓储与物流渐渐跟不上订单的增长速度，开始出现订单太多而发不出货、水果在运输过程中大规模腐烂、用户退不了货、用户退不了款的情况。黄峥及时调动先前公司的团队，迅速建立成熟的仓配运输体系，这才转危为安。2015 年年底，拼好货又完成了千万美元级别的融资。

2. 拼多多成立

拼好货发展迅速，但局限性也显而易见，生鲜类社交电商规模有限，很难达到京东、阿里巴巴的层次。在拼好货的发展历程中，黄峥看到了社交加电商这一组合的巨大潜力，拼好货只发掘了这一巨大宝藏的冰山一角，需要更加成熟、系统的商业模式来挖掘这份潜力。

于是在拼好货的基础上，拼多多于 2015 年 9 月成立，新项目依旧着眼于社交加电商模式，同样采取拼单玩法，但它与拼好货平台本质上的不同是，拼多多不聚焦于某一类垂直领域产品，而是经营多种产品。如果说拼好货强调的是产品体验，采取自建供应链的自营模式，那么拼多多则是让供应商入驻、与物流第三方合作的平台模式，其本质是商家入驻的全品类电商平台。

同时，拼多多的社交加电商模式很简单，用户看中一款商品就可向亲朋好友发送拼单邀请，拼单成功后便能以更低的价格买到商品。用户借助微信社交网络分享完成拼单，实现了裂变。这种通过沟通分享形成的社交理念，形成了拼多多独特的新社交电商思维。

与在传统团购网站（如美团、百度糯米、拉手网）等购买商品时没有人数限制，1 个人和 100 个人购买，都是同一价格，消费者无从知晓商家给出的是否真的是超低价相比，拼多多的团购方式更有吸引力。在拼多多上，每个商品都有单独购买价格和拼团价格，若选择拼团购买，开团支付成功后获取转发链接，邀请好友参团，参团成员也可以分享该团购链接，邀请更多的团员参团，在规定时间内邀请到相应人数支付购买则拼团成功。如果未达到人数则拼团失败，系统会自动退款到付款账户。简而言之，就是用分享来获取让利。拼多多的拼单流程如图 12-1 所示。

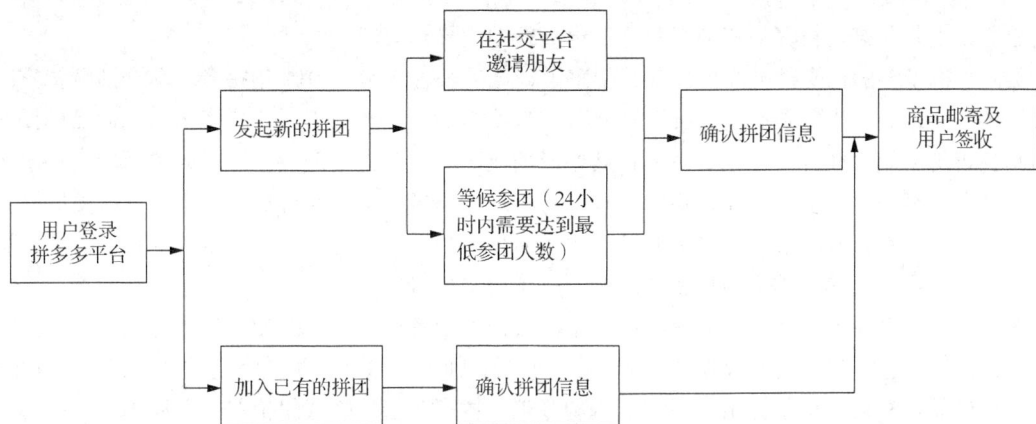

图 12-1　拼多多的拼单流程

黄峥在吸取了京东失败的教训后，在选择与腾讯进行战略合作时并没有采取传统的发布微信小广告和公众号每日推送，而是将目光聚焦在腾讯的微信社交网络上。2014 年，微信红包推出后，为腾讯微信体系下的电商带来了一波巨大流量红利，基于此，拼多多与微信正式合作。拼多多以 0.1 元/粉丝的成本成功向 1 亿多微信用户推送了自己的拼单玩法，在几乎没有任何广告投入的前期，拼多多充分利用了社交媒体渠道，利用团购拼单的方式将一个人的购物行为通过微信社交网络进行逐级传递，利用用户发展用户，于是市场迅速扩张，拼多多以相对低廉的成本达到了"病毒式"营销的效果。

以腾讯微信朋友圈为主要背书人，2015 年成立的拼多多在 2017 年年初的月活跃人数是 2 000 万人，2018 年年初增至 1.6 亿人。

3．双拼合璧，势如破竹

拼好货在自营生鲜领域虽然已趋于稳定，但由于投入较大，成本收回较慢，并没有实现井喷式增长；拼多多在短时间内依靠吸引商家入驻、微信朋友圈背书及独特的拼单玩法，为自身带来了海量流量，聚拢了百万商家，但在扩张之余存在品质难以把控的问题。于是，黄峥开始构思合并这两个平台，将拼好货的高效供应链与拼多多的巨大流量结合起来，实现优势互补。2016 年 9 月，拼多多和拼好货宣布合并，拼好货变成了拼多多的一个子频道，主营后端的仓储运输业务，把累积的后端能力开放给广大商家，不再用作自营，以期提升整个平台的基础运营能力与服务水平。完成合并的拼多多如虎添翼，在原本高速增长的基础上进一步以超高速度进行市场扩张。

一年后，拼多多月 GMV 超过唯品会，成为国内仅次于淘宝和京东的第三大线上电商品牌，被业界誉为"电商黑马"，淘宝、京东与拼多多三分天下的格局初步形成。

2018 年 7 月 26 日晚，拼多多在上海和纽约两地同时敲钟，宣布同步上市。

12.1.2　案例分析与点评

通过对拼多多的案例进行分析，我们可以看出以下几点。

第一，在如今消费升级的时代背景下，传统的电商运营模式的吸引力不足，消费者具有多变的个性化需求，希望获得与其个人需求匹配的产品或服务。我国电商发展进入了高速发展期，以淘宝、京东为代表，B2C/C2C 模式的电商平台大放异彩；而以拼多多为代表，电商领域近年来出现了 C2M 模式，该模式在一定程度上可看作反向的 B2C 模式，同时也为 B2C 未来的发展提供了一个较为合理的思路。近几年来，拼多多在前景良好的电商行业中异军突起。

第二，拼多多的社交加电商模式为其带来了较低的获客成本。2017 年拼多多单个活跃买家的销售费用为 5.5 元，其获客成本远远低于阿里巴巴的 44 元和京东的 51 元。拼多多通过商品的团购价格与单独售价的较大差异，促使消费者在其亲戚朋友之间分享拼单链接，这些人进而成为拼多多的客户或者潜在客户，拼多多由此以极低成本获取客户。拼多多所有点击都指向"分享给微信好友"，快速激活社交关系将其变现。拼多多充分利用了微信平台上亲人、朋友、同事等强社交关系，进行快速分享和传播，且熟人推荐转化率更高。

第三，拼多多将海量流量导向有限商品中，根据消费者对工厂（C2M）模式建设拼工厂，打造低价产品，目标直指广大低消费人群。对消费者来说，他们可以低价买到特定的产品；对商家来说，虽然单位产品价格低，但是订单量巨大，薄利多销。拼多多能够降低售价的核心原因就是缩短了供应链，拼多多直接对接工厂，通过 C2M 模式经营。以拼多多上热销的两款纸巾为例，可心柔和香约两家纸巾品牌共计完成了 1 246 万件拼单（截至 2018 年 10 月 31 日），背后主要的供应商是理文造纸厂。理文造纸厂签订协议与拼多多合作，为拼多多的产品——量贩装的面巾纸提供全套服务。拼多多将相关品牌订单全部发往该拼工厂，而理文造纸厂按订单大规模批量生产，减少库存费用、降低单位生产成本，这就是拼多多背后的 C2M 模式中拼工厂的基本经营模式。拼多多平台上聚集了很多类似的中小品牌商家，拼多多通过联合理文造纸厂这样配置齐全的"拼工厂"，以极低的成本制造出符合消费者需求的产品。

第四，拼多多流量向中小商家倾斜。与淘宝向大商家、中高价格产品倾斜不同，拼多多更多的是低价导向。淘宝近年来一直在努力去除劣质及廉价甚至假货的标签，推广资源逐渐向高品质、口碑好的品牌和店铺靠拢，同时随着获客成本的逐渐增加，平台主推高品质、中高价格的产品，中小商家获得的平台资源越来越少。而拼多多目前入驻及发布产品无须提前支付保证金，仅代微信、支付宝等第三方支付平台收取 0.6%的支付服务费。拼多多以非常低的入驻门槛，吸引了诸多在淘宝等平台销量不佳的中小商家入驻。随后拼多多以低价导向、价格优势获得较大销售额，将一些产品推到首页参与活动，从而继续增加流量。

当前，电商行业仍然是一片红海，拼多多的异军突起源于其通过网络化社交手段挖掘了被电商巨头忽略的低端市场。拼多多推出的 C2M 模式与传统电商的 B2C/C2C/C2B 模式不同，可以为消费者提供性价比更高的产品。拼多多主要面向价格敏感型消费者，需要借助平台的流程整合，进一步协调用户、商家、物流供应商等多方的利益，平衡好低价与品质的关系，进一步提高企业核心竞争力以促进企业的可持续发展。

12.2 京东："京东+无限"的转型之路

12.2.1 案例材料

在电商行业变幻莫测的大环境下，即使是头部电商也要面临不断推陈出新、迭代更新，不断变换新的玩法的局面。阿里巴巴率先提出了"新零售"，作为 B2C 电商市场的巨头之一的京东也紧随其后创造性地提出"无界零售"，并从传统的 B2C 模式向赋能型组织转变。

京东的定位是只卖正品，坚持正品行货，发展品质经济，深受消费者喜爱，且消费者忠诚度较高。为了让消费者获得更极致、便捷的购物体验，京东前瞻性地自建物流体系，拥有强大的物流网络，其七大物流中心保证了京东良好的配送质量和较快的配送速度。京东拥有一套完整的销售、物流体系，旗下设有京东商城、京东数字科技、拍拍网、京东智能、O2O 及海外事业部。京东通过构建完整的体系进行服务的创新，京东物流提供的"次日达""京准达""京尊达""极速达"等多元化物流服务，使消费者获得极致、便利的物流体验。京东极致的物流服务及自身较高的品牌价值使其占据了较高的电商市场份额，京东占据了我国 B2C 电商市场 1/3 的份额。

1. 京东的内忧外患

对于网络零售 B2C 行业而言，行业内的竞争者之间可谓势均力敌。天猫由淘宝分离而成，是我国最大的 B2C 购物网站，背靠淘宝和阿里巴巴多年积累的用户资源和商业资源，其市场份额稳居第一。苏宁易购作为新一代 B2C 网上购物平台，将实体经济和虚拟经济结合作为自身优势，覆盖传统家电、3C 电器、日用百货等品类，一方面依托线下的全国性实体物流和服务网络，另一方面和 IBM 合作开发新型线上零售平台。苏宁易购的"陆空"战略全面实施、虚实结合，为消费者提供更全面、更便捷、更个性化的服务。当当网主要经营图书品类，目前占据了线上图书市场 50% 以上的份额。当当网以全品种上架、回款最快、退货率最低为优势，获得了出版社最高的进货折扣，因此具有价格竞争优势。唯品会在电商领域另辟蹊径，开创"名牌折扣+限时抢购+正品保障"的创新电商模式，逐步深化为"精选品牌+深度折扣+限时抢购"的正品时尚特卖模式，依靠自身的创新模式在电商领域生根发芽、精耕细作，占据一定市场份额。

京东作为线上交易平台，与天猫相比没有强大的阿里巴巴的支持，与苏宁易购相比没有线下实体平台资源，因此京东近年来市场份额降低、用户增长放缓。

而潜在竞争对手包括已经在其他领域获得成功的互联网公司，如百度、抖音、快手、新浪微博等，它们依托社交平台优势拥有高的 GMV，这些都是发展电子商务的先天优势资源。随着内容电商的兴起，抖音、快手、新浪微博基于自身庞大的用户群和社交性分享平台在电商领域迅速崛起。

不仅外部的竞争激烈，京东内部也身陷困境。京东自成立之日起就一直以只卖正品、拒绝假货为企业品牌形象，也曾多次表示坚决不卖假货、坚决禁止京东平台上的商家卖假货，然而近年来京东却屡屡身陷假货风波，这使京东从一开始建立的只卖正品、拒绝假货的品牌形象受损。

2. 京东的无界零售转型

2017 年是新零售发展的元年，以阿里巴巴为代表的新零售巨头们，创造了极具时代性的新型互联网商业模式。例如，阿里巴巴推出的"盒马鲜生""缤果盒子"，永辉超市的"超级物种"，苏宁易购的"苏鲜生"……新零售出现了百花齐放的良好竞争态势，京东在百花争艳的新零售时代提出了无界零售的概念，并推出"7FRESH"，京东定义的无界零售的含义是"场景无限、货物无边、人企无间"，即无界与精准。京东指出，无界零售不是某一种特殊的业态。就像连锁商店的出现不是对百货商店的取代、超级市场的出现也不是对连锁商店的取代一样，无界零售绝对不会替代零售业态。所以，零售革命改变的不是零售（业态），而是背后的零售基础设施——基础设施需要专业化升级。

无界零售围绕人、货、场有三个变化：第一是从流量思维向单元思维转变，不再单纯获取流量，而是创造场景进行营销；第二是从物流角度，无界零售背景下物流也会更加脱离功能属性，不再是对零售功能的补充，而是从用户的体验入手，围绕用户体验进行设计；第三是从零售未来的变化来看，无界零售对零售的物流基础设施提出了更多的要求，围绕人、货、场来看，从集中大客流变成去中心化，形成以散客为主的趋势，从大商场变成多场景，从大批量的货转为小批量的货。

无界零售的未来是"场景无限""货物无边""人企无间"。"场景无限"意味着未来零售的场景是线上、线下的无界融合，创造无限的场景，为消费者提供生活化的零售场景；"货物无边"是指未来的零售会消除产品和产业的固定边界，未来产品会从单一走向"商品+服务+数据+内容"的组合，未来的产业会从独立、单一走向深度融合，相互渗透，从而提升产业价值，使产品形态复合多样化；"人企无间"意指消除消费者和企业的间隔，企业将提供以消费者为中心的生产与服务，从消费者的需求出发进行生产和设计，消费者参与到生产链的调研、设计、生产、营销和服务中，形成供需合一、协同共创的关系，利用透明的信息和精准的服务，传递温度和信任。无界零售围绕着人、货、场，连通场景，贯通数据，互联价值，使每一家企业都在寻找自己的价值与定位。

3. "京东+无限"的强强联合

基于无界零售的理念，京东通过了一系列的"京X计划"（见表12-1），京东与多个企业达成战略合作，形成共创共赢的全新局面。京东通过与腾讯、今日头条、百度、奇虎360、网易、搜狗、爱奇艺等多家互联网头部媒体的深入合作，几乎全方位地打通了移动互联网时代消费者获取信息所使用的各种产品，使消费者在社交娱乐、信息检索的过程中即可完成购物，让京东购物无缝切换成为可能。"京X计划"打通数据与场景，通过数据的流动产生价值的裂变。

表 12-1　　　　　　　　　　　　　　　京东的"京X计划"

时间	举措及理念	意义
2016 年 9 月	"京条计划"：京东与今日头条合作	京东涉足内容电商
2017 年 8 月	"京度计划"：京东与百度合作	流量入口、广告投放和内容变现
2017 年 8 月	"京奇计划"：京东与奇虎 360 合作	打造赋能商家的全场景智能营销平台
2017 年 9 月	"京易计划"：京东与网易合作	打造内容营销智能生态
2017 年 10 月	"京搜计划"：京东与搜狗合作	获取数据优势、流量入口和产品合作
2017 年 10 月	京东与中石化签订合作协议	搭建智慧型的"人·车生活生态圈"
2017 年 10 月	"京腾无界零售"：京东与腾讯进一步深度合作	深化线上线下一体、场景交易高度融合的无界零售
2017 年 12 月	京东推出无界零售	迈向无界零售第一步
2018 年 1 月	京东 7FRESH 开业	京东零售开放赋能的首个"样板店"
2018 年 6 月	京东与谷歌达成战略性合作	进一步拓展境外市场
2019 年 4 月	中国联通、京东数字科技和西班牙电信共同宣布，京东数字科技增资入股京东智慧足迹数据科技有限公司	依托京东本身智慧科技优势，降低智能门店的成本
2018 年 5 月	"京爱计划"：京东与爱奇艺合作	零售和娱乐的跨界连接

7FRESH 作为无界零售的示范模式，是京东继每日优鲜、盒马鲜生之后推出的自己的生鲜平台，7FRESH 采用创新性的区块链技术为消费者创造极致的体验，其"魔镜"溯源系统使消费者通过将商品放到一个镜面屏幕下，就可以清楚了解这个商品的生产信息、食用方法、产品特色等。同时线上运营模式采用"悬挂链"技术，使订单在 5 分钟内就可送到配送员手中，最快半小时可配送至以门店为中心 3 千米范围内的消费者手中，为消费者提供生鲜快捷购物服务。7FRESH 线下、线上相结合的运营模式及采用的创新技术，有望成为京东无界零售理念的最佳阐释之一。

大数据、人工智能、虚拟现实等新技术的出现推动消费升级换代，互联网时代万物皆媒介，营销迎来新时代。"京东+无限"的场景创造了无界零售，创新互联网生态，与众多互联网公司取长补短，借助内容平台创造场景，实现精准的广告投放，打通线上、线下，融合线上的数据平台共享优势与线下品牌资源优势。

12.2.2　案例分析与点评

通过对京东的案例进行分析，我们可以看出以下几点。

第一，京东作为典型的、传统的 B2C 电商平台运营商已经拥有了自身核心竞争优势，并且具备了平台稳定运营的优势条件和得天独厚的市场优势地位。但自 2017 年起，我国网上零售在经历了爆发式增长后开始步入稳健增长阶段，随着电商渗透率的提升，线上销售的获客成本在不断增加，流量红利在不断减少，线上零售的天花板日渐明显。因此京东的未来发展受到严重威胁。

第二，电商发展面临瓶颈，京东敏锐地意识到消费者主权时代和新技术催生的零售革命已经到来，因此在自身 B2C 平台的基础上主动出击，进行电商转型，面对消费升级和新技术的发展，京东提出无界零售的理念，通过平台包围战略和一体化战略完成战略布局，实施"京 X 计划"使京东入驻多个平台，融入多平台战略，即"京东+无限"的理念。"京 X 计划"是指京东与多家头部媒体深入合作，通过整合数据、打通场景，连接互联网用户。京东目前已完成与腾讯、今日头条、百度、奇虎 360、网易、搜狗、爱奇艺等头部媒体的战略合作布局，打造"京腾无界零售""京条计划""京度计划""京搜计划""京爱计划""京易计划"。"京 X 计划"使京东获得了用户流量、更精准的用户画像，借助其内容与场景平台进行无界精准营销，更好地对品牌商进行营销赋能。京东通过"京 X 计划"与各大互联网公司合作，消除营销边界，实施更加开放、无界的营销，实现消费者、品牌商和媒体的共赢。"京 X 计划"的实施使京东在获得流量的同时也获得用户的数据，进而构建用户画像，了解用户的消费偏好和消费场景，进行更精准的营销和服务。

第三，京东的电商转型紧紧抓住线上和线下，采取开放与整合的策略。"京 X 计划"整合了线上资源，同时京东与各大线下品牌进行合作，打通线上、线下的壁垒，重新构建消费者、线下实体运营、线上电商的全域链接，迈向无界零售时代。在无界零售时代，线上、线下数据均可识别和运营，实现线上、线下数据无缝融合，重构线上、线下与消费者的全域连接，使消费者可以实现交叉访问、购买。线上和线下的整合提高了产品流通、生产、服务等环节的效率，实现了物流、信息流、资金流之间的有效衔接。

12.3
淘宝网：让天下没有难做的生意

12.3.1　案例材料

2003 年我国的电子商务正处于方兴未艾之时，国内 C2C 市场被 eBay、易趣网占据了 72%的份额，网上交易金额超过 10 亿元，并拥有 430 万个活跃交易账户。同年，eBay 增加 5 亿美元投资，以巩固其在我国 C2C 市场的地位，而当时阿里巴巴的收入还不到 eBay 的 1/32。即便如此，马云仍然信心十足，他说："在 C2C 领域，我们能在中国创造一个比 eBay 更加 eBay 的 C2C。"

淘宝网：让天下没有难做的生意

1. 淘宝网的 1.0

2003 年 5 月 10 日，淘宝网成立。与 eBay 定位于高端白领用户不同，淘宝网将其顾客定位为大量存在的中小企业及普通用户，淘宝网以集市的形式呈现。虽然有人质疑，淘宝网的定位与 eBay 相比是不是太土了。但马云说："在中国，网上购物的人中有八九成都是冲着便宜去的，我有一个梦想，就是让电子商务土得掉渣儿！""淘宝"这个名字是阿里巴巴一位员工提出来的。它的口号是："淘，我喜欢！"其含义是能在淘宝网上找到喜欢的东西，淘宝网的使命是"没有找不到的宝贝，没有卖不了的宝贝"。让天下没有难做的生意，也是阿里巴巴的企业愿景。

在淘宝网成立之初，马云就意识到网站要想发展，就需要大量的用户数量和高度的用户黏性，而定价策略则是解决这些问题的核心。在研究了 eBay 定价策略后，淘宝网提出以免费的方式培养市场，宣布商家在淘宝开店全面免费三年，免费策略为淘宝平台吸引来大量客户。2003 年 10 月，淘宝首次推出了支付宝服务，有效解决了虚拟交易中买卖双方的信任问题。2004 年 1 月，免费网上商务沟通软件——淘宝旺旺问世，为买家和卖家建立了良好的沟通渠道。随着时间的推移，淘宝网在我国市场的用户满意度不断增长，2006 年淘宝网已占据我国 C2C 市场 72% 的份额。

2. 淘宝网的 2.0

凭借相关的免费策略，淘宝网迅速在 C2C 电商市场崛起，初步实现了在网络购物平台中的"圈地"计划，并且在短时间内赢得了大量用户资源，逐渐引发相关关注。随着免费策略的持续性推进，淘宝网随即考虑的是如何解决盈利的难题。2006 年 5 月，淘宝网推出第一个收费项目"招财进宝"，但却遭到了前所未有的抨击，项目被迫停止，但马云对盈利模式的探索从未停止。淘宝网在进行了大量市场调研后发现，有些消费者在网上买东西还是不太放心跟个人交易，而更放心跟企业交易。要消除这些顾虑，淘宝网必须吸引大品牌企业的加盟，完善其电商产业链。2008 年 4 月，淘宝网推出了 B2C 电商平台——淘宝商城。淘宝商城是淘宝网全新打造的 B2C 购物平台，通过整合品牌商、生产商，为商家和消费者提供一站式解决方案。淘宝商城打通了 B2B 和 C2C 的界限，也就是将针对企业的 B2B 和针对个人的 C2C 联合起来。全新的 B2B2C 模式不同于传统 B2C 模式，建立的是一种多维的供应和需求网络，并且只是为商家提供交易的平台，自身并不涉足货物、仓储。自此，淘宝网开启了"C2C+B2C 双轮驱动、两条腿走路"的模式，吸引大量品牌企业进驻淘宝商城，扶持和打造一些具有潜力的中小企业，让它们在淘宝网原来的平台上继续欣欣向荣。

3. 淘宝网的 3.0

随着淘宝网"双轮驱动"的快速发展，淘宝网已经不仅是一家单一的购物网站，而是网络零售商圈。2008 年 10 月 8 日，"大淘宝战略"应运而生。大淘宝战略计划将淘宝网从一个网店平台转变为电商基础设施平台，帮助商家以低成本、高效率进入电商领域，秉承"开放、协同、繁荣"的理念，通过开放平台，打通制造、批发、零售、服务产业链，发挥产业链协同效应，让所有的网商在网络平台上的营销、支付、物流等畅通无阻。大淘宝战略真正实现了购物网站从"营"到"销"的闭环。

虽然网络市场的培育非常成功，但淘宝网的盈利问题仍未得到解决。通过不断探索，淘宝网渐渐确定了多样化的定价策略。首先，针对 C2C 网站，淘宝网自建立之日起就实行免费策略，买卖双方几乎没有交易成本，这为淘宝网吸引了大批用户，但也因此导致淘宝网上假货盛行。为了保证买卖双方的信用，创建安全可靠的交易环境，淘宝网开发了一系列针对卖家的更为专业和个性化的增值服务，如"淘宝直通车"竞价服务、"淘客推广"付费广告等，借助这些服务实现盈利。其次，淘宝商城的加入使淘宝网成功实施收费制度。淘宝商城有别于淘宝网，淘宝网允许任何人都可以开店，而淘宝商城的商家是企业，因此需要交纳一定费用才能加入，这种费用被称为技术服务年费。最后，像其他网站一样，广告也是淘宝网不断探索的收费渠道。对于网络广告这一块，淘宝网先是与阿里妈妈合并，打造营销渠道，在此基础上利用淘宝网平台自身人气等独特优势，为客户提供精准、高效的网络营销服务。例如，向广告主推出品牌推广、市场研究、消费者研究、社区活动等服务；帮助客户促进销售，包括开拓网络营销渠道、品牌旗舰店建设、代理商招募等。依靠淘宝网巨大的用户流量，网络广告收入成为淘宝网官方正式宣布的首个盈利模式。

4．淘宝网的又一次突破

2020 年"6·18"期间，淘宝直播成为淘宝网的关键增量。正式开场第一天，淘宝直播单日成交额超过 51 亿元。整个"6·18"期间，开直播的商家数量同比增长 160%。

2016 年年初，淘宝网活跃用户大幅下降，淘宝网相关负责人对此展开调研。一位淘宝网老用户表示：目前淘宝网品类复杂多样，仅凭文字、图片的描述想要在众多参差不齐的产品中选择想要的产品，时间成本过高。紧接着阿里巴巴确定了淘宝网未来三大发展方向：社区化、内容化和平台生活化。这意味着淘宝网试图从一个购物平台，走向内容生产平台和消费社群，减少电商的元素，向娱乐化转型。其实，在 2015 年"双 11"之后，淘宝直播的研发便提上日程。

淘宝直播的核心逻辑是通过向消费者提供与商品相关的视频内容，影响其购买决策，从而促成买卖双方的交易。核心主体有主播、商家、直播平台，主播通过直播平台生产直播内容，帮助商家宣传商品或品牌，从而获得销售分成，商家也可以自己做主播；商家提供商品和服务，希望提高销售额和知名度；直播平台则是主播和商家合作的撮合者、内容的载体和分发者，让消费者通过平台观看直播内容了解商品信息，从而购买商品，或者将观看直播作为娱乐方式。

2017 年年初，淘宝直播经过 9 个月的试运营，开始了平台的第一次升级，着手向女性中高端消费者和男性消费者纵向渗透；平台加强培养具有专业特长的主播，细化直播内容，进行精准人群推送；淘宝直播引入站外流量，通过建立粉丝群和在微博或者优酷网站上设置快捷入口等方式加强粉丝运营；淘宝直播上线了专属主播的 App。随着越来越多的消费者选择通过淘宝直播购买商品，其呈现了极强的爆发性，2018 年加入淘宝直播的主播数量较 2017 年增长了 180%。淘宝直播日均直播场次超 6 万场，日均直播时长超过 15 万小时。2018 年淘宝直播平台"带货"超千亿元，"带货"同比增速接近 400%，售出超过 60 万款商品。

淘宝网已经由最初的电商平台发展为复合式的平台企业，"草根"到"参天大树"的转型是历史性的，但是若想发展为"森林"，必须时刻警惕来自各方的威胁。

12.3.2　案例分析与点评

通过对淘宝网的案例进行分析，我们可以看出以下几点。

第一，淘宝网从最初的 C2C 模式，发展到后续的 B2B2C 模式，再到大淘宝发展战略，历经了多种发展模式，每种模式的调整都是将自身平台的边界不断扩展。淘宝网作为典型的平台企业的代表，一边面对消费者，一边面对商家。平台经济通过双边市场效应和平台的集群效应，形成符合定位的平台分工。在这个平台上有众多的参与者，他们有着明确的分工，都可以做出自己的贡献。每个平台都有一个平台运营商，它负责聚集社会资源和合作伙伴，为客户提供好的产品，通过聚集人气，扩大用户规模，使各参与方受益，达到平台价值、客户价值和服务价值最大化。

第二，淘宝网平台围绕着盈利问题进行了诸多尝试。平台型企业要能为消费者和商家提供获得收益的服务。例如，淘宝网为商家提供在线销售的店铺，商家所交纳的服务费要比现实中店铺的租金少很多，这使得商家的产品成本降低，降低成本的产品又使得购买的消费者获益。平台型企业若想立足市场，关键就是要为双边或多边市场创造价值，从而吸引用户，提高用户对平台的黏性。

第三，淘宝网作为为买卖双方提供服务的平台，只有不断促成交易，才能实现头卖双方任何一方数量越多就越能促进另一方数量的增长；卖家和买家越多，反过来也会使得淘宝网平台越有价值。同时，淘宝网之所以拥有巨大魅力，是因为其具有交叉网络外部性，即一边用户的规模增加会显著影响另一边用户使用该平台的效用或价值。在网络外部性环境下，淘宝网就会出现规模递增现象。例如，淘宝网先通过免费策略吸引一大批卖家入驻平台，卖家的增多使商品变得丰富起来，物美价廉的商品又吸引了一批买家来购买，买家的增多又使卖家不断进驻。

12.4 | 红蜻蜓：插上科技的翅膀

12.4.1 案例材料

数字化的进程不断加快，几乎所有的传统行业都被数字化进行了一次迭代。"一天卖了 214 万元！" 2020 年 2 月 29 日，线上销售的汇总数据，让钱金波稍稍松了一口气。钱金波是浙江红蜻蜓鞋业股份有限公司（以下简称"红蜻蜓"）的创始人、董事长。这是一家成立 25 年的传统企业，也是上市公司。

2020 年年初，新冠肺炎疫情袭来，红蜻蜓全国 4 000 多家门店几乎全部停业，1 万多名员工要养，每个月 1 亿元左右的成本要付，钱金波彻夜难眠。2020 年 2 月 7 日，钱金波发出"致员工信"，宣布全员营销，火速搭建线上商城，开展线上全渠道营销，推出微信小程序，5 000 名导购转战线上，启动微信会员群，通过社交零售业务自救。钱金波自己带头在微信朋友圈卖鞋，全员营销就这样启动了。第 6 天，线上销售突破 100 万元，接着是 150 万元、200 万元，2 月 29 日的数据是 214 万元，虽然和 4 000 多家门店平时的销售额相比还有一定差距，但让企业看到了希望。

1. 红蜻蜓昔日之腾飞

红蜻蜓成立于 1995 年，并于 2015 年在上交所主板上市。与其他忙于积累资本的制鞋企业不同，创业伊始，红蜻蜓就采用"品牌开路、文化兴业"的战略，开启了红蜻蜓快速发展的 10 年。在这一阶段，红蜻蜓从无厂房、无市场的"创业小白"发展为以鞋业为主，涵盖皮具、男装、女装、童装等多经营领域的现代化企业，营销网络遍布全国，年销售总额突破 10 亿元。

"归零•跨越"是钱金波提出的红蜻蜓集团第 2 个 10 年的发展战略。所谓的"归零"并非放弃所有，而是改良，是自我摒弃，是创新。红蜻蜓依靠科技创新打造企业核心竞争力，充分整合行业设计师、原材料和创意，建立全球设计师、原始设备制造商、原材料供应商合作互联平台，建立集多项功能于一体的红蜻蜓"智造"孵化圈，成为国内首家实现 3D 制鞋技术的企业，研发出我国第一双运动皮鞋。2015 年 6 月 29 日，上交所的金锣敲响，红蜻蜓实现归零跨越，成功上市，迈入新时代。同时，红蜻蜓不忘初心，专注于鞋文化，创建我国第一家国家级鞋文化博物馆——中国鞋文化博物馆。

在商海中浮沉近 30 年的钱金波，带着红蜻蜓实现归零跨越，迈入新时代。今天，红蜻蜓下设分公司 16 家，拥有 5 个省级代理，4 000 余家店铺，覆盖全国一级、二级、三级、四级市场；拥有以商铺、商场、商超、购物中心、鞋城为主，以电商、官网为辅的多类型销售渠道，涉及皮鞋、皮具、儿童、配饰、护理品等诸多品类。20 多年来，红蜻蜓已建立了属于自己的品牌基础：年产皮鞋 1 000 多万双，有近 4 亿人知晓红蜻蜓品牌，有 2 亿人曾购买过红蜻蜓的产品，产品总销量达 2.5 亿双。

2. 红蜻蜓今日之转型

红蜻蜓总部位于浙江省温州市，这里是除湖北省外疫情较为严重的地区。"毫不讳言，今年是我自 1995 年创业以来最难的一年。"钱金波说。2020 年年初，疫情袭来，红蜻蜓全国 4 000 多家门店停业，上万名员工停工，每个月还要支出店铺租金、员工工资等近亿元的固定支出。怎么办？痛则思变，企业只能通过社交零售业务自救。"致员工信"发出后，很快 5 000 名导购全部把销售转到线上，根据不同区域建立社群开展营销。在此期间，公司指挥部通过任务书来规范门店导购行为，并对达到要求的员工进行奖励，每天即时排名、即时奖励。每天的销售冠军都在变化，有时候是机械部门，有时候是财务部门，用数据说话，因为数据不会造假。企业通过淘宝大学和阿里云的线上培训、直播等培训员工，教一线员工如何提升效率、服务消费者，使建立私域流量、服务客户成为每一位员工的基础技能。员工一边学一边实战，销售业绩直线上升。本来离店销售的销售额基本为 0，当公司运用了绩效激励等手段后，第 6 天销售额就突破了 100 万元，很快是 150 万元、200 万元，2020 年 2 月 29 日达到 214 万元的峰值。

这对一家传统实业企业来说非常难得。早在 2009 年 6 月，公司就成立了电子商务部。经过一年多的摸索与发展，红蜻蜓的网上业务迅速发展，于 2011 年成立了首家电商全资公司——浙江红蜻蜓电子商务有限公司。考虑到企业业务扩展的需要，以及杭州互联网企业发展的空间与优势，2013 年 9 月红蜻蜓注册成立了杭州红蜻蜓电子商务有限公司。9 年来，杭州红蜻蜓电子商务有限公司从最初的 6 名员工发展到近 260 人，销售业绩增长 200 倍以上，直营店铺从最初的一家发展到近 20 家。

2018 年，线下形势很严峻，线上形势也很严峻。2018 年，红蜻蜓的全网销售额首次出现负增长，从 2017 年的 72 000 万元下降至 70 000 万元。这其中的原因，一部分是网络平台的流量分配机制有所改变。电商的销售与流量分配息息相关，2018 年，天猫将流量更多地分配给了国际品牌，百丽、红蜻蜓等国内品牌获得的平台流量有所削减，因此销量受到了影响。另外，这两年的线上店铺的运营成本也越来越高。红蜻蜓意识到，线上红利和流量红利逐渐减少，线上单店的运营成本甚至已经远远高于线下单店的运营成本，下一步发展方向应转变为线上、线下融合。2018 年 5 月，钱金波带领团队积极与阿里巴巴沟通，开始布局新零售，同年 8 月成立新零售中心，开启了红蜻蜓的新零售新路程。

3. 红蜻蜓：插上科技的翅膀

新零售部门成立后，红蜻蜓通过线下店长码、会员码、品牌号等渠道，全领域招募会员。此外，红蜻蜓借助"网红"效应，还在各大网络媒体平台开展了"网红"直播，吸引新会员。在短短两个月的时间内，红蜻蜓的天猫会员增长了 120 多万人，2018 年红蜻蜓的会员数量同比增长 74%。大数据时代，会员是企业营销、销售、研发等各环节的重要资源。为更高效地触达会员，红蜻蜓与阿里巴巴合作，开通了云店。进入实体店铺的顾客通过在淘宝 App 中搜索"@红蜻蜓"，即可进入红蜻蜓的云店，注册成为红蜻蜓会员。选择所在城市和门店位置及导购员后，店铺的导购员就成了会员的专属顾问。此外在云店中还可以浏览门店的商品。红蜻蜓通过使用云店，打通线上、线下会员资源，为捕捉消费者需求、利用大数据实施精准营销奠定坚实基础。

通过引入阿里云数据中台，红蜻蜓建设了数据中台体系和数据分析服务体系，从而实现红蜻蜓企业级数据智能驱动业务、数据资源化和数据服务化。通过数字技术，最终实现线上、线下深层次融合，重塑企业价值链及生态圈。通过数据中台的基础架构，从一期的全域营销，逐渐进入二期、三期，将在商品端、供应链端进发新的业务。

2019 年 1 月 11 日，在杭州召开的阿里巴巴 ONE 商业大会上，与数字"11"结缘的阿里巴巴，选择在这一天发布"A100"战略合作伙伴计划，从品牌、制造、服务、组织等 11 个商业要素中帮助企业实现数字化转型。在这批合作伙伴中，来自温州的上市鞋企红蜻蜓是当地唯一一家入选"A100"战略合作伙伴计划的民营企业，并将与阿里巴巴多个部门和平台建立全面的合作关系，联手创造数字时代高效、可持续的最佳价值。同时，红蜻蜓还获得了"新零售服饰行业年度影响力品牌"大奖。

台上一分钟，台下十年功。钱金波带领红蜻蜓在数字经济时代不断探索转型之路，插上科技翅膀的红蜻蜓将越飞越高，越飞越远……

12.4.2 案例分析与点评

通过对红蜻蜓的案例进行分析，我们可以看出以下几点。

第一，互联网时代推动企业纷纷向数字化转型，数字化的渠道丰富了产品接触渠道，影响了消费者的决策过程；数字化的体验和行为已经渗透到消费者从了解到使用商品的全过程。特别是传统的鞋服行业，更加体现了体验与消费之间的利益连接。因此，数字化转型是传统企业寻求突破的必然选择。

第二，红蜻蜓的数字化转型并不仅仅是打通线上销售环节，借助电商平台进行销售。早在 2009 年就已经进入电商平台销售的红蜻蜓，却在 2018 年全网销售额首次出现负增长现象，全网销售额从 2017 年的 72 000 万元下降至 70 000 万元。而且，线上店铺的运营成本也越来越高，红蜻蜓最大的一家天猫旗舰店的年支付宝成交额已经突破 2 亿元，但是最终到账只有 1.5 亿元，其中有 5 000 多万元的隐形损耗。隐形损耗的一部分源于退换货，另一部分源于各类促销活动的满减、优惠券等。红蜻蜓意识到，线上红利和流量红利逐渐减少，线上单店的运营成本甚至已经远远高于线下单店的运营成本，下一步的发展方向应该转变为线上、线下融合。在 2016 年 10 月 13 日的云栖大会上，马云大胆预言："未来的 10 年不会再是电商平台的时代，而是新零售的时代。"

第三，红蜻蜓在数字化转型过程中始终选择与阿里云合作，为其数字化转型成功奠定了良好的基础。红蜻蜓认为阿里云是企业实现数字化转型的最佳合作伙伴。阿里云是整个阿里巴巴商业操作系统的底座，不仅有广泛且扎实的经济体内新零售改造实践经历，还承载着阿里经济体 20 年的多元商业场景数字化能力，能够为零售企业提供技术、电子商务、物流及第三方支付平台等在内的系统化解决方案。这与红蜻蜓想要的改革精神不谋而合。新零售讲究人、货、场，在红蜻蜓这里最关键的一环是线下门店。因此要做好向新零售的转型，门店店员的培训及相应的技术配备就显得尤为重要。红蜻蜓同阿里云一起改造线下门店，给店员配置钉钉，消费者通过扫描导购的二维码，就有了自己的专属客服导购。利用钉钉加淘，红蜻蜓增长了 100 多万线下粉丝。

新经济时代，红蜻蜓顺势而为，全面拥抱数智化，重塑商业模式，融合线上、线下，打造数智化的产品研发创新能力、全产业链快速反应能力和服务体验的新零售能力三大核心竞争力，开展全域营销。

练习题

简答及论述题

1. 拼多多为何能在短短几年的时间内异军突起？
2. 试对京东的无界零售转型进行评述。
3. 淘宝网为何要不断转型？如何理解"大淘宝战略"？
4. 红蜻蜓的数字化转型成功案例对我们有哪些启示？

参考文献

[1] 秦勇，李东进．电子商务概论[M]．北京：清华大学出版社，2015．

[2] 白东蕊，岳云康．电子商务概论[M]．4版．北京：人民邮电出版社，2019．

[3] 陶玉琼．电子商务基础与实务[M]．北京：北京理工大学出版社，2016．

[4] 张劲松．网上电子支付与结算[M]．北京：人民邮电出版社，2011．

[5] 海天理财．一本书玩转移动支付[M]．北京：清华大学出版社，2015．

[6] 周虹．电子支付与网络银行[M]．2版．北京：中国人民大学出版社，2011．

[7] 王绍军．电子商务与物流[M]．3版．上海：上海交通大学出版社，2012．

[8] 张铎．电子商务物流管理[M]．3版．北京：高等教育出版社，2011．

[9] 曹雨．虚拟现实[M]．北京：电子工业出版社，2016．

[10] 徐兆吉，马君，何仲，等．虚拟现实[M]．北京：电子工业出版社，2016．

[11] 尚文芳．电子商务企业的订单履行效率评价[J]．时代金融，2014（9）：101-102．

[12] 尹军琪．B2C电子商务的订单履行系统建设综述[J]．物流技术与应用，2011（9）：59-64．

[13] 魏修建．电子商务物流管理[M]．3版．重庆：重庆大学出版社，2015．

[14] 李东进，秦勇，陈爽．网络营销：理论、工具与方法[M]．2版．北京：人民邮电出版社，2021．

[15] 周逸松．数据的魔力：基于数据分析的呼叫中心流程改善[M]．成都：成都时代出版社，2013．

[16] 肖旭．跨境电商实务[M]．3版．北京：中国人民大学出版社，2020．

[17] 丁晖．跨境电商多平台运营[M]．北京：电子工业出版社，2015．

[18] 刘海燕．移动营销实务[M]．北京：人民邮电出版社，2018．

[19] 张继东．电子商务法[M]．北京：机械工业出版社，2011．

[20] 李孜．农村电商崛起：从县域电商服务到在线城镇化[M]．北京：电子工业出版社，2016．

[21] 黄道新．中国农村电子商务案例精选[M]．北京：人民出版社，2016．

[22] 李小草．《电子商务法》电商平台知识产权保护规定的法体系适用研究[J]．法律适用，2020（13）：124-135．

[23] 李寿喜，许金佩，彭柏桦，拼多多：电商黑马的崛起之路[A]．大连：中国管理案例共享中心案例库，2019．

[24] 韩琳琳，张剑．跨境电子商务实务[M]．上海：上海交通大学出版社，2017．

[25] 张函．跨境电子商务基础[M]．北京：人民邮电出版社，2019．

[26] 周任慧．跨境电子商务实务[M]．北京：化学工业出版社，2019．

[27] 谈璐，刘红．跨境电子商务实操教程[M]．北京：人民邮电出版社，2018．

[28] 陈岩，李飞．跨境电子商务[M]．北京：清华大学出版社，2019．

[29] 郑刚，林文丰．拼多多：在电商红海中快速逆袭[J]．清华管理评论，2018（09）：105-112．

[30] 付一夫，吴敏瑜．解码拼多多的"起承转合"[J]．互联网经济，2018，43（Z2）：80-85．

[31] 苗淑娟，肖义男，牛宗雯．京东电商发展转型之路[A]．大连：中国管理案例共享中心案例库，2020．

[32] 枳君．京东集团：零售的未来在于无界零售[J]．商学院，2018（10）：46-47．

[33] 蒋石梅，杨贤龙，杨玉娇，等．淘宝直播：技术创新引领电商商业模式新篇章[A]．大连：中国管理案例共享中心案例库，2020．

[34] 李东进，沈哲，秦勇，等．电子商务实务教程[M]．2版．北京：中国发展出版社，2016．

[35] 方翔，朱根．移动医疗的发展现状及困境研究[J]．科技视界．2016（05）：82．